**J.B. METZLER**

**eBook** inside

Die Zugangsinformationen zum eBook
finden Sie am Ende des Buchs.

Roland Kipke

# JEDER ZÄHLT

*Was Demokratie ist und was sie sein soll*

J.B. Metzler Verlag

*Der Autor*
Roland Kipke ist promovierter Philosoph sowie Autor und Herausgeber mehrerer Fachbücher. Die Frage nach Wesen und Zukunft der Demokratie treibt ihn seit langem um, das politische Geschäft hat er durch seine Arbeit im Deutschen Bundestag und in verschiedenen NGOs aus der Nähe erlebt. Nach akademischen Stationen an der Charité Berlin und in Tübingen forscht und lehrt er jetzt an der Katholischen Universität Eichstätt-Ingolstadt. Neben der Demokratie befasst er sich vor allem mit Fragen der Ethik und Bioethik. Roland Kipke lebt mit seiner Familie in Tübingen.

*Bibliografische Information der Deutschen Nationalbibliothek*
Die Deutsche Nationalbibliothek verzeichnet diese Publikation in der Deutschen Nationalbibliografie; detaillierte bibliografische Daten sind im Internet über http://dnb.d-nb.de abrufbar.

ISBN 978-3-476-04689-5
ISBN 978-3-476-04690-1 (eBook)

J.B. Metzler ist ein Imprint der eingetragenen Gesellschaft Springer-Verlag GmbH, DE und ist ein Teil von Springer Nature
www.metzlerverlag.de
info@metzlerverlag.de

Einbandgestaltung: Finken & Bumiller, Stuttgart
(Foto: shutterstock)
Typografie und Satz: Ralf Schnarrenberger, Hamburg

J.B. Metzler, Stuttgart
© Springer-Verlag GmbH Deutschland,
ein Teil von Springer Nature, 2018

VORWORT   1

1 ÜBER FREIHEIT, GLEICHHEIT
UND MENSCHENWÜRDE   5

Der Boden der Pizza –
*Was Freiheit mit Demokratie zu tun hat*   5
Wozu das Ganze? –
*Die Bedeutung der Freiheit*   11
Das Ich endet nicht an der Haustür –
*Keine Freiheit ohne politische Freiheit*   16
Keiner wie der andere –
*Der Sinn der Gleichheit*   19
Warum dürfen die Doofen mitmachen? –
*Politische Gleichheit auf dem Prüfstand*   23
Innen drin –
*Menschenwürde als Kern der Demokratie*   28

2 ÜBER VIELFALT UND DAS
DEMOKRATISCHE ENTSCHEIDEN   35

Das große Gewimmel –
*Keine Freiheit ohne Vielfalt*   35
Die Demokratie spricht –
*Der Weg zur Entscheidung*   39
Gegeneinander im Miteinander –
*Wie wir demokratisch entscheiden können*   44
Selbst ist das Volk. Oder doch nicht? –
*Wer in der Demokratie entscheidet*   51
Wer steht für wen? –
*Repräsentation und Einfluss*   60

Werkstätten des Volkswillens –
*Was haben Parteien in der Demokratie zu suchen?*  66
Die Unbeliebten –
*Warum unsere Politiker so sind, wie sie sind*  76
Konzepte, Kreativität, Kaninchenzüchter –
*Die Tiefendimension der Demokratie*  85
Schnecken und Elefanten –
*Das Tempo der Demokratie*  91
Bringt doch alles nichts? –
*Der demokratische Frust*  95

**3  ÜBER DEMOKRATISCHE HERRSCHAFT
UND IHRE GRENZEN**  101

Robust und doch sensibel –
*Wie Freiheit und Ordnung zusammenhängen*  101
Das große »Ja, aber« –
*Was an demokratischer Herrschaft einzigartig ist*  104
Das Gleichgewicht des Checkens –
*Grenzen für die demokratische Herrschaft*  110
Zähmung durch Regeln –
*Warum Demokratie die Herrschaft des Rechts verlangt*  116
Augen auf –
*Warum auch demokratische Herrschaft Argwohn verdient*  121

**4  ÜBER DAS DEMOKRATISCHE LEBEN**  127

Warum immer dieser Streit? –
*Der Sinn der Diskussion*  127
Wie miteinander streiten? –
*Die Kunst der Toleranz*  131
Was darf man sagen? –
*Meinungsfreiheit und politische Korrektheit*  137
Aufbruch ins Unbekannte –
*Verstehen, Denken, Lernen*  144

Jenseits von Weltraumschrott und Geschwafel –
*Warum wir Wahrheit brauchen*   150
Lügen, Lücken, Labern? –
*Medien in der Demokratie*   158
Hintern hoch –
*Warum die Verantwortung in der Demokratie zu Hause ist*   170

5   ÜBER DAS, WAS DIE DEMOKRATIE ZUSAMMENHÄLT   175

Wer sind wir? –
*Über den Träger der Demokratie*   175
Blut als sozialer Klebstoff? –
*Das demokratische Wir und die Abstammung*   181
Eintracht in Zwietracht? –
*Zusammenhalt durch Politik und Recht*   184
Leitkultur für alle? –
*Nationale Identität, nationale Werte*   188
Teilhabe durch Teilen? –
*Das Bindemittel der Gerechtigkeit*   196

6   ÜBER DIE DEMOKRATIE IN DER WELT   205

Horch, wer kommt von draußen rein? –
*Migration und Demokratie*   205
Wie soll das gehen? –
*Demokratie in der Europäischen Union*   213
Wo soll das enden? –
*Die Demokratisierung der Nicht-Demokratien*   226

SCHLUSS:
ÜBER SINN UND ZUKUNFT DER DEMOKRATIE   235

DANKSAGUNG   243

ANMERKUNGEN   245

*Für Amanda, Aaron und Hannes*

# VORWORT

Geht es Ihnen auch manchmal so? Sie hören »Demokratie« – und haben ein Gefühl, wie bei einer alten Tante: war schon immer da, ist ganz okay, aber irgendwie auch anstrengend? Sie hören »freiheitlich-demokratische Grundordnung« – und denken, gähn ..., verdammt, ist das nicht das Zeug, wovon der Bundespräsident immer in diesen Weihnachtsansprachen redet, die ich mir nie anschaue?

Die alte Tante Demokratie muss zurzeit viel Kritik einstecken. Wie lange nicht mehr wird ihr Zustand beklagt, ihre Kraft bezweifelt, ihr Absterben prophezeit. Menschen wenden sich von ihr ab, der Ruf von Parteien und Politikern ist miserabel wie nie, die Wahlbeteiligung sinkt auf lange Sicht, und in demokratischen Ländern kommen Leute an die Macht, die mit Demokratie nicht viel am Hut haben. Eine demokratische Ermüdung greift um sich. Es scheint, als habe die Dämmerung der Demokratie begonnen. Und mal ehrlich: Ist es nicht jämmerlich, dass demokratische Politiker jahrelang verhandeln, und am Ende kommt ein mickriger, klitzekleiner Kompromiss heraus? Kriegen die Chinesen nicht mehr auf die Reihe? Ist Putin nicht zupackender? Ist Demokratie nicht unendlich mühsam, haben die Gegner der Demokratie nicht Recht, ein bisschen wenigstens?

Andere reden von Demokratie, meinen damit jedoch etwas ganz anderes. Sie verachten das Establishment und die liberale Ordnung mit ihrer politischen Korrektheit. Und viele denken insgeheim: Ja, ist denn die politische Elite nicht tatsächlich dem Volk entrückt? Bekommen nicht kauzige Minderheiten ihre Sonderrechte und beherrschen die Öffentlichkeit, während die Mehrheit Denkverbote erhält? Brauchen wir nicht eine ganz andere Demokratie? Eine Politik, die *wirklich* dem Volk dient?

Es ist nicht leicht, in diesem Kreuzfeuer der Kritik den Überblick zu behalten. Und sich darüber klar zu werden, was man von all dem halten soll. Nur eine Sache ist klar: Wir müssen uns vergewissern, was Demokratie eigentlich ist und sein soll. Was unabdingbar zu ihr gehört und was auch anders sein kann. Was ihre Stärken und ihre Schwächen sind. Und was wir wollen.

Mit diesem Buch möchte ich Ihnen ein Angebot für eine solche Vergewisserung machen. Ich möchte mit Ihnen die Demokratie unter einem Haufen von Missverständnissen hervorziehen und ihren Kern freilegen: Was ist sie, was kann sie, was soll sie? Es geht nicht um die Einzelheiten unseres politischen Systems, nicht um das Gesetzgebungsverfahren im Bundestag und den Abstimmungsmodus im Bundesrat. Nein, es geht um das, was die Demokratie ihrem Wesen nach ist. Um den Geist der Sache. Erst von da aus gewinnen wir einen klaren Blick auf das, was hierzulande stimmt und was nicht stimmt. Was geändert werden kann, was geändert werden muss und was so bleiben muss, wie es ist.

Und so ist das Buch keine bloße Darstellung, nüchtern, beschreibend, ermüdend.* Es ist auch kein Alarm- und Jammerbuch, kein Sarrazin der Demokratie. Vielmehr will es deutlich machen, was wir an der Demokratie haben, warum wir nicht weniger Demokratie brauchen, sondern mehr, und dass sie die größte Erfindung aller Zeiten ist.

Ernsthaft? Größte Erfindung aller Zeiten? Autos, Elektrizität, Flugzeuge, Computer, Smartphones, das Internet – alles weniger wich-

---

* Wer dennoch auf detailliertere Informationen und theoretische Hintergründe nicht verzichten will, findet am Ende des Buches einen Anmerkungsteil mit Hinweisen auf die wissenschaftliche Literatur.

tig? Genauso ist es. Die Demokratie ist das kostbarste Menschenwerk. Denn nur sie wird dem Menschen gerecht. Was das genau heißt, warum das so ist und was wir tun müssen, damit dieses Juwel stärker leuchtet, davon handelt dieses Buch.

Am Beginn werde ich die Substanzen vorstellen, aus denen dieser Juwel besteht: Freiheit, Gleichheit und Menschenwürde. Auf diesen Ideen ruht die Demokratie. Auch wenn sie sie niemals hundertprozentig verwirklicht, sie sind der Kern, an dem sie sich zu orientieren hat. Was aber ist Freiheit eigentlich? Und Gleichheit? Wie vertragen sie sich? Und was hat es mit der Menschenwürde auf sich?

Wer frei entscheiden kann, kann anders als andere entscheiden. Freiheit führt also zu Unterschieden, zu Abweichung, zu Vielfalt. Wie können wir trotz der Vielfalt an Meinungen, Überzeugungen und Lebensstilen demokratisch entscheiden? Wie kann es also Volksherrschaft ohne einen einheitlichen Volkswillen geben? Zugegeben, ist nicht ganz einfach, aber es geht. Darum geht es im zweiten Kapitel.

Demokratie ist immer auch eine Art von Herrschaft von Menschen über andere Menschen. Nichts Neues also in der Geschichte der Menschheit? Oh doch, denn die demokratische Herrschaft unterscheidet sich grundsätzlich von allen anderen Herrschaftsformen. Wie? Das ist das Thema des dritten Kapitels. Und auch, warum und wie die demokratische Herrschaft so arg begrenzt sein muss, damit sie funktioniert. Und warum diese Begrenzung bedroht ist.

Doch Demokratie ist weit mehr als eine Herrschaft, mehr auch als bestimmte Institutionen und Regeln, mehr als Wahlen und Parlamente. Sie ist nicht nur Staatsform, sondern auch Lebensform. Und die demokratische Staatsform braucht die demokratische Lebensform. Spätestens hier wird erkennbar, dass das Gedeihen der Demokratie von uns allen abhängt. Von unserer Streitkultur, unserer Toleranz, unserem Umgang mit der Wahrheit und vielem anderem. Viertes Kapitel.

Wenn Freiheit herrscht, Vielfalt lebt und wir uns niemals einig sind, warum fliegt uns die demokratische Ordnung dann eigentlich nicht um die Ohren? Warum zerfällt sie nicht in ihre Bestandteile? Wegen gemeinsamer Regeln? Klar, aber das dürfte kaum reichen.

3

Es muss also einen sozialen Klebstoff geben, der dieses eigentümliche Gebilde namens Demokratie zusammenhält. Was ist das für ein Stoff? Und haben wir genug davon? Das erfahren wir im fünften Kapitel.

Wir sind nicht allein in der Welt. Deshalb überschreitet das sechste Kapitel die Grenzen der nationalen Demokratie: Wie sieht ein demokratischer Umgang mit Einwanderung und Flüchtlingen aus? Was macht die Europäische Union mit unserer Demokratie und was machen wir mit der europäischen Demokratie? Und wie sollten wir eigentlich mit undemokratischen Ländern umgehen?

Was ist Demokratie? Was soll sie sein? Das sind die Fragen aller Kapitel, aber das kurze Schlusskapitel Nr. 7 bringt ein paar wesentliche Dinge nochmals auf den Punkt und wagt einen Blick in die Zukunft.

Ein Wort noch zu einem kleinen Wörtchen, nämlich dem »wir«. Davon ist in diesem Buch oft die Rede. Manch einer stolpert vielleicht darüber und fragt sich: Wer ist damit gemeint? Ist es das altmodische Gelehrten-Wir, hinter dem sich der Autor verschanzt? Nein, es sind wirklich wir. Manchmal nur wir als Leser dieses Buches, häufiger wir als Menschen, meistens aber wir als Bürger einer Demokratie, wir als Bürger *dieser* Demokratie. Denn darum geht es ja: Welchen Platz haben wir in der Demokratie? Was wollen wir für eine Demokratie? Wie sollten wir diese Demokratie weiterentwickeln? Was können, was müssen wir tun? Wir – das heißt jeder von uns.

# 1

# ÜBER FREIHEIT, GLEICHHEIT
# UND MENSCHENWÜRDE

## Der Boden der Pizza
*Was Freiheit mit Demokratie zu tun hat*

Freiheit ist für die Demokratie wie der Pizzaboden für die Pizza. Ohne ihn ist die Pizza keine Pizza. Vielleicht liegt der Mozzarella oben drauf, vielleicht ist der Belag im Rund angeordnet, doch beim näheren Hinsehen entpuppt sich das Ding als Fake-Pizza. Da hilft auch keine Extraportion Oregano. So verhält es sich mit der Freiheit: Ohne sie gibt es keine Demokratie. Vielleicht werden Wahlen abgehalten, möglicherweise existiert so etwas wie ein Parlament, aber ohne Freiheit ist das keine Demokratie. Auf der Freiheit ruht alles.

Einen Unterschied allerdings gibt es: Was ein Pizzaboden ist, wissen wir. Aber was ist Freiheit? Wir meinen es zu wissen, doch wenn wir sie erklären sollen, löst sich die vermeintliche Gewissheit in viele Ähs und Ähms auf. Die Rede von Freiheit ist allgegenwärtig und trotzdem voller Fragezeichen. Freiheit ist vertraut, aber schwer greifbar, attraktiv, aber schillernd, mehrdeutig, klischeegetränkt, anstrengend und schwer durchdringlich wie Winternebel am Bodensee. Diesen Nebel müssen wir durchdringen. Wollen wir Demokratie verstehen, müssen wir die Freiheit verstehen. Was meinen wir also eigentlich, wenn wir von Freiheit sprechen? Und warum ist sie so wichtig? Oder wird Freiheit vielleicht überschätzt? Ist sie gar ein anderes Wort für Rücksichtslosigkeit?

Der Reihe nach. Also, was heißt es, frei zu sein? Es könnte heißen, dass wir in unseren Gedanken frei sind. Wir können frei *denken*. So bedrängt wir auch sind, unterdrückt, bedroht, angekettet, wir können immer noch selbstbestimmt unseren Gedanken nachgehen. Ein inneres, geistiges Reich der Freiheit, von dem nichts nach außen dringen muss. Diese Gedankenfreiheit gibt es zu jeder Zeit und an jedem Ort, auch in den Todeslagern Nordkoreas ist sie möglich. Eine wichtige Freiheit, aber um sie geht es bei der Demokratie erst mal nicht.

Freiheit könnte auch heißen, frei zu *wollen*. Frei ist der Wille eines Menschen dann, wenn er wirklich will, was er will. Wenn sein Wille gewissermaßen auf sein Ich zurückgeht. Die berühmte Willensfreiheit. Manche halten sie für fundamental, andere für bloßen Schein. Egal, um sie geht es hier ebenso wenig, denn auch sie hat mit Demokratie nichts direkt zu tun. Wenn wir unseren Willen frei lenken können, dann kann es auch derjenige, der in eine vier Quadratmeter kleine Gefängniszelle eingepfercht ist. Selbst die schlimmste Diktatur kann den freien Willen nicht zum Verschwinden bringen.

Worum geht es dann? Darum, frei zu *handeln*. Das Thema der Demokratie ist die *Handlungsfreiheit*. Gedankenfreiheit und Willensfreiheit sind Fähigkeiten unseres Geistes, sie liegen gewissermaßen in unserem Inneren. Das Feld der Handlungsfreiheit dagegen liegt außen, im Raum, in der körperlichen Welt, in der zwischenmenschlichen Sphäre. Nur hier kann es Zwang durch andere geben – und die Freiheit von einem solchen Zwang. Menschen können Menschen zwingen, so zu handeln, wie sie nicht handeln wollen. Sie können sie unter Druck setzen, einschüchtern, erpressen, nötigen, verletzen, misshandeln, vergewaltigen, deportieren, tyrannisieren, töten. Freiheit ist das Gegenteil davon. Frei sein heißt, von solchem Zwang unbehelligt zu sein. Aber sie ist noch mehr. Denn wer von diesem Zwang verschont wird, kann *selbstbestimmt leben*, also eigene Entscheidungen über seine eigenen Angelegenheiten treffen. Zwang zu verhindern oder so gering wie möglich zu halten und Selbstbestimmung zu ermöglichen, anders gesagt: Freiheit Wirklichkeit werden zu lassen – das ist der Sinn der Demokratie.

Und was heißt das nun konkret? Freiheit bedeutet zum Beispiel, keine Angst haben zu müssen, an der nächsten Straßenecke zusammengeschlagen zu werden und bei der Polizei nur ein müdes Achselzucken zu ernten. Freiheit beinhaltet, mit jedem angstfrei sprechen zu dürfen und sich beim Pläuschchen mit bestimmten Leuten nicht besorgt umsehen zu müssen. Einen eigenen Raum zu haben, eine Privatsphäre, in die keiner hineinregiert und in der niemand herumschnüffelt. Mit denen sein Leben verbringen zu dürfen, die einem etwas bedeuten. Das lieben zu dürfen, was man für liebenswert hält, und das sagen zu dürfen, was man für richtig hält. Über das eigene Leben entscheiden zu dürfen, ohne jemandem Rede und Antwort stehen zu müssen. Freiheit heißt, seine persönliche Idee eines gelungenen Lebens verfolgen zu können, auch wenn andere sie für dumm halten.

Spätestens hier meldet sich ein schrecklicher Verdacht: Läuft Freiheit nicht auf eine rücksichtslose Orientierung am eigenen Vorteil hinaus? Ist sie nicht letztlich ein anderes Wort für Egoismus? Braucht Freiheit nicht Grenzen?

Grenzen braucht sie, ja. Nur stammen die nicht von außen, aus der Weisheit der arabischen Wüste oder aus dem Petersdom in Rom, sondern sie kommen aus der Freiheit selbst. Wie das? Nun, es geht ja nicht um die grenzenlose Freiheit eines Einzelnen, sondern um die Freiheit *aller*. Die Freiheit des einen muss mit der Freiheit der anderen zurechtkommen. Der Einzelne kann so laut und so lange Hiphop hören, wie er will. Aber nur solange kein anderer zuhören muss, der das nicht will. Die Freiheit findet ihre Grenzen in der Freiheit der anderen.

Aber ist das nicht zu simpel? Es klingt, als wäre Demokratie ein Kinderspiel. Als wären die Spannungen einer freien Gesellschaft aufzulösen wie eine simple Art von Sudoku, bei dem in jedes Feld dieselbe Zahl gehört. Einmal ausgefüllt, wäre die Sache ein für alle Mal erledigt. Stimmt, so einfach ist es nicht. Denn der Zuschnitt der individuellen Freiheitssphären ist nicht von vornherein festgelegt. Das liegt daran, dass es nicht nur die *eine* Freiheit gibt, sondern eine Vielzahl von Freiheiten. Sie harmonieren nicht immer miteinander, sondern geraten in Konflikt. Die Religionsfreiheit mit der Meinungsfreiheit etwa, oder die Freiheit des Eigentums mit der Freiheit, dahin zu gehen, wohin man will. Was wiegt mehr, die Freiheit zu gepfefferter Satire oder die Freiheit, in seinen religiösen Gefühlen nicht verletzt zu werden? Die Freiheit, mit jeder Dreckschleuder über die Straßen zu brettern, oder die Freiheit, saubere Luft zu atmen? Die Freiheit, für seine Immobilien beliebig hohe Mieten verlangen zu dürfen, oder die Freiheit, überall in diesem Land wohnen zu können?

Es geht also nicht um *die* Freiheit, sondern um *Freiheiten*. Und die sind nicht alle gleichermaßen wichtig. Manche sind vorrangig, andere nachrangig, manche wichtiger, andere weniger wichtig. Manche Freiheit fördert die Entwicklung individueller Selbstbestimmung, andere nicht. Die Freiheit, seine Meinung auszusprechen, ist wohl beispielsweise wichtiger als die Freiheit, rund um die Uhr einkaufen zu können. Einige Freiheiten sind sogar zerstörerisch. Sie untergraben die Grundlagen des freien Zusammenlebens. Hakenkreuze an die Wand schmieren zu dürfen, ist auch eine Freiheit. Aber eine zerstörerische. Deshalb ist sie verboten, selbst wenn es die eigene Hauswand ist.

Wir sehen: Entscheidend ist nicht allein das Wieviel der Freiheit, sondern mehr noch das Was und Wie. Es kommt nicht nur auf die Menge der Freiheiten an, sondern vor allem auch auf ihre Qualität. Freiheit ist immer ein Geflecht von verschiedenen Rechten, Spielräumen und Beschränkungen. Die dicksten Fäden sind die Grundfreiheiten. Besonders grundlegend ist das Recht auf Leben und auf körperliche Unversehrtheit. Von zentraler Bedeutung ist auch das Recht auf freie Selbstbestimmung. Das Recht auf freie Meinungsäußerung gehört dazu, ebenso wie die Religionsfreiheit und das Recht, sich mit anderen zu vereinigen.

Über die Grundfreiheiten hinaus ist das Geflecht der Freiheiten nicht festgeschrieben. Wie es gewoben ist, wie die verschiedenen Freiheitsfäden verlaufen, was für ein Muster sich ergibt, das steht nicht in Gänze von vornherein fest, sondern ist das Ergebnis politischer Entscheidungen. Welche Freiheit mehr gefördert wird und welche weniger, hängt von Gewichtungen und Prioritäten ab. Deshalb ist Freiheit nicht nur der Grund der Demokratie, sondern auch ihr Gegenstand. Nicht nur dasjenige, *warum* es Demokratie gibt, sondern auch das, *worum* es in ihr geht: Wer soll wo welche Freiheit haben? Wie wertvoll, wie wichtig ist diese Freiheit? Wo verlaufen die Grenzen dieser und jener Freiheit? – Diese Fragen sind Gegenstand demokratischer Entscheidungen. Demokratische Politik ist Freiheitsgestaltung.

Damit haben wir auch eine Antwort auf den Egoismusverdacht: Es kommt drauf an. Freiheit ist nicht die ausschließliche Orientierung am eigenen Vorteil, sondern zunächst einmal der Vorteil einer eigenen Orientierung. Aber ob sich die Freiheit in Rempeln oder in Respekt ausdrückt, ob die Gesellschaft von Ellenbogenfreiheit geprägt ist oder von der Freiheit des freundlichen Handschlags, ob Geiz und Grobheit vorherrschen oder Gemeinsinn und Großzügigkeit – das hängt von der jeweiligen Gestaltung der Freiheit ab. Davon, welche Freiheiten stark gemacht werden und welche eingehegt werden. Deshalb stellt Freiheit auch keineswegs die Absage an Tradition, Kultur und Bindung dar. Vielmehr gehört zu einer klugen Freiheitspolitik, dass sie das schützt und stützt, was Menschen wichtig ist, was ihnen viel bedeutet, was sie aus Freiheit bejahen.

Manchmal ist von *liberaler* Demokratie die Rede, also freiheitlicher Demokratie. Das kann man machen, ist aber eigentlich doppelt gemoppelt. Denn letztlich gibt es nur liberale Demokratie. Die Demokratie ist ihrem Wesen nach freiheitlich. Eine illiberale Demokratie ist höchstens eine Schrumpfform der Demokratie, so hohl wie eine atheistische Kirche oder ein Schrebergartenverein ohne Schrebergärten.

Freiheit ist das Herz der Demokratie. Wird es verletzt, ist das Leben der Demokratie bedroht. Aber zum Glück pocht und pocht es ja bei uns ganz friedlich vor sich hin, oder? Doch aufgepasst, anders als Herzen, die von allein schlagen, muss die Freiheit immer wieder ausbalanciert, neu ergriffen und verteidigt werden. Gegen wen oder was verteidigt? Bedrohungen der Freiheit gibt es ja nur woanders, weit hinten in der Türkei etwa, könnte man denken, oder in Syrien, aber nicht bei uns, oder? Oh doch, auch bei uns. Sie sind kleiner und subtiler. Sie kommen nicht dröhnend mit Panzern angefahren oder mit bewaffneten Pick-ups, sondern mit den besten Absichten. Umso schwerer sind sie zu erkennen. Dennoch sind sie da. Zum Beispiel in Gestalt der exzessiven Überwachungsbefugnisse staatlicher Institutionen. Oder im Verbot der sogenannten Datenhehlerei, das Whistleblowern und investigativen Journalisten mit Strafe droht und so die Pressefreiheit gefährdet. Oder in der schwachen Verfolgung polizeilicher Übergriffe, denn gegen beschuldigte Polizisten ermitteln ihre loyalen Kollegen, so dass es selten zur Anklage und fast nie zur Verurteilung kommt. Oder in der undurchsichtigen politischen Einflussnahme durch manche Lobbys, denn wer nicht erkennbar ist, kann nicht kontrolliert werden. Vor allem aber ist Freiheit immer dann bedroht, wenn wir vergessen, dass es nicht nur um die eigene Freiheit geht, sondern um die Freiheit jedes Einzelnen. Das Herz der Demokratie schlägt für alle oder für keinen.

Damit dieses Herz schlägt, damit Freiheit für jeden Einzelnen gilt, sicher und unbeirrt, kann sie nicht nur eine vage Leitidee sein oder ein bloßes Versprechen. Unsere grundlegenden Freiheiten müssen festgeschriebene Freiheits*rechte* sein. Nicht irgendwo in Gesetz XY, sondern als *Grundrechte* garantiert. Rechte, die für jeden gelten, auf die sich jeder berufen kann, die jeder einklagen kann.

Aber das formale Recht reicht nicht. Wir müssen auch die reale Möglichkeit haben, von dem Recht Gebrauch zu machen. Sonst sind die Grundfreiheiten wie die Freiheit, in die nächste Galaxie zu fliegen. Ist ja auch erlaubt, nur eben nicht möglich. Solche Freiheiten sind Gespensterfreiheiten, die nichts wert sind. Freiheit ist zwar der Joker, den jeder in seiner Hand hält, aber man muss auch zum Zug kommen. Wenn es der Demokratie um Freiheit geht, muss sie dafür sorgen, dass Menschen von ihrer Freiheit Gebrauch machen können. Was das heißt? Zum Beispiel, allen eine bestmögliche Gesundheitsversorgung zu bieten. Denn wer krank im Bett liegt, ist in seiner Freiheit eingeschränkt. Wer Monate auf eine Psychotherapie warten muss, ist womöglich lange in sich selbst gefangen. Der Freiheit Raum zu schaffen heißt auch, allen eine bestmögliche Bildung zu gestatten. Denn wer weniger gebildet ist, versteht weniger von der Welt, in der er lebt, versteht also sein Leben weniger, kann seine Rechte schlechter durchsetzen und hat deshalb einen engeren Handlungshorizont. All das und noch viel mehr gehört zur Demokratie – nicht um anderer Dinge willen, sondern um der Freiheit willen. Demokratie bedeutet nicht nur Freiheitsrechte zu sichern, sondern auch Freiheit zu ermöglichen und zu fördern.

## Wozu das Ganze?
### Die Bedeutung der Freiheit

Die Zweifel an der Freiheit sind weit gestreut. Der Vorwurf des Eigennutzes ist einer, ein anderer lautet so: Die Parole der Freiheit macht sich bei feierlichen Anlässen gut, aber mal ehrlich, ist sie wirklich so wichtig? Für viele spielt Freiheit doch kaum eine Rolle im Alltag. Zwischen der Planung des nächsten IKEA-Einkaufs, der Freude über die neue Serienstaffel und den Likes für das neue Profilbild ist sie allenfalls dritt- oder viertrangig. Erst das Fressen, dann Fernsehen und Facebook, dann vielleicht Freiheit.

Gewiss, für viele ist Freiheit kein Thema. Aber was sagt uns das? Ist sie deshalb weniger wichtig? Ist Gesundheit weniger wichtig, nur weil manche keinen Gedanken an sie verschwenden und jahrelang die Cola in sich hineinschütten und sich die Pizzen liefern lassen – mit extra viel Käse bitte! –, bis irgendwann die Knie schlappmachen, weil sie das Fett nicht mehr tragen können? Dann plötzlich wissen sie die Gesundheit zu schätzen. Dann, wenn sie weg ist. Wichtig war sie aber schon vorher. Wenn wir klug sind, kümmern wir uns vorausschauend darum, gesund und fit zu bleiben. So ist es auch mit der Freiheit. Wenn wir klug sind, achten wir auf unsere Freiheitsfitness und schätzen sie nicht erst dann, wenn sie beschnitten wird.

Doch hinkt der Vergleich nicht ganz heftig? Starke Schmerzen verleiden das Leben, Adipositas macht es schwer, Lungenkrebs und Herzinfarkt beenden es. Aber Freiheit? Wir können auch ohne sie. Warum also soll sie so wichtig sein? Warum sollte es Freiheit geben, sogar möglichst weitreichende, und dann auch noch für alle?

Warum überhaupt Freiheit? Bong. Die Frage ist ein bisschen so

wie »Warum denken?« oder »Warum handeln?« Sie zieht sich selbst
den Teppich unter den Füßen weg. Egal, versuchen wir es trotzdem.
Eine erste Antwort lautet: weil es ohne Freiheit kein gutes Leben gibt.
Ohne Freiheit erfüllen wir Erwartungen, aber nicht unsere. Wir tun
unsere Pflicht, ohne an sie zu glauben. Unser Leben folgt einem Plan,
aber wir haben ihn nicht gemacht. Ein Leben ohne Freiheit ist lang-
weilig, vorhersehbar, fad wie Brot ohne Salz und Kuchen ohne Zucker,
so spannend wie der Grundriss einer Garage.

Ein freies Leben dagegen ist ein interessantes Leben. Sein Leben
selbst zu bestimmen, ist großartig, auch wenn vieles klein und unfertig bleibt. Freiheit macht das Leben aufregend, weil es in unserer
Verantwortung liegt. Freiheit ermöglicht Neuanfänge, denen ein Zauber innewohnt, ebenso wie Treue, die ein Leben lang währt. Freiheit
macht glücklich, wenn man sie nicht mit der Freiheit der Wahl zwischen 100 verschiedenen Handytarifen und 50 Proteinriegeln verwechselt, sondern als Zuständigkeit für das eigene Leben versteht und
mit Bindung identifiziert – selbstbestimmter Bindung. An das, was
uns wichtig ist. An die, die uns etwas bedeuten. Frei sein heißt, unserer Vorstellung des Guten zu folgen und das zu tun, worin wir Sinn
finden. Freiheit ist genial.

Uff, ist das nicht ein bisschen überkandidelt? Ein schwulstiger Kult
des freien Genies aus der Zeit der vorvorletzten Jahrhundertwende?
Eine Überdosis Friedrich Schiller? Wer wird denn schon so einem
hohen Anspruch gerecht? Antwort: wahrscheinlich niemand. Es ist ein
Ideal. Und Ideale haben es nun mal zumeist an sich, dass die Wirklichkeit ihnen nicht ganz entspricht. Doch dass unser Leben sich diesem
Ideal annähert, das ist uns wichtig. Uns? Ja, wir merken es spätestens dann, wenn andere uns zwingen wollen. Das Ideal der Freiheit
ist unserem Leben eingeschrieben. Fehlt Freiheit, fehlt es an Glück.

Mit Geniekult hat das gar nichts zu tun. Frei zu sein, bedeutet
nicht, herausragend zu sein, sich von allen anderen abzuheben. Seinen eigenen Weg zu gehen, heißt nicht, einen Weg zu gehen, auf
dem niemand zuvor gegangen ist. Ja, es stimmt, viele Menschen wollen nichts anderes als das, was ihre Eltern wollten, ein Häuschen, ein
Auto und die Gemeinschaft der Freiwilligen Feuerwehr. Aber das wi-

derspricht nicht dem Ideal der Freiheit, sondern bestätigt es. Denn *sie* sind es, die das wollen. Wenn es ihnen verwehrt wäre oder gegen ihren Willen vorgeschrieben, wäre ihr Glück beschädigt.

Schon das sollte als Antwort auf die Frage nach der Wichtigkeit der Freiheit genügen. Es gibt jedoch noch eine zweite Antwort, die einen Zacken grundsätzlicher ist. Sie geht so: Erst ein freies Leben ist ein im vollen Sinne menschliches Leben. Menschen leben ihr Leben nicht einfach vor sich hin wie Wildschweine oder Pinguine, sondern sie müssen ihr Leben *führen*, ob sie wollen oder nicht. Was wir tun, ist uns nicht vorgegeben. Klar, gänzlich unabhängig von der Biologie sind wir nicht, unsere Natur zwickt und zwackt uns von allen Seiten, Hormone und Wetter prägen unsere Stimmungen, und kulturell geformt sind wir obendrein. Aber wir können uns dazu verhalten. Wir sind nicht programmiert durch Jahresrhythmen, Brunftzeiten, genetische Programme, Instinkte oder Traditionen, sondern wir können, ja müssen selbst *entscheiden*. Wer Menschen das abnimmt, beraubt sie eines wesentlichen Merkmals menschlichen Daseins. Und nur die *freien* Entscheidungen eines Menschen sind im eigentlichen Sinne *seine* Entscheidungen. Nur jemand, der frei lebt, lebt eigentlich *sein* Leben. Achtung der Freiheit heißt nichts anderes als Achtung des Individuums. Deshalb ist es ein, mit Verlaub, riesengroßer Beschiss, wenn Führer autoritärer Staaten beteuern, sie würden ihr Volk achten und lieben. Sie achten es nicht, weil sie die Menschen nicht achten. Sie halten sie für zu doof, für sich selbst zu entscheiden. Wer die Freiheit verletzt, verletzt den Menschen. Nur in Freiheit kommt er voll zur Geltung.

Das lässt die Demokratie in einem neuen Licht erscheinen. Sie ist nicht eine Staatsform unter anderen. Auch nicht »die schlechteste aller Regierungsformen, abgesehen von allen anderen, die bisher ausprobiert wurden«, wie das launige Bonmot von Winston Churchill lautet. Sondern sie ist, sofern sie Freiheit ermöglicht, die einzige, die dem menschlichen Wesen gerecht wird. Uiuiui, so viel Pathos, muss das sein? Ja, muss sein. Denn wir denken die Demokratie meist viel zu verzagt. Wir relativieren die Idee der Freiheit und nehmen vorhandene Freiheiten als zu selbstverständlich hin. Wir haben uns viel zu sehr daran gewöhnt, das Gewurschtel, das in der Demokratie statt-findet, die Halbheiten, die sie produziert, das Unvollkommene und Lückenhafte im demokratischen Alltag mit dem Sinn der Demokratie zu verwechseln.

Freiheit als Wesen des Menschen, Demokratie als einzige menschengerechte Staatsform – diese Behauptung lockt einen Zweifel heraus, der in einer anderen Ecke nistet: Sind Freiheit und Demokratie wirklich so universell? Ist Freiheit nicht vielmehr eine Erfindung des Westens, die auch nur hier funktioniert? Haben andere Kulturen nicht andere Werte? Ist es nicht eine ungeheure Anmaßung, ihnen die Freiheit aufzudrängen?

Der Einwand ist gut gemeint. Und trotzdem voll daneben. Selbst wenn es stimmen sollte, dass die Idee der Freiheit im Westen entstanden ist, warum sollte sie nur im Westen richtig sein? Wer das denkt, verwechselt Geschichte und Geltung. Kaffee ist ja auch nicht nur etwas für Äthiopier, obwohl die Kaffeepflanze dort ihren Ursprung hat. Die Rede von den »anderen Werten«: Das ist der Trick derjenigen, die sich die unverschämte Freiheit nehmen, anderen vorzuschreiben, wie sie zu leben haben.

Fragen wir lieber diejenigen, denen die Freiheit vorenthalten wird. Zum Beispiel den jungen saudi-arabischen Blogger Raif Badawi, der sich die Freiheit nahm, über die Rolle der Religion in seinem Land öffentlich nachzudenken, dafür von der Staatsmacht für zehn Jahre ins Gefängnis geworfen und öffentlich geprügelt wurde, bis ihm der Rücken zerplatzte. Hält er Freiheit für eine westliche Idee?

Fragen wir Malala Yousafzai aus Pakistan, die sich dafür einsetzte, dass Mädchen in ihrem Heimatland ungestört zur Schule gehen dürfen, und dafür mit 15 Jahren eine Kugel in den Kopf geschossen bekam, was sie nur durch unglaubliches Glück überlebte. Hält sie Freiheit für eine westliche Idee?

Fragen wir die Uganderin Kasha Jacqueline Nabagesera, die jeden Tag um ihr Leben fürchten muss und regelmäßig ihren Aufenthaltsort wechselt, weil sie für die Rechte von Lesben und Schwulen kämpft, die in ihrem Land verfolgt, misshandelt und ermordet werden. Hält sie Freiheit für eine westliche Idee?

Oder fragen wir Liao Yiwu, der für seine Gedichte von der chinesischen Staatsmacht drangsaliert, diffamiert, schikaniert, verhaftet und gefoltert wurde, bis ihm nur noch die Selbsttötung als Ausweg erschien. Hält er Freiheit für eine westliche Idee?

Nein, das Bedürfnis nach Freiheit ist nicht westlich, sondern menschlich. Freiheit nur für manche Kulturen zu reservieren – auf diese Idee kann nur verfallen, wer die Unfreiheit nicht am eigenen Leib erfährt. Also diejenigen, die es bequem haben, die Privilegierten und die Stromlinienförmigen.

Dennoch, gibt es nicht eine Menge Menschen in autoritär regierten Ländern, die es so wollen? Stehen die Russen nicht mehrheitlich hinter ihrem autoritären Präsidenten? Lieben die Nordkoreaner ihren dicken Diktator nicht von ganzem Herzen?

Doch Vorsicht, wer sagt, dass sie es ehrlich meinen? Unfreie Menschen äußern sich nicht frei. Wer bei einem Nein seine Arbeit zu verlieren droht, sagt lieber Ja. Freilich, es gibt jene, die aus voller Überzeugung ihrem Führer zujubeln. Aber spricht das dagegen, dass Freiheit etwas für alle Menschen ist? Nein, wer sein Leben von klein auf im Bunker verbracht hat, weiß nichts von der Schönheit des blauen Himmels.

Und solche Länder wie die Türkei, die sehenden Auges ihre halbwegs funktionierende Demokratie abschaffen und die einstigen Freiheitsrechte Stück für Stück ausschalten? Zeigen nicht wenigstens sie, dass die Freiheit keineswegs für alle so verlockend ist? Nochmals nein, denn die Leute, die solche Umstürze befeligen und unterstützen, wünschen sich ja nicht Unfreiheit für sich selbst, sondern für die anderen. Für die, die nicht so denken und leben wie sie. Für die, die anders glauben, anders aussehen, eine andere Sprache sprechen. Was sie ablehnen, ist nicht Freiheit, sondern allgemeine Freiheit. Genau darum geht es aber bei der Demokratie: Freiheit für alle.

Wenn Selbstwidersprüche weh täten, hätten die Feinde der Freiheit fürchterliche Schmerzen. Denn sie verlangen für sich, was sie anderen verweigern. Wenn sie Freiheit für etwas Kulturfremdes halten und zugleich das Recht für sich in Anspruch nehmen, nach eigenen kulturellen Werten zu leben, was tun sie? Richtig, sie nehmen Freiheit für sich in Anspruch.

Wie wir es auch drehen und wenden, an der Freiheit kommt niemand vorbei.

## Das Ich endet nicht an der Haustür
### Keine Freiheit ohne politische Freiheit

Der Demokratie geht es also um die Freiheit des Einzelnen. Aber was ist das für eine Freiheit? Die Freiheit, seinen Vorgarten nach eigenem Geschmack zu gestalten? Die Freiheit, Gartenzwerge aufzustellen? Die Freiheit, zwischen Parmaschinken und Veggi-Aufstrich zu wählen? Die Freiheit, seine Freunde zu wählen, seine Hobbys, seinen Kleidungsstil? Ja, all das gehört dazu. Und noch viel mehr. Es ist wichtig, zweifellos. Aber diese private Freiheit könnte es – mehr oder weniger – auch in autoritären Staaten geben. Die Gartenzwerg-Freiheit kann für die Demokratie also nicht alles sein. Warum nicht? Weil der Einzelne nicht allein lebt.

Wir leben mit anderen Menschen zusammen. Nicht nur mit Familie und WG-Genossen, nicht nur mit Freunden und Kollegen, nein, auch mit den Menschen in unserer Stadt, unserem Dorf, im Konkurrenzunternehmen, in Behörden, mit dem Polizisten, der uns am Straßenrand ins Röhrchen pusten lässt, mit der Bankangestellten, die die Geldautomaten mit frischen Scheinen bestückt, mit der Gärtnerin, die die Karotten aus der Erde zieht, mit dem LKW-Fahrer, der dafür sorgt, dass wir am nächsten Tag Erdbeerjoghurt kaufen können, und mit Tausenden und Abertausenden anderen, die wir nie zu Gesicht bekommen. Ob wir es bemerken oder nicht, ob wir es wollen oder nicht, wir sind eingebunden in ein großes Geflecht von Beziehungen. Wir sind Teil der Gesellschaft, *unserer* Gesellschaft.

Und diese Gesellschaft formt uns. Was in ihr geschieht, wie sie ist und wie sie sich entwickelt, das betrifft uns, und zwar ganz elementar. Wie wohlhabend unsere Gesellschaft ist und wie der Wohlstand verteilt ist, ob es Möglichkeiten zum sozialen Aufstieg gibt und wenn ja welche, was für einen Stellenwert Bildung hat und wie sie erreichbar ist, in welchem Verhältnis Männer und Frauen stehen, wie Menschen miteinander kommunizieren, was verboten ist und was nicht, was teuer und was preiswert, was geschätzt und was verachtet wird – all das und vieles mehr ist nichts, dem wir gegenüberstehen wie der Beobachter in einem Assessment-Center, sondern es prägt uns, durchdringt uns, beeinflusst unser Leben, unser Selbstbild, unsere Identität. Wir sind nicht nur Teil dieser Gesellschaft, sondern die Gesellschaft ist auch Teil von uns selbst.

Deshalb: Wenn wir frei sein wollen, müssen wir auch darüber mitentscheiden können, was in dieser Gesellschaft geschieht. Freiheit kann nicht nur die Freiheit sein, sich um die eigenen Dinge zu kümmern, die Freiheit des In-Ruhe-gelassen-Werdens. Wer das denkt, verkennt seine Abhängigkeit von der Gesellschaft, sein Verwobensein mit ihr. Wer frei nur über sich selbst entscheidet, entscheidet nicht wirklich frei über sich selbst. Echte Freiheit schließt auch die Freiheit ein, über die gemeinsamen Angelegenheiten mitzubestimmen. Das Sichkümmern um die gemeinsamen Angelegenheiten nennt man *Politik*. Freiheit umfasst also die *politische Freiheit*. Die Freiheit, sich einzumischen, sich zu beteiligen, mitzuentscheiden, kurz: Politik zu machen.

Erst mit politischer Freiheit ist die Freiheit vollständig. Das gilt umso mehr, als unsere private Freiheit ja beschränkt ist. Vorschriften, Verbote, Gesetze setzen ihr Grenzen. Wirkliche Freiheit gibt es nur dann, wenn diese Grenzen nicht wie ein unabwendbares Schicksal über uns kommen, sondern wenn wir sie selbst festlegen. Frei sind wir nur dann, wenn wir frei über die Grenzen unserer Freiheit bestimmen. Da diese Grenzen der Freiheit alle gleichermaßen betreffen, müssen alle gleichermaßen über sie bestimmen können. Und das geht nur gemeinsam. Demokratie ist letztlich genau das: die gemeinsame Festlegung der Grenzen der Freiheit – und damit die Verwirklichung der Freiheit.

Anders gesagt: Wären wir Figuren auf einem Spielfeld, wären wir nicht schon dann frei, wenn wir uns selbst bewegen könnten. Sondern nur dann, wenn wir auch die Regeln des Spiels bestimmen. Demokratie ist die gemeinsame Festlegung der gemeinsamen Spielregeln.

Der Einwand zappelt schon, er muss jetzt raus: Tatsächlich legen wir doch die Grenzen unserer Freiheit gar nicht fest, wir finden sie vor. Wir machen die Gesetze nicht, selbst in der Demokratie sind die wenigsten wirklich daran beteiligt. Wie kann man dann von Freiheit sprechen?

Natürlich, wenn wir die Welt betreten, ist sie kein leeres Feld. Wir finden Regeln vor. Doch wir können sie ändern. Oder bejahen. Natürlich können wir die Regeln auch in einem demokratischen Staat nicht mit einem Handstreich umstoßen wie die Ordnung in unserem heimischen Kühlschrank. Wir sind ja nicht allein. Ein paar Millionen andere Menschen sind auch noch da und wollen ebenfalls mitreden. Deshalb ist der private Freiheitsspielraum größer als der politische. Dennoch öffnet die Demokratie diesen Raum, in dem die Regeln grundsätzlich zur Disposition stehen, die Grenzen der Freiheit verschiebbar sind – durch uns.

Echte Freiheit verlangt also politische Freiheit. Und politische Freiheit gibt es nur in der Demokratie. Das heißt, Freiheit kommt nicht ohne Demokratie aus. Sie braucht sie wie die Luft zum Atmen.

Sich mit privater Freiheit zufriedenzugeben, hieße, sich mit einer halbierten Freiheit zufriedenzugeben. In einem undemokratischen Staat wäre noch nicht einmal diese halbe Freiheit sicher. Denn was wäre das für eine Freiheit? Eine von oben gewährte. Der Staat, gütig wie ein Vater, erlaubt uns, frei zu sein. Wie nett von ihm, wie großzügig. Doch wer gibt, kann wieder nehmen. Auch ein gütiger Papi kann zornig werden. Eine gewährte Freiheit ist eine Freiheit auf Abruf. So kann das also nicht funktionieren. Freiheit kann keine Gnade von oben sein. Wir können sie uns nur gegenseitig geben. Wir müssen uns gegenseitig als gleichermaßen Freie anerkennen. Genau das ist Demokratie: die gegenseitige Zusprechung gleicher Freiheit. Nur in der Demokratie sind wir nicht Empfänger von Rechten, sondern diejenigen, die sich Rechte geben.

Sich gegenseitig Rechte geben? Klingt verrückt, nicht wahr? Denn es fühlt sich nicht so an, wenn wir uns ohnmächtig der Staatsgewalt ausgeliefert fühlen. Wenn wir vor der Behördenschnepfe stehen, die uns missmutig und wortkarg unverständliche Formulare vor die Nase hält. Und doch ist das die Essenz der Demokratie, an die wir uns auch in solchen Situationen erinnern dürfen: Wir selbst sind es, die wir uns gegenseitig unsere Rechte verleihen. Niemand sonst.

## Keiner wie der andere
### Der Sinn der Gleichheit

Freiheit gehört zur Demokratie, okay. Aber Gleichheit? Ist sie nicht ein großes Missverständnis der Demokratie? Ihre Lebenslüge? Denn wir sind doch gar nicht gleich. Menschen sind verschieden, das zeigt jede unbefangene Erfahrung. Wir sind unterschiedlich schlau, unterschiedlich talentiert, unterschiedlich kommunikativ. Wir sind Männer oder Frauen oder vielleicht etwas Drittes, wir sind Christen, Muslime, Atheisten oder sonst was, behindert oder nicht behindert, cholerisch oder gelassen, spießig oder flippig. Wir sind alles Mögliche, nur nicht gleich. Es gibt keine Gleichheit.

Dazu kann man nur sagen: ja, ja und nochmals ja. Alles richtig. Das Problem ist bloß, dass niemand so etwas behauptet. Jedenfalls hat es nichts mit Demokratie zu tun. Im Gegenteil, die Demokratie ist das einzige politische System, das die Verschiedenheit der Menschen anerkennt. Diese Verschiedenheit zu schützen und die Menschen sich in ihrer Unterschiedlichkeit entfalten zu lassen, ist ja gerade das Wesen der Demokratie.

Allein in einem Punkt ist die Idee der Gleichheit wichtig. Und das ist die *Gleichheit im Recht*. Demokratische Gleichheit heißt: gleiche Rechte für alle. In Artikel 1 der *Allgemeinen Erklärung der Menschenrechte* steht nicht: »Alle Menschen sind gleich«, sondern: »Alle Menschen sind frei und gleich an Würde und Rechten geboren.«

Wer also meint, die Demokratie sei gleichmacherisch, hat etwas Wesentliches nicht kapiert. Der Demokratie geht es nicht um allumfassende Gleichheit. Es geht ihr überhaupt nicht darum, dass Menschen auch nur in einem Punkt gleich *sind*. Sondern darum, dass sie gleich behandelt werden *sollen*. Wenn von der Gleichheit der Menschen die Rede ist, ist Gleich*berechtigung* gemeint.

Gleichberechtigung. Noch bevor die letzte Silbe dieses Wortes verklungen ist, haben manche schon abgeschaltet. Ein paar andere se-

19

hen vor dem inneren Auge Alice Schwarzer fauchend durch die Talkshows ziehen, und die Nackenhaare stellen sich ihnen auf. Was soll man dazu sagen? Zum einen dies: Gleichberechtigung betrifft nicht nur die Geschlechter, sondern alle Unterschiede. Gleichberechtigt sind Alte und Junge, Kranke und Gesunde, Ossis und Wessis, Schlaue und weniger Schlaue, Luxusvillaeigentümer und Sozialwohnungsmieter und, ja, selbstverständlich auch Männer und Frauen. Vor allem aber müssen wir uns an die Bedeutung der Gleichheit vor dem Recht erinnern. Wir ahnen heute kaum noch, wie sensationell, spektakulär, revolutionär sie ist. Denn die Geschichte der Menschheit war die längste Zeit hindurch eine Geschichte der Ungleichheit. Jahrtausende der Knechtschaft und Unterordnung, der Privilegien und Bevorzugungen. Herren befahlen, Sklaven hatten zu gehorchen. Männer gingen voran, Frauen hatten zu folgen. Adelige mampften, Bauern hatten zu liefern. Familien, Stämme, Staaten: allesamt Ordnungen der Ungleichheit. Welche Rechte jemand hatte, hing davon ab, welchen Namen er trug, wieviel Rinder er hatte oder wen er seinen Freund nannte. Entscheidend waren Unterschiede des Geschlechts, der Abstammung, der Familie, der Rasse, der Klasse, des Amtes, des Reichtums und der Macht. Nur eines hatte nichts zu bedeuten: das Menschsein, das allen gleich ist. Ungleichheit war so selbstverständlich wie die Schwerkraft.

Die moderne Demokratie hat diese äonenalte Ordnung der Ungleichheit erstmals aus den Angeln gehoben. Gleichheit ist das Codewort des demokratischen Rechtsstaats: Jeder ist vor dem Gesetz gleich. Jeder hat dasselbe Recht, nach seinen Vorstellungen zu leben, ob frech oder fromm, ob kühn oder kleinmütig. Jeder kann sein Recht vor Gericht einfordern, egal ob er Merizadi, Morosow oder Müller heißt. Jeder erhält die gleiche Strafe für die gleiche Tat, der reiche Betrüger sitzt hinter denselben eisernen Gittern wie der mittellose. Und weil für jeden das gleiche Recht gilt, stehen sich alle prinzipiell als Gleiche auf Augenhöhe gegenüber. Jeder zählt gleich viel.

Deshalb kann es in einer Demokratie nicht zu viel Gleichberechtigung geben. Denn gleich heißt gleich. Alles andere als gleich ist ungleich. Und gleicher als gleich gibt es nicht. Vielleicht kann der

Wunsch nach Gleichberechtigung zu weinerlich jaulen, der Kampf darum nerven. Manche Forderung mag unberechtigt sein, weil bereits Gleichheit herrscht. Aber von der Gleichberechtigung selbst kann es nicht zu viel geben. Nur zu wenig.

Und, haben wir zu wenig? Ist die Idee der Gleichheit nicht bloß ein schöner Schein, wenn die einen auf ihren Milliarden sitzen und die anderen auf dem Trockenen? Wenn die einen sich für einen jämmerlichen Mindestlohn abstrampeln müssen, während die anderen allenfalls auf dem Hometrainer in ihrem privaten Fitnessstudio strampeln? Ist unsere Gesellschaft nicht von Ungleichheit zerfressen wie ein Kadaver von Würmern? Doch aufgepasst, Rechtsgleichheit ist nicht soziale Gleichheit. Gleichberechtigung heißt nicht Gleichleben. Es geht nicht darum, dass alle gleich viel auf dem Konto haben, sondern dass alle das gleiche Recht haben, zu haben. Gleiches Glück für alle hat niemand versprochen, sondern nur dass alle gleichermaßen ihr Glück suchen dürfen. So sieht es jedenfalls erst einmal aus.

Bei näherem Hinsehen jedoch verschwimmen die Grenzen zwischen der Gleichheit im Recht und der Gleichheit der Lebensverhältnisse. Wer wenig hat, darf seine Rechte zwar wahrnehmen. Doch wer viel hat, hat auch die Mittel dazu. Wer wenig hat, darf in der Münchner City oder am Starnberger See wohnen. Wer viel hat, wohnt tatsächlich dort. Wer wenig hat, darf sich durchsetzen. Wer viel hat, setzt sich durch. Wer wenig hat, darf überall hinreisen. Wer viel hat, liegt dort schon am Strand. Wer wenig hat, dem steht alles offen. Wer viel hat, ist schon drin. Wer wenig hat, könnte lange leben. Tut er aber nicht, er stirbt früher. Es ist unübersehbar: Rechte sind nicht allein das, was auf dem Papier steht, sondern auch das, was wir daraus machen können. Soziale Ungleichheit untergräbt die Gleichheit der Rechte. Zwei unterschiedliche Gleichheiten sind es, ja, aber nur in der Theorie. In der Praxis sind sie ineinandergeflochten wie zwei Stränge eines Seils. Wohin sich der eine Strang bewegt, biegt sich auch der zweite.

Ein anderer Einwand brennt auf den Nägeln: Steht die Gleichheit nicht im Gegensatz zur Freiheit? Geht es doch bei der Freiheit um das Individuum, bei der Gleichheit um die große Menge. Die Freiheit hebt den Einzelnen heraus, macht ihn groß und sichtbar, die Gleichheit lässt ihn verschwinden wie ein Sandkorn am Strand. Wie kann die Demokratie die Freiheit auf ihre Fahne schreiben, wenn sie auch auf Gleichheit beruht?

Das kann sie sehr gut. Dass Freiheit und Gleichheit ein Gegensatz sind, ist ein Märchen, und zwar eines von der unglaubwürdigen Sorte. Die beiden passen besser zusammen als Yin und Yang. Mehr noch, sie sind zwei Seiten derselben Medaille. Denn die Freiheit ist in der Demokratie ja die Freiheit aller, sie ist *gleiche* Freiheit. Und die Rechte, die allen gleichermaßen zukommen, berechtigen dazu, etwas zu tun, zu lassen, zu verlangen, in Ruhe gelassen zu werden – sind also Freiheitsrechte. Gleichheit bedeutet gleiche *Freiheit*.

Ja, wir können uns unserer Freiheit nur dann dauerhaft erfreuen, wenn wir auf diese Weise gleich sind. Weil wir prinzipiell auf gleicher Stufe stehen, weil wir uns auf gleicher Augenhöhe begegnen, weil kein Mensch über uns steht und auch keiner unter uns, können wir uns als Freie begegnen. Nur so sind wir frei von der dauernden Bedrängnis der Freiheit von unten und von oben, denn unter Gleichen gibt es kein Unten und Oben.

Freiheit und Gleichheit sind noch auf eine weitere, verborgene Weise miteinander verbunden. Und zwar in der Sphäre politischer Freiheit, dort also, wo wir uns nicht um unseren eigenen Kram kümmern, sondern etwas für das Gemeinwesen wollen. Wie das? Durch unser Denken und Sprechen. Denn für das, was wir politisch wollen, bringen wir Gründe vor – Gründe, von denen wir erwarten, dass die anderen sie genauso einsehen wie wir, dass sie zustimmen wie wir selbst. Auch wenn sie das faktisch niemals tun, erheben wir mit unseren Gründen diesen Anspruch: dass sie für alle gleich gelten.

Aber stimmt das? Oder ist das idealistischer Hokuspokus? Denn wir müssen doch nicht unbedingt Gründe vorbringen, wir können die anderen auch beschwatzen, manipulieren, nötigen. Gewiss, das können wir. Kommt auch vor. Nur behandeln wir die anderen dann nicht mehr als Personen, die aus freien Stücken zustimmen oder ablehnen. Wir behandeln sie also nicht mehr als Freie – und somit auch nicht als Gleichrangige.

Freiheit und Gleichheit gehören also zusammen. Genauer gesagt, sie haben denselben Ursprung, wie zwei Planeten, die demselben Urnebel entstammen. Die Demokratie ist die Gemeinschaft der Freien und Gleichen.

## Warum dürfen die Doofen mitmachen?
### *Politische Gleichheit auf dem Prüfstand*

Alle haben die gleichen Rechte, einverstanden. Aber muss das auch für die Politik gelten? Sollen alle über die allgemeinen Angelegenheiten entscheiden dürfen? Muss Gleichheit wirklich auch *politische* Gleichheit heißen? Das Verständnis für Politik ist doch – sagen wir es vorsichtig – eher ungleichmäßig verteilt. Manche haben viel Ahnung, manche weniger, manche gar keine. Warum sollten die Doofen mitmachen dürfen?

Auf den ersten Blick liegt es nahe, nur denen das Recht zur politischen Mitbestimmung zu geben, die auch die nötigen politischen Kenntnisse haben. Denn um über eine Sache entscheiden zu können, muss man sie verstehen. Wahlrecht nur für die Schlauen. Tatsächlich propagieren manche so etwas. Wer das so machen will, steht allerdings vor einem Problem: Wer legt fest, wer die Schlauen, die Experten sind? Schon der griechische Philosoph Platon wollte ausschließlich die Weisen regieren lassen. Das waren natürlich, genau, die Philosophen. Und diejenigen, die heute nur die Kompetenten ranlassen wollen, welche Kompetenzen schweben ihnen vor? Richtig: solche, die sie selbst haben. Außerdem gibt es ja nicht nur zwei Kategorien von Bürgern, die Ahnungslosen und die Bescheidwisser, sondern viele Schattierungen. Also müsste es gestaffelte Rechte zur politischen Mitbestimmung geben. Manche haben eine Stimme, andere drei, und die Oberschlauen haben fünf Stimmen. Wollen wir das?

Mit Demokratie jedenfalls hätte das nichts mehr zu tun. Sie steht und fällt mit der politischen Gleichheit. Wenn Demokratie Freiheit und Gleichheit bedeutet und Freiheit auch politische Freiheit beinhaltet, dann lautet die schlichte Gleichung: Demokratie = politische Gleichheit. *In* der Demokratie gibt es alle möglichen Abstufungen und Nuancen der Entscheidungen. Hier ist der Raum für das Grauzonige,

23

das Halbe-Halbe, das Uneindeutige, hier sind der Kompromiss und das Komplizierte zu Hause. Aber die *Grundlage* der Demokratie selbst ist etwas sehr Einfaches und Absolutes, ein Alles oder nichts. Besser gesagt: ein Alles. Gleichheit für alle. Die Demokratie gibt es entweder mit dem Recht auf politische Gleichheit oder es gibt sie gar nicht.

Was das heißt? Es heißt, dass alle gleichermaßen berechtigt sind mitzuentscheiden. Über die Dinge, die alle betreffen. Alle haben das gleiche Recht abzustimmen und zu wählen. Das gleiche Recht, sich wählen zu lassen. Das gleiche Recht, angehört zu werden. Das gleiche Recht, die eigenen Interessen und das eigene Verständnis vom Gemeinwohl einzubringen. Jeder zählt so viel wie jeder andere. Deshalb ist übrigens Korruption ein Verbrechen gegen die Demokratie: weil man sich mehr Einfluss verschafft als einem zusteht, weil man sich unfaire Vorteile verschafft. Der Korrupte verletzt die Gleichheit.

Und dennoch bleibt ein Bedenken. Ist es nicht fragwürdig, den Ahnungslosen genauso viel Einfluss zu geben wie den Klugen? Auch sonst macht doch nicht jeder alles. Medizin wird von Medizinern gemacht, Bankgeschäfte von Bankern, Viehzucht von Viehzüchtern. Warum sollten gerade bei den komplizierten politischen Fragen alle mitmischen? Auf diese Frage gibt es zwei Antworten. Eine traditionelle und eine moderne.

Die traditionelle Antwort geht so: Gleichheit heißt nicht unbedingt, dass alle über alles entscheiden. Funktioniert gar nicht bei so vielen Menschen. Also muss man ein paar Leute auswählen, die die Entscheidungen vertretungsweise fällen. Unter diesen Umständen heißt Gleichheit vor allem: Jeder darf diese Vertreter wählen. One man, one vote. Weil die gewählten Repräsentanten genügend Zeit haben, sich über die schwierigen Themen kundig zu machen, entwickeln sie politische Klugheit. So entsteht ein Filter für die Dummheit. Das repräsentative, parlamentarische System funktioniert wie eine Kläranlage für den verschmutzten Meinungsstrom der Bevölkerung.

Die moderne Antwort geht anders. Sie bezweifelt, dass sich die Klugen so eindeutig von den Dummen unterscheiden lassen. Auch die vermeintlich Klugen sind nicht die politische Vernunft auf zwei Beinen. Auch sie sind befangen in vorgeformten Denkmustern und

24

gehen undurchschauten Metaphern auf den Leim. Auch sie haben keinen blassen Schimmer, wie die Zukunft aussieht, und können die langfristigen Folgen ihrer Entscheidungen nicht überblicken. Wenn wir ein paar Seiten der Zeitgeschichte zurückblättern, stolpern wir über eine Menge politischer Entscheidungen, die aus heutiger Sicht alles andere als klug waren. Die Konstruktion des Euro als einer gemeinsamen Währung ohne gemeinsamen Wirtschaftsraum, was zu extremen ökonomischen und politischen Verwerfungen führt. Die massive staatliche Unterstützung der Atomenergie, die uns Berge radioaktiven Mülls hinterlassen hat, der noch Jahrtausende strahlen wird. Eine über Jahrzehnte verweigerte moderne Migrationspolitik, deren Folgen uns heute in Form schmerzlich fehlender Integration belasten. Die Gestaltung des Steuer- und Sozialrechts, die maßgeblich an der grassierenden Kinderarmut Schuld trägt und an ihren Folgen wie geringerer Bildung, geringeren Chancen und sozialer Ausgrenzung. Das alles und vieles mehr: falsch, feige, fatal. Entschieden von denen, die sich angeblich auskennen. Wer also sind die Klugen, wer die Dummen? Das Dumme an der politischen Klugheit ist, dass wir erst hinterher wissen, wer sie hatte.

Mehr noch, die Demokratie baut darauf, dass nicht immer von vornherein feststeht, was richtig und falsch ist. Und deshalb auch nicht, wer richtig und wer falsch liegt. Mediziner wollen Heilung, Banker wollen Gewinn machen, und Viehzüchter wollen ertragreiches Vieh. Was aber sind die Ziele der Politik? Klimaschutz oder dauerhaftes Wirtschaftswachstum? Starke soziale Absicherung oder mehr Eigenverantwortung der Einzelnen? Möglichst viel nationale Selbstbestimmung oder Stärkung der EU? Hier geht es nicht bloß um die richtigen Mittel für einen vorgegebenen Zweck, hier geht es um den Zweck selbst, um Wertentscheidungen: Was sind unsere leitenden Ziele? Was ist eine gute Gesellschaft? Was wollen wir für eine Gesellschaft sein? Wie wollen wir leben? Bei diesen Fragen hilft Expertenwissen wenig. Zu ihnen kann jeder etwas sagen. Es ist wie beim Arzt. Der kennt sich zwar besser mit Pillen und Operationen aus, aber was der Patient will, weiß nur dieser selbst.

Die Gleichheit abfedern oder der Gleichheit vertrauen – die zwei

Antworten auf die Frage nach der Dummheit gehen in unterschiedliche Richtungen. Aber sie schließen sich nicht aus. In unterschiedlicher Dosierung lassen sie sich miteinander verbinden, je nach dem Maß von Vertrauen und Skepsis. In jedem Fall jedoch gilt: Wie auch immer man das Recht auf politische Gleichheit konkret umsetzt, es ist ein unbezweifelbares Herzstück der Demokratie. Das demokratische Fruchtfleisch mag unterschiedlich wachsen und schmecken, doch innen drin liegt der Kern der Gleichheit und Freiheit. Ohne diesen Kern wächst auch nichts außen herum.

Ist das alles, was es zur politischen Gleichheit zu sagen gibt? Nein, es ist erst die halbe Geschichte. Denn sie betrifft nur das *Recht* auf politische Gleichheit. Demokratie baut aber nicht nur auf diesem Recht, sondern auch darauf, dass es *wahrgenommen* wird. Sie lebt nicht allein davon, dass sich alle beteiligen *dürfen*, sondern auch davon, dass sie es *tun*. Es geht schließlich um Volksherrschaft, nicht um Volksdarfschaft. Natürlich muss sich nicht restlos jeder beteiligen. Einen Zwang dazu gibt es sowieso nicht. Freiheit umfasst auch die Freiheit, nicht am politischen Geschehen teilzunehmen. Doch wenn große Teile der Gesellschaft sich nicht beteiligen, gerät die Demokratie in Schieflage.

Das Recht auf Teilhabe steht bei uns außer Frage. An der realen Teilhabe allerdings hapert es. Die Wahlbeteiligung ist seit Jahren auf Talfahrt. Bei den letzten Bundestagswahlen stieg sie zwar mal wieder ein bisschen, auf 76 % nämlich, aber es bleibt abzuwarten, ob das ein langfristiger Trend ist. In jedem Fall klinkt sich ein Viertel bis zu einem Drittel der Wahlberechtigten aus dieser grundlegenden Form der politischen Beteiligung aus. Bei Länder- und Kommunalwahlen machen noch weniger mit. Diese puren Zahlen wären vielleicht noch zu verschmerzen. Schlimmer ist, dass die Wahlmüdigkeit nicht gleichmäßig alle Bevölkerungsschichten befällt, sondern sich vor allem bestimmte Bevölkerungskreise vom Gang an die Wahlurne verabschiedet haben. Es sind insbesondere Bürger aus den unteren Bildungs- und Einkommensschichten, die ihr Recht auf politische Gleichheit nicht wahrnehmen. Das Ergebnis: Die gewählten Repräsentanten spiegeln nicht das ganze Volk wider.

Aber gleicht sich die fehlende Wahlbeteiligung dieser Bevölkerungsteile nicht durch andere Formen politischen Tuns aus? Mitarbeit in Bürgerinitiativen und Vereinen, Online-Proteste, Demos? Schön wär's. Ist aber nicht so. Der Verzicht auf politische Teilhabe erfasst das ganze Spektrum von Aktivitäten. Wer seine Stimme nicht abgibt, erhebt auch sonst nicht seine Stimme.

Damit ist der Einfluss auf die Entscheidungen ungleich verteilt. Eine geringere Repräsentation der unteren Bildungs- und Einkommensschichten führt dazu, dass ihre Interessen weniger berücksichtigt werden. Politik wird eher auf Kosten derer gemacht, von denen kaum Widerstand zu erwarten ist. Das verstärkt wiederum die Demokratieverdrossenheit bei denen, die sich abgehängt fühlen. Teilhabe sehen sie als sinnlos an. Ein Teufelskreis.

Wie kann das sein, wenn das durchschnittliche Niveau der Einkommen und der Bildung in den letzten Jahrzehnten gestiegen ist? Dann müsste doch auch die politische Beteiligung gestiegen sein? Die Antwort ist ganz einfach: Es kommt nicht auf das absolute Niveau an, sondern auf das Verhältnis zu den anderen. Es geht nicht darum, wie groß der Kuchen insgesamt ist, sondern wie er verteilt wird. Wer die kleinsten Stücke erhält, kommt gar nicht erst zum Kaffeetrinken. Der Zusammenhang ist glasklar erwiesen: Je höher die soziale Ungleichheit, desto größer die Unterschiede in der politischen Beteiligung.

Politische Gleichheit ist nicht soziale Gleichheit. Eigentlich. Doch massive soziale Ungleichheit untergräbt die politische Gleichheit und damit die Demokratie. Wer von Demokratie spricht, kann also von Gerechtigkeit nicht schweigen.

Wie Gerechtigkeit genau zu verstehen ist, welches Maß an sozialer Ungleichheit akzeptabel ist, wie mit dieser Ungleichheit umzugehen ist, ob und wie sie auszugleichen ist, wie hoch der Hartz-IV-Satz sein muss, ob dieses System der Arbeitslosenunterstützung überhaupt das richtige ist – das alles lässt sich im Einzelnen nicht aus der Idee der Demokratie ableiten, sondern muss demokratisch entschieden werden. Aber so viel steht schon mal fest: Eine Demokratie, die keinen Blick für ökonomische Gleichheit hat, ist auf einem Auge blind und verkennt einen Teil ihres ureigenen Anspruchs.

Das deutsche Grundgesetz erklärt übrigens die »Herstellung gleichwertiger Lebensverhältnisse im Bundesgebiet« zum Ziel. Manch einer hört darüber verschämt hinweg, als würde ihm auf der Straße eine Gratisausgabe des *Kommunistischen Manifestes* angeboten. Doch das grundgesetzliche Gebot ist kein verfehltes sozialistisches Einsprengsel in einer liberalen Ordnung, sondern entspringt der demokratischen Idee selbst: Gleichheit für alle.

## Innen drin
### Menschenwürde als Kern der Demokratie

Alle sollen frei sein. Alle gleichermaßen. Alle dürfen mitbestimmen. Alle haben dieselben Rechte. Da kommt einem doch die Frage: Warum eigentlich? Die Antwort, in einem einzigen Wort zusammengefasst, lautet: wegen der Menschenwürde.

Freiheit und Gleichheit stünden auf tönernen Füßen, wenn diejenigen, die frei und gleich sein sollen, keinen herausragenden Wert hätten. Nämlich Menschen. Es geht nicht um »den« Menschen als abstrakte, philosophische Größe. Auch nicht um eine biologische Spezies namens Homo sapiens, die seit wenigen hunderttausend Jahren die Erde bevölkert. Sondern es geht um den konkreten einzelnen Menschen. Um das menschliche Individuum.

Jeder einzelne Mensch hat Anspruch auf Achtung und auf gewisse Rechte, ob er sich dessen bewusst ist oder nicht. Auch die unfreundliche Kellnerin im Landgasthof, auch der grölende, rülpsende Jugendliche, auch die hinterhältige Chefin, auch das schwerstbehinderte Mädchen mit den epileptischen Anfällen und, ja, auch der brutale Mörder. Das ist keine sentimentale Moralromantik, sondern schlichtweg die bitter erkämpfte Basis für ein humanes, demokratisches Zusammenleben. Wenn man anfinge, dem Mörder die Menschenwürde abzusprechen, wäre auch kein anderer davor gefeit. Deshalb: Jeder hat denselben fundamentalen Wert. Dieser Wert ist nichts Verrechenbares, Nützliches oder dergleichen, sondern ein Wert an sich. Jeder Mensch hat Bedeutung. Nicht als Mittel für irgendetwas anderes, sondern in sich selbst. Der Ausdruck für diesen Gedanken ist: Der Mensch hat Würde.

Und warum hat er die? Wegen seiner Leistung? Dann wäre die Würde sehr ungleich verteilt, und Babys hätten keine. Aber warum dann? Weil jeder Mensch klug und vernünftig ist? Ha! Weil jeder edel, hilfreich und gut ist? Ha, ha. Nein, der einzelne Mensch hat Würde nur wegen einer einzigen Tatsache: weil er Mensch ist. Es ist keine Würde des Amtes, wie sie Präsidentinnen und Kanzler umweht. Keine stolze Würde des Könnens, die nur den Könnern zukommt. Keine Würde des Alters, die den Greisen vorbehalten ist. Keine aristokratische Würde, die aus vornehmen Stammbäumen sprießt. Sondern eine Würde des Menschseins.

Schön. Aber muss die Menschenwürde wirklich als Begründung für die Demokratie herhalten? Ist das nicht ein bisschen zu gewaltig? Demokratie heißt Volksherrschaft, nicht mehr und nicht weniger, eine bestimmte Regierungsform, mit Techniken wie Wahlen und Mehrheitsentscheidungen. Das muss man doch nicht in einem humanistischen Würde-Himmel verklären. Freiheit und Gleichheit okay, aber warum dieser bombastische ideelle Sternenkreuzer namens Menschenwürde?

Keine Frage, beim Kreuzchen in der Wahlkabine oder bei einer Bundestagsentscheidung zum Finanzmarktstabilisierungsfortentwicklungsgesetz kommt einem eher selten der Gedanke an die Menschenwürde. Doch beim Gang zur Toilette oder beim Brötchenkauf denken wir ja normalerweise auch nicht an den Sinn des Lebens, obwohl dieser Sinn das ist, was uns im Leben antreibt, zumindest die Suche danach. So ist es auch mit der Demokratie. Der tiefste Grund ist nicht immer sichtbar und nicht immer bewusst. Aber er ist da. Denn warum sollte die Selbstherrschaft des Volkes so erstrebenswert sein? Warum sollte Gleichheit unter den Bürgern herrschen? Warum sollte der Schutz von Freiheitsrechten so elementar sein, und zwar die Rechte von jedem Einzelnen? Warum sollte demokratische Politik den Menschen dienen, und zwar allen? Weil jeder Einzelne zählt. Weil jeder Träger der Menschenwürde ist.

Diese Würde ist der letzte Sinn der Demokratie, ihr Auftrag, ihr Leitmotiv. Deswegen ist es richtig, dass die Symphonie des deutschen Grundgesetzes mit diesem Fanfarenstoß beginnt: »Die Würde des Menschen ist unantastbar. Sie zu achten und zu schützen ist Verpflichtung aller staatlichen Gewalt.« Und das Bundesverfassungsgericht stimmt ein: »In der freiheitlichen Demokratie ist die Würde des Menschen der oberste Wert.«

Und was folgt daraus? Eben die Freiheit und Gleichheit, die in den Menschenrechten konkretisiert werden. Die Menschenwürde ist also die Quelle, aus der die Menschenrechte entspringen. Auch das bringt das Grundgesetz unzweifelhaft zum Ausdruck, gleich nach den zwei Sätzen zur Würde: »Das Deutsche Volk bekennt sich *darum* zu unverletzlichen und unveräußerlichen Menschenrechten als Grundlage jeder menschlichen Gemeinschaft, des Friedens und der Gerechtigkeit in der Welt.«

Die Menschenwürde ist also zentral für die Demokratie. Doch es wäre ein Irrtum zu glauben, damit hätten wir den Stein der Weisen gefunden, der uns Antwort auf jede Frage gibt. Die Menschenwürde ist eine starke Idee, aber sie ist zu groß und zu abstrakt, als dass sie als Richtschnur für alle detaillierten politischen Probleme dienen könnte. Wie hoch soll die Erbschaftssteuer sein? Wie ist die Qualität der Altenpflege zu sichern? Müssen wir den extremen Anstieg der Mieten stoppen, und wenn ja, wie? Was müssen wir tun, um die Bienen zu schützen? All das sagt uns die Menschenwürde nicht, das muss demokratisch entschieden werden. Wir orientieren uns ja auch nicht bei jedem alltäglichen Tun an dem, was unserem Leben Sinn verleiht. Nehmen wir zwei oder drei Blatt Toilettenpapier? Oder zählen wir gar nicht, sondern rupfen beherzt etwas von der Rolle? Kaufen wir Brötchen oder Brezeln? Oder doch lieber ein Roggenvollkornbrot? Da hilft der Sinn des Lebens nicht wirklich weiter. So ähnlich verhält es sich mit der Menschenwürde.

Dennoch: Die Würde des Menschen markiert am deutlichsten den Unterschied zwischen Demokratie und Autokratie, zwischen der Herrschaft der Freien und Gleichen und der Beherrschung der Unfreien und Ungleichen. In autoritären Regimen ist der einzelne Mensch nicht Zweck des Staates, sondern hat sich dem staatlich vorgegebenen Zweck zu fügen, dem Ruhm der Nation, der harmonischen Gesellschaft, der rassenreinen Volksgemeinschaft oder welchen Namen auch immer die Missachtung der Würde annimmt. Der Einzelne zählt nichts, es zählt nur die Masse, am besten brav und jubelbereit, gehorsam und angepasst. Er ist bloß ein Partikel in der Menge, eine Nummer im System, Objekt des staatlichen Handelns, Material in den Händen der Mächtigen, Ohr für ihre Propaganda, nützliches Werkzeug. Wenn es nicht mehr nützlich ist, heißt es: scheiß drauf. Wenn es sich der Macht in den Weg stellt: weg damit.

Nun mal halblang, wird mancher protestieren, das ist aber ein bisschen arg holzschnittartig. Die völlige Missachtung des einzelnen Menschen will ja niemand. Aber das Gegenteil, dieser Vorrang des Einzelnen ist doch auch nicht das Gelbe vom Ei. Das Volk, der Staat, die Nation – sie waren schon da, bevor der einzelne Mensch geboren wurde, und sie werden noch bestehen, wenn seine sterblichen Überreste längst von Würmern zerfressen sind. Das, was der Einzelne ist, ist er doch nur dank der Gemeinschaft, in der er aufwächst. Sie ist dem Einzelnen übergeordnet, geht ihm voraus und liegt ihm zugrunde. Kurz: Ist die Würde des Menschen als Dreh- und Angelpunkt nicht ein kolossaler Irrtum?

Nein. Es gibt Menschen ohne Gemeinschaft, aber keine Gemeinschaft ohne Menschen. Richtig ist nicht: Der Mensch ist nichts ohne die Gemeinschaft, sondern: Die Gemeinschaft ist nichts ohne die Menschen. Ohne die einzelnen Menschen löst sich die Nation auf wie Nebel in der Morgensonne. Man ziehe etwa vom russischen Volk alle einzelnen Russen ab. Übrig bleibt – nichts. Natürlich ist ein Volk mehr als die Summe seiner Mitglieder. Aber nur durch das, was seine Mitglieder miteinander tun, was zwischen ihnen entsteht. Der einzelne Mensch ist das Grundlegende. Er ist das Fundament, auf dem jede Kultur, jeder Staat, jede Gemeinschaft gebaut ist. Nur Menschen können handeln und entscheiden, nur sie können Verantwortung übernehmen und für einander einstehen, können bewerten und erleben. Alles kollektive Handelns ist davon abgeleitet. Die Idee der Menschenwürde wird dieser Tatsache gerecht.

Die Menschenwürde in Gegensatz zur Gemeinschaft zu stellen, ist billiger Unfug. Die Demokratie ist ja eine Gemeinschaft, aber eben eine, die auf der Anerkennung der Menschenwürde fußt. Im Widerspruch zur Menschenwürde steht nicht die Gemeinschaft, sondern nur die unterdrückende Gemeinschaft. Die Achtung der Menschenwürde ermöglicht eine staatliche Gemeinschaft, die dem Menschen gerecht wird. Sie ist das Elixier, das einen Staat zu einem menschlichen Staat macht.

Aber ist die Gemeinschaft nicht ein Wert für sich? Und zwar jede? Nein, eben nicht jede. Gemeinschaften können wertvoll sein und sind es häufig – nämlich dann, wenn Menschen sie schätzen und wenn sie dem Einzelnen gerecht werden. Eine Gemeinschaft, an der niemandem etwas liegt, ist ohne Wert. Und eine Gemeinschaft, die den Einzelnen mit Füßen tritt, ebenso. Daher heißt es bei uns nicht etwa: Die Würde der deutschen Nation oder die Würde der geschichtlich gewachsenen Kultur ist unantastbar, sondern die Würde des Menschen.

Apropos Geschichte. Ist der enge Bund von Demokratie und Menschenwürde nicht unhistorischer Mumpitz? Demokratie gab es schließlich schon bei den Griechen vor 2500 Jahren, von ihnen haben wir das Wort, doch über Menschenwürde haben sie nie gesprochen. Unsere heutige Idee der Menschenwürde hat gerade mal gut 200 Jahre auf dem Buckel. In die Sphäre von Politik und Recht hat sie es sogar erst im letzten Jahrhundert geschafft. Ein ideelles Greenhorn sozusagen. Wie kann sie dann die Grundlage der viel älteren Demokratie sein?

Guter Einwand. Nur kein überzeugender. Denn das, was bei den alten Griechen Demokratie hieß, war von der heutigen Demokratie weit entfernt. Grundrechte gab es keine, genauso wenig wie Gewaltenteilung. Mitbestimmen durften nur die freien Männer. Frauen hatten nichts zu melden, Sklaven erst recht nicht. Die altgriechische Demokratie hatte mit unserer so viel zu tun wie eine Pferdekutsche mit einem Porsche 911. Porsche? Unsere Demokratie? Na gut, sagen wir: Opel Zafira. Immer noch ein himmelweiter Unterschied zur Kutsche.

Aber die ersten Demokratien der Neuzeit, in England und den USA, sprachen doch auch nicht von Menschenwürde? Richtig, sie sprachen nicht davon. Aber das heißt nicht, dass die Achtung der Menschenwürde ihnen nicht schon unbewusst zugrunde lag, wenigstens ansatzweise. Die Erde dreht sich auch schon etwas länger um die Sonne, als Menschen davon wissen. Im Grunde genommen ist die Demokratie erst mit der Anerkennung jedes Einzelnen zu sich selbst gekommen. In dem, was wir heute Demokratie nennen, ist etwas zusammengewachsen, was zusammengehört, aber sich unabhängig voneinander entwickelt hat: Volksherrschaft und die Idee der Menschenwürde. Wir kennen das ja, manch einer trifft die Liebe seines Lebens erst spät. Obwohl, wer weiß, vielleicht sind wir gar nicht so spät dran, womöglich durchlebt die Demokratie gerade erst ihre Jugendzeit. Umso besser.

Trotzdem bleibt eine Frage. Die Menschenwürde steht zwar in unserem Grundgesetz prominent an erster Stelle. Und in einigen anderen demokratischen Verfassungen hat sie ebenso ihren Platz, zum Beispiel in der schweizerischen und der südafrikanischen. Aber längst nicht in jeder. In der Verfassung der USA etwa, der ältesten bestehenden Demokratie, kann man die Menschenwürde lange suchen. Deshalb ist sie ja wohl nicht weniger demokratisch, oder?

Einerseits: Das Prinzip der Menschenwürde muss nicht schwarz auf weiß in der Verfassung stehen, um wirksam zu sein. Dieses moralische Elixier fließt auch so in den demokratischen Institutionen, in den Grundrechten, in der Einschränkung staatlicher Macht. Denn all das dient letztlich dem einzelnen Menschen, seinem Leben, seiner Freiheit, seinen Rechten, seinem Streben nach Glück – der Achtung seiner Würde.

Andererseits: Ganz egal ist es wiederum nicht, ob demokratische Verfassungen sichtbar den Stempel der Menschenwürde tragen. Manche Unterschiede zwischen den USA und Deutschland dürften nicht zuletzt dadurch erklärbar sein. Nehmen wir die Todesstrafe, die in Deutschland verboten ist, in vielen US-Bundesstaaten jedoch verhängt wird: die gezielte Vernichtung schuldiger, aber wehrloser Menschen, nicht selten aufgrund zweifelhafter Gerichtsverfahren. Oder das bewusste Aussetzen rechtsstaatlicher Regeln in dem Gefangenenlager Guantanamo, die jahrelange Inhaftierung Verdächtiger ohne Anklage, die inhumanen Haftbedingungen und die Vorenthaltung fundamentaler Rechte. Oder die systematische Anwendung von

Folter unter der Regierung von George W. Bush. Oder die exzessive Gewalt durch die US-amerikanische Polizei mit jährlich Hunderten von Toten und deutlicher rassistischer Schlagseite. Wenn all das keine massiven Verletzungen der Menschenwürde sind, was dann? Natürlich haben die nicht nur eine Ursache. Doch die fehlende ausdrückliche Verankerung der Menschenwürde dürfte ihren Beitrag dazu leisten. Kurz: Demokratien müssen sich nicht ausdrücklich zur Menschenwürde bekennen, aber es tut ihnen gut.

Doch Obacht, wir brauchen uns nicht in süßlicher moralischer Selbstzufriedenheit zu ergehen. Die Verankerung der Menschenwürde im Grundgesetz ist keine Garantie dafür, dass sie stets geachtet wird. Wenn politische Mitbestimmung zu einer vollen Verwirklichung eines menschenwürdigen Lebens gehört, dann ist bei uns in Sachen Achtung der Menschenwürde gewiss noch Luft nach oben. Und solch ein Artikel 1 der Verfassung ist auch kein unüberwindliches Bollwerk gegen diejenigen, die es auf die Aushöhlung der demokratischen Ordnung abgesehen haben.

Dass der Mensch zur Geltung kommt und dass er in Zukunft noch besser zur Geltung kommt, und zwar jeder Einzelne, geschieht nicht von allein. Das geschieht nur, wenn wir uns darum kümmern, wenn wir unsere Demokratie beschützen und weiterentwickeln. Denn nur in der Demokratie ist die Menschenwürde gut aufgehoben. Jeder Einzelne trägt dazu bei durch das, was er tut. Dadurch, ob und wie er sich politisch und gesellschaftlich engagiert. Dadurch, ob und wen er wählt. Dadurch, ob und wie er denkt. Und durch sein ganz alltägliches Verhalten seinen Mitmenschen gegenüber. Jeder Einzelne entscheidet mit darüber, welche Stellung jeder Einzelne in Zukunft hat.

# 2

# ÜBER VIELFALT UND DAS
# DEMOKRATISCHE ENTSCHEIDEN

## Das große Gewimmel
*Keine Freiheit ohne Vielfalt*

Gleiche Freiheit für alle hat Folgen. Denn Menschen sind unterschiedlich. Sie wollen und wünschen Unterschiedliches, sie denken, meinen, fühlen, lieben unterschiedlich. Wenn sie frei sind, leben sie ihre unterschiedlichen Ideen und Vorlieben aus. Das heißt: Eine freie Gesellschaft ist von Unterschiedlichkeit geprägt, sie ist eine vielgestaltige, pluralistische Gesellschaft. Ist nur einer im Staate frei, gibt's Paläste. Sind alle frei, gibt's Pluralismus.

Eine pluralistische Gesellschaft ist also kein linkes Wolkenkuckucksheim, keine Marotte unrealistischer Regenbogen-Spinner, sondern einfach das Ergebnis von Freiheit. Da müssen wir noch gar nicht an Multikulti denken. Auch ohne Migranten gibt es Multi-Denken, Multi-Fühlen und Multi-Wollen, Multi-Traditionen und Multi-Sitten. Weil Freiheit zu Vielfalt führt, ist Vielfalt ein Wesensmerkmal der Demokratie. Man kann nicht Freiheit wollen und Vielfalt ablehnen. Wer sich gegen die Vielfalt wendet, hat auch etwas gegen Freiheit. Wer sagt: »Demokratie ja bitte, aber Pluralismus nein danke«, hat nicht begriffen, was Demokratie heißt. Es gibt keine anti-pluralistische Demokratie. Ist eine Demokratie anti-pluralistisch, ist es keine Demokratie – oder auf dem Wege, sich aus dem Kreis der Demokratien zu verabschieden. Das Wort Freiheit führen alle gerne im Munde, es hat einen guten Klang. Doch an der Haltung zum Pluralismus können wir sie erkennen: die vorgeblichen und die wahren Freunde der Freiheit.

Um sich als Feind der Freiheit zu outen, braucht man nicht ausdrücklich gegen den Pluralismus zu wettern. Es reicht, so zu tun, als sei die Vielfalt nur Schein oder Wahn, und als liege dahinter die eine wahre Überzeugung des Volkes verborgen, der eigentliche Volkswille, und als seien alle, die diesem Willen nicht folgen, irregeleitet oder gar »Volksverräter«. Leute, die so reden, sind deshalb eine Bedrohung der Demokratie. Nicht etwa, weil sie radikal sind, nicht weil sie die Dinge anders bewerten, nicht weil sie schlichte Parolen rufen, sondern weil sie glauben, die einzigen zu sein, die den wahren Volkswillen erspüren und ihm Ausdruck verschaffen. Den wahren Volkswillen aber gibt es nicht. Nur eine Vielfalt an politischen Überzeugungen, Mehrheiten und Minderheiten. Wer das ignoriert, steht mit dem gesellschaftlichen Pluralismus auf dem Kriegsfuß – also mit der Freiheit. Die vermeintlichen Volksversteher verstehen die Volksherrschaft nicht.

Die Gesellschaft, die sich die Gegner der Vielfalt erträumen, und die freie, pluralistische Gesellschaft – sie verhalten sich wie die Salzwüste zum tropischen Regenwald. Einförmig und lebensfeindlich das eine, artenreich und vielfältig das andere. Wer nicht anders kann, betrachte den Pluralismus als Preis der Freiheit. Aber wer kann, sieht ihn als Gewinn. Denn der Pluralismus ist nicht nur Ergebnis der Freiheit, sondern er fördert sie auch. Erst in einer nicht-einförmigen Gesellschaft kann sich Freiheit voll entfalten. Erst die Vielfalt an Lebensstilen ermöglicht eine eigene Wahl. Erst da, wo Abweichung normal ist, lässt es sich ungestört ungewöhnlich sein. Pluralismus heißt: Raum für Freiheit.

Aber ist diese Vielfalt wirklich so großartig? Ist die pluralistische Gesellschaft nicht eher eine Plage? Ist sie nicht durch und durch relativistisch und von Egoismus zerfressen? Fällt sie nicht auseinander wie ein Haufen Legosteine ohne Noppen? Liegt hinter dem bunten Dschungel der Vielfalt nicht eine Wüste des Nihilismus? Die pluralistische Gesellschaft glaubt doch an nichts. Sie hat keine Werte. Nichts, was zusammenhält. Hand aufs Herz, in Wirklichkeit ist der Pluralismus, und somit auch die Demokratie, ein Pfuhl des Eigennutzes und der Orientierungslosigkeit. Oder?

Interessanter Einwand. Ist aber Käse. Aus mehreren Gründen. Erstens mag es der Demokratie an manchem mangeln, doch Werte gehören sicher nicht dazu. Menschenwürde, Freiheit, Gleichberechtigung – was bitteschön ist das, wenn nicht fundamentale Werte?

Zweitens: Relativismus heißt, es gibt keine allgemeingültigen Wahrheiten. Sagt die Demokratie das? Ist ihr das irgendwo eingraviert? Nein, nirgends. Sie macht überhaupt keine Aussage zu Glaubensüberzeugungen oder Gesinnungen. Sie sagt weder Ja noch Nein. Das ist auch nicht ihre Aufgabe. Demokratie ist keine Religion, keine Theologie, keine Weltanschauung, auch keine Wissenschaft, sondern sie ist der Raum, in der sich jede Religion, Theologie, Weltanschauung und jede Wissenschaft entfalten kann – sofern sie sich an die demokratischen Spielregeln hält.

Drittens: Die freie, pluralistische Gesellschaft bietet nicht nur Raum für die Suche nach der Wahrheit. Sie ermöglicht auch, sie zu finden. Denn wir sind uns doch einig, dass es nicht um *irgendwelche* Werte geht, sondern um die *richtigen*, oder? Dazu müssen wir sie jedoch kennenlernen. Wir müssen sie vergleichen können. Vor allem müssen wir vorhandene Werte hinterfragen dürfen. Denn dass es falsch ist, seine Kinder zu prügeln oder psychisch Kranke in Irrenhäusern einzusperren, das wussten wir nicht schon immer. Dass es richtig ist, Andersgläubige zu respektieren und biologische Vielfalt zu bewahren, das haben wir erst lernen müssen: durch freies Nachdenken, Austausch und kritische Prüfung. Prüfet alles und das Gute behaltet. Es ist wie in der Wissenschaft: Dass die Erde sich um die Sonne dreht, dass unser Erbgut auf Chromosomen liegt und nicht im Blut, das wissen wir nicht, weil die Kirche es uns gelehrt hat oder weil unsere germanischen Ahnen es uns überliefert haben. Wir wissen es, weil neugierige Menschen die Freiheit hatten, der Sache auf den Grund zu gehen. Oder sich die Freiheit nahmen.

Und was ist mit der Vereinzelung, stimmt nicht wenigstens dieser Vorwurf? In autoritären Gesellschaften mag es unfreier zugehen, aber dafür gibt es mehr Gemeinschaft, mehr Wärme, nicht wahr? Nein, viertens, auch diese Kritik geht daneben. Wenn es denn wahr wäre, dass der Zusammenhalt bei uns geringer ist, dann sicher nicht wegen Freiheit und Vielfalt. Denn Freiheit schafft Vertrauen, und Vertrauen schafft Offenheit und Gemeinschaft. In China vertraut keiner dem anderen, außer den eigenen Familienangehörigen. Was in unfreien Gesellschaften wie heimelige Gemeinschaft aussieht, ist oft nichts als Anpassungsdruck und Gehorsam. Und dazu die allgegenwärtige Unsicherheit: Was darf ich sagen? Zu wem gehört der andere? Was erzählt er weiter? Denunziert er mich? Die Angst vor dem anderen schleicht lautlos um die Häuser wie eine ätzende Dioxin-Wolke und zersetzt den Zusammenhalt. Nicht Freiheit, sondern Unfreiheit führt zur Vereinzelung.

Dennoch: Eine pluralistische Gesellschaft ist nicht nur nett und lustig wie ein Strauß bunter Luftballons, sondern anstrengend und unübersichtlich. Eine Gesellschaft wie eine Bahnhofshalle, voll, chaotisch und wuselig. Mit Leuten, die fremd sind; die Sachen sagen, die schräg sind; die Dinge machen, die missfallen. Wie damit umgehen? Es gibt nur einen Weg, er ist so simpel wie schwierig wie genial: den anderen ihre Freiheit lassen. Auch all den Seltsamen und Spinnern? Den Eremiten und Sonderlingen? Den Langweilern und Oberflächlichen? Den Idioten, Feiglingen, Dickköpfen, Schreckschrauben, Angebern, Geizkragen und Unsympathen? Na klar, ihnen allen. Freiheit ist immer auch die Freiheit, das zu tun, was andere für falsch halten. Selbst dann, wenn die anderen Dinge tun, die man für unmoralisch hält? Ja, oft selbst dann. Längst nicht alles, was gegen die Moral verstößt, ist Unrecht.

Trotzdem gibt es Grenzen des Erlaubten. Nur sind sie nicht alle ein für alle Mal festgelegt. Was im Einzelnen richtig und falsch ist, wird vielmehr demokratisch entschieden. Das Richtige ist nicht vorgegeben, sondern das Volk entscheidet, was verbindlich richtig ist – oder genauer, da alles erlaubt ist, was nicht verboten ist: was verbindlich *falsch* ist. Manches, was früher verboten war, ist heute erlaubt. Und manches, was einst in Ordnung schien, ist heute verboten. Seine Kinder zu »züchtigen« zum Beispiel oder seinen Müll in die Landschaft zu kippen.

Die Demokratie *ermöglicht* also nicht nur den Pluralismus, sondern sie *moderiert* ihn zugleich. Sie entscheidet, in welchem Rahmen die pluralistische Gesellschaft sich bewegt. Es ist ein großer, weiter Rahmen. Er lässt viel Platz. Aber es ist ein Rahmen.

## Die Demokratie spricht
### Der Weg zur Entscheidung

Wenn es keinen einheitlichen Volkswillen gibt, wie kann es dann Volksherrschaft geben? Wenn nicht nur die Menschen und Lebensweisen verschieden sind, sondern auch die Landschaft der politischen Interessen zerfurcht ist wie der Grand Canyon, wie kommen wir dann zu demokratischen Entscheidungen? Es scheint ja fast Zauberei nötig zu sein, um das Gewimmel der Meinungen, Ideale und Ziele in einen gemeinsamen Willen zu verwandeln. Wenn es Zauberei ist, dann sind es zwei Zauberworte, die wir brauchen. Das eine lautet: *Sprechen.*

Nicht irgendwelches Sprechen, sondern *politisches* Sprechen. Also der Austausch über die *unterschiedlichen* Vorstellungen von den *gemeinsamen* Angelegenheiten: Vorstellungen darüber, wie die Gesellschaft aussehen sollte, wie Solidarität konkret umzusetzen ist, wo welche Freiheit Grenzen haben sollte, welche politischen Vorhaben vordringlich sind, wofür Geld ausgegeben werden sollte, woher es kommen soll, wie hoch Mindestlohn und Rentenniveau sein müssen, wieviel Platz Schweine im Stall haben sollten, was zu einer zeitgemäßen Bildung gehört, welche Straße gebaut werden soll, und, und, und.

Wo findet es statt, dieses Gespräch? Überall dort, wo mindestens zwei über die Belange sprechen, die alle angehen. Im Bundestag? Ja, aber längst nicht nur. Ebenso in Vereinen und Verbänden, in der Schulklasse und im Lehrerzimmer, in der Mensa und im Vorstandsbüro, in der Umkleidekabine (wenn man noch Kraft hat), am Frühstückstisch (wenn nichts anderes ansteht) und, ja, an dem berühmten Stammtisch (wenn der Alkoholpegel es erlaubt). Wenn wir über politische Fragen sprechen, dann sprechen wir nicht nur *über* Politik,

39

sondern sind *Teil* von ihr. Teil der gesellschaftsweiten Bildung eines politischen Willens.

Doch so sehr auch jedes Hinterhofgespräch dazugehören kann, entscheidend ist das Sprechen in der *Öffentlichkeit*. Das muss nicht immer die ganz große Bühne sein, aber ein Ort, der für alle zugänglich ist, wo alle zuhören oder lesen können, eine Zeitschrift, eine Fernsehsendung, ein Blog, Facebook oder ein Ort im wörtlichen Sinn: ein öffentlicher Platz. In jedem Fall ein gemeinsamer Raum. Warum? Weil die Dinge, über die gesprochen wird, uns alle angehen. Weil nur das, was öffentlich besprochen wird, für alle zugänglich ist. Weil nur so jeder mitreden kann. Weil wir nur das öffentlich Gesagte nachvollziehen, prüfen, beurteilen und anfechten können. Demokratie findet in der Öffentlichkeit statt, lebt von der Öffentlichkeit, ist Öffentlichkeit.

Manchmal sieht es so aus, als sei die Öffentlichkeit eine Schwäche der Demokratie. Alles wird ausgeleuchtet, peinliche Patzer sind für alle sichtbar, Schwächen liegen wie im Schaufenster offen zu Tage. Dreistigkeiten, Betrügereien, Skandale – sie alle werden früher oder später enthüllt und öffentlich verhandelt. Doch was wie Schwäche aussieht, ist Stärke. Denn nur was öffentlich bekannt ist, lässt sich rügen. Nur erkennbare Fehler lassen sich verbessern. Nur in der Öffentlichkeit können wir leeres Gefasel demaskieren, Lügen entlarven und nackten Kaisern ihre Nacktheit vorhalten. Nur hier können wir Rechenschaft verlangen und Konsequenzen einfordern. Nicht dass Fehler gemacht werden, ist typisch für die Demokratie, sondern dass sie bekannt werden.

In autoritären Staaten gibt es nicht weniger Skandale, sondern mehr, doch sie bleiben verborgen. Fehlentscheidungen, Lügen, Korruption, Inkompetenz, Leichen – sie liegen unter dem dicken Teppich des Schweigens. Autoritäre Regime hausen im Dunkel. Sie zehren von der Undurchsichtigkeit und Undurchschaubarkeit, von der Abschottung und Sprachlosigkeit. Sie kennen das Licht der Öffentlichkeit nicht, höchstens das grelle Geflacker der Politshow. Auch das Licht der demokratischen Öffentlichkeit ist nicht immer warm und freundlich. Aber diese Öffentlichkeit, die lärmig und zänkisch sein kann, durch die sich Ströme von Hohn und Spott wälzen und wo die Drohnen der

Kritik unbarmherzig über den Köpfen kreisen – diese zuweilen hässliche Arena ist ein Jungbrunnen für Staat und Gesellschaft, weil sie Kritik und Korrektur ermöglicht. Nicht zuletzt dank der Öffentlichkeit können sich Demokratien immer wieder erneuern.

Folglich ist alles, was die Öffentlichkeit beschädigt, für die Demokratie von Übel. Wer Dinge, die die Allgemeinheit angehen, nicht öffentlich machen will, ist verdächtig. Politiker, die Dinge von allgemeinem Belang nur in abgeschlossenen Zirkeln bekakeln, sabotieren die Demokratie. Und auch wer missliebige Leute aus der Öffentlichkeit zu verbannen versucht, tut der Demokratie keinen Gefallen.

Die politische Öffentlichkeit existiert nicht von allein. Sie ist kein Raum, der einfach da ist wie ein Marktplatz mit Kopfsteinpflaster. Vielmehr müssen wir den Raum der Öffentlichkeit immer wieder herstellen, ihn hegen und pflegen. Wie er aussieht, hängt davon ab, was wir in ihm tun, wie wir in ihm sprechen. Wenn wir eine politische Gegnerin auf Facebook »Schlampe« oder »fette Fotze« nennen, ist das nicht nur eine widerliche persönliche Beleidigung, sondern wir machen etwas mit der Öffentlichkeit, wir beschädigen sie. Übrigens auch dann, wenn wir Leute voreilig als Nazis beschimpfen. Von daher hat sich ein Medium wie Facebook bisher nicht als Pflegemittel für den öffentlichen Raum erwiesen, sondern als Quelle ätzender Verschmutzung. Beschimpfung findet auch woanders statt, doch nirgendwo ist es leichter, den öffentlichen Raum zu verunstalten und die Anerkennung anderer als Freier und Gleicher zu verletzen.

Gut, aber die Frage war ja: Wie kommen wir zu einer demokratischen Entscheidung? Und was hilft dabei öffentliches Miteinanderreden? Muss das überhaupt sein? Reden ist ja ganz nett, aber geht es nicht auch ohne? Kann nicht einfach jeder für sich entscheiden, nach seinen Interessen, frei und unbeeinflusst durch das Gerede anderer, ohne öffentliches Palaver? Alle geben ihre Stimmen ab und die werden dann gezählt – fertig ist die demokratische Entscheidung.

Ja, das klingt einfach. Zu einfach. Denn Demokratie erschöpft sich nicht in einer simplen Rechenaufgabe. Demokratische Entscheidungen sind nicht die Summe der vielen einzelnen Interessen. Schon deswegen nicht, weil die Interessen gar nicht von vornherein feststehen.

Wer weiß schon immer, was er will? Das fängt bereits im Kleinen an: Kirschtorte oder Marmorkuchen? Kino oder zu Hause bleiben? Um vieles größer ist die Unklarheit bei den Dingen, bei denen es wirklich um etwas geht. Und nochmals unklarer ist das, was nicht nur Wohl und Willen des Einzelnen betrifft, sondern die Interessen der Gesamtheit: das Gemeinwohl. Was die Welt im Innersten zusammenhält, mag manch einer durch einsame innere Schau ergründen. Doch was das Gemeinwohl ausmacht, was allen gerecht wird, das können wir nur ermitteln, wenn wir einen Diskurs führen, an dem sich alle beteiligen können.

Wir müssen also klären, was wir politisch denken und wollen. Nicht umsonst reden wir von politischer Meinungs- und Willens*bildung*. Und die geschieht im Miteinandersprechen. Das Sprechen kann auch ein stilles Mitsprechen, Zuhören und Mitdenken sein. Auch so nehmen wir am öffentlichen Gespräch teil. Die Idee einer Abstimmung ohne Sprechen verwechselt Freiheit mit Unbeeinflusstheit. Doch wir entscheiden nicht dann frei, wenn wir abgeschottet sind wie ein Bunker, sondern wenn wir möglichst gut verstehen, was wir wollen, warum wir es wollen. Und das finden wir kaum durch stilles Brüten heraus, sondern durch den Austausch mit anderen.

Mehr noch, ohne politische Diskussion ist oft nicht mal ersichtlich, was eigentlich das Problem ist. Und was dringlicher ist. Klimaschutz oder Sicherung der Arbeitsplätze in der Autoindustrie? Das »Ansprechen der Menschenrechte« bei Treffen mit Autokraten oder gute diplomatische Beziehungen? Der Schutz menschlicher Embryonen oder die Forschung an der Genom-Editierung, um Krankheiten heilen zu können? Die Antworten auf diese Fragen sind ja nicht in Stein gemeißelt, sondern wir finden sie nur, wenn wir miteinander reden. Erst im Licht des öffentlichen Gesprächs geht uns ein Licht auf. Deshalb wird bei neuen Themen allenthalben eine »breite gesellschaftliche Debatte« gefordert. Das wirkt manchmal wie ein monoton wiederholtes Mantra, ist aber tatsächlich ganz richtig. Legitim, also gerechtfertigt ist eine Entscheidung nur dann, wenn sie aus einer breiten öffentlichen Debatte hervorgeht.

Die Demokratie ist eine sprechende Staatsform. Auch insofern ist sie dem Menschen angemessen, denn der Mensch ist ein sprechendes Wesen. Wir sind eben keine emsigen Bienen, deren Kommunikation sich darauf beschränkt, den Weg zur nächsten Blumenwiese zu weisen. Sondern bei uns ist nicht einmal klar, ob wir – um im Bild zu bleiben – Honig suchen oder etwas ganz anderes tun sollten und tun wollen. Unsere Ziele, unsere Interessen, unser Wille, die angemessenen Mittel: All das können wir nur diskutierend bestimmen. Die Demokratie ist staatgewordene Kommunikation.

Jetzt wieder runter von den philosophischen Höhen und hinein ins Getümmel des gesellschaftlichen Sprechens. Wie sieht es da aus? Keine Frage, nicht nur am Stammtisch feiert die politische Kommunikation selten Glanzstunden. Auch in der Öffentlichkeit hakt und holpert es oft, dass es schmerzt. Die Auseinandersetzung ist tastend und irrend, ungenau und ziellos, die Diskussionen mäandern wie der Amazonas, die Meinungen wirbeln wie Papierschiffchen auf den Stromschnellen der Emotionen. Doch solange wir ein paar Regeln beachten, kann auch noch das wirrste Gespräch Teil der demokratischen Willensbildung sein. Dazu gehört: Gewalt ist tabu. Jeder muss zu Wort kommen dürfen. Und alles muss gesagt und in Frage gestellt werden können, sofern es nicht das Gespräch unter Freien und Gleichen selbst untergräbt.

Schön, also reden wir. Aber wie soll dabei etwas Gemeinsames entstehen? Ich habe meine Meinung, du hast deine Meinung – und dann? Dann geht's weiter. Austausch heißt nicht Meinungen raushauen wie Geschosse aus dem Schützengraben, sondern sich *verständigen*. Dazu gehört, die andere Meinung auf Ihre Berechtigung zu überprüfen. Und die eigene Meinung zu begründen. Es geht um *Argumente*.

Schon klar, politische Diskussionen sind keine wissenschaftlichen Konferenzen. Emotionen und Leidenschaft gehören dazu, denn es geht um viel. Sich ereifern und zuspitzen ist in Ordnung, Polemik erlaubt. Vereinfachung ist wichtig, damit alle verstehen können. Aber wenn wir auf Argumente verzichten, dann hauen wir uns nur Meinungen um die Köpfe, dann haben wir keine Chance auf Einigung, dann ist es kein Dialog, sondern eine Ansammlung von Monologen. Vor allem jedoch geben wir dann den Anspruch auf, gemeinsam das

43

Richtige zu finden. Denn wenn das Richtige richtig ist und das Gute gut, muss es dafür *Gründe* geben. Ein »ungutes Gefühl« kann man zwar aussprechen, es kann ein Hinweis auf einen Grund sein, ein Ausgangspunkt fürs Nachdenken, aber wenn es beim bloßen Gefühl bleibt, ist das zu wenig. Wenn uns partout keine guten Gründe einfallen, ist das ein untrügliches Zeichen dafür, dass wir mit unserer Meinung danebenliegen. Demokratie bedeutet nicht Quatschen, Labern und Schwafeln, sondern Argumentieren.

Nicht jeder Zeitpunkt passt dafür, nicht jedes Medium bietet den Raum. Twitter ist nützlich – etwa zur Pflege von Meinungsdurchfall und Aufmerksamkeitsbedürfnis. Für die politische Auseinandersetzung ist es ungeeignet.

Das politische Miteinander-Sprechen ist unendlich wichtig, aber auch unendlich mühsam. Und wir können es nicht unendlich fortsetzen. Selbst wenn uns der Austausch mustergültig gelingt, am Ende steht nicht die *eine* Meinung, der *eine* Wille. Wir müssen zu einer Entscheidung kommen. Doch wie?

## Gegeneinander im Miteinander
### Wie wir demokratisch entscheiden können

Die Magie des Sprechens reicht nicht aus. Für die Verwandlung von Meinungsvielfalt in einen demokratischen Willen braucht es ein zweites Zauberwort. Es klingt so magisch wie das Klopfen auf einem staubigen Aktenordnerdeckel: Entscheidungsverfahren. Aber der bürokratische Sound täuscht.

Natürlich geht es nicht um *irgendwelche* Entscheidungsverfahren. Auch im Kreml gibt es welche. Nur sind die nicht demokratisch. Was macht Entscheidungsverfahren zu *demokratischen* Entscheidungsverfahren? Oder sollte man besser fragen: Ist so etwas überhaupt möglich? Denn Demokratie heißt doch Volksherrschaft. Wenn sich aber das Volk nicht einig ist, kann es dann überhaupt eine Entscheidung geben, die für alle verbindlich ist und dennoch demokratisch? Ist eine demokratische Entscheidung ohne Konsens nicht ein Widerspruch in sich?

44

Nein, demokratisch ist eine Entscheidung nicht, weil alle sie so gewünscht haben, sondern dadurch, dass alle der Art und Weise zustimmen, wie sie zustande kommt. Und weil diese Art und Weise allen die faire Chance eröffnet, ihren Willen durchzusetzen. Ob Wahl oder Abstimmung – die Magie demokratischer Entscheidungsverfahren liegt darin, dass jeder die gleiche Chance hat, die Entscheidung durch seine Stimme zu beeinflussen. Und es akzeptiert, wenn das nicht klappt. Wer »Volksverräter« brüllt, weil ihm eine demokratische Entscheidung nicht passt, verwechselt Demokratie mit einem Wunschkonzert.

Auch die Konsensfindung ist ein demokratisches Entscheidungsverfahren. Man redet so lange, bis man sich einig ist. Das Tolle ist: Alle stimmen zu, niemand wird ausgeschlossen. Nicht so toll ist, dass das kaum funktioniert. Schon unter wenigen Leuten ist ein Konsens schwer herzustellen. Unter vielen jedoch ist er so selten wie eine blaue Mauritius, unter Hunderttausenden oder Millionen so selten wie ein Einhorn.

Deshalb setzen wir meist auf ein anderes Verfahren, das besser funktioniert: die Mehrheitsentscheidung. Getan wird, was die meisten wollen. Die Mehrheit des Parlaments entscheidet über Gesetze, die Mehrheit wählt den Regierungschef, die Mehrheit der Wähler entscheidet über die Mehrheiten im Parlament.

Manchem ist das Mehrheitsprinzip nicht ganz geheuer. Denn ist es nicht geradezu undemokratisch? Handelt es sich nicht letztlich um eine zivile Variante des uralten Dschungelgesetzes, das Recht des Stärkeren? Schließlich ist die Mehrheit des Volkes nicht das Volk. In der Demokratie aber sollen ja alle zählen und nicht bloß die meisten, oder? Allerdings, doch wenn jede Stimme gleich viel zählt, zählen viele mehr als wenige. Vor allem aber hat jeder dieselbe Chance, zur Mehrheit zu gehören. Oder sogar die ausschlaggebende Stimme zu sein, durch die eine Mehrheit zustandekommt. Und jeder hat die Chance, eine Minderheit zur Mehrheit zu machen, indem er in der Debatte zu überzeugen versucht, die in eine Entscheidung mündet. Die Mehrheitsregel bedeutet, dass jede Stimme gleich viel zählt. Sie ist also kein Fremdkörper in der Demokratie, sondern gerade Ausdruck der politischen Gleichheit. Deswegen sind Mehrheitsentscheidungen legitim.

Die demokratische Mehrheitsentscheidung ist schon deshalb keine Dschungelsitte, weil sie aus dem Sprechen hervorgeht. Der Leopard geht so vor: zuschlagen und auffressen. Demokratische Mehrheitsentscheidungen jedoch bedeuten: reden, reden, reden und dann erst abstimmen. Diskussion und Entscheidung sind zwar unterschiedliche, aber keine getrennten Dinge. Sie greifen ineinander wie Überlegung und Schachzug, wie Training und Wettkampf.

Stichwort Wettkampf: Er gehört ebenfalls zum demokratischen Mehrheitsprinzip. Denn dass sich Mehrheiten gegen Minderheiten durchsetzen, das gibt es ja in autoritären Staaten allemal. Immer dieselbe Mehrheit gegen immer dieselben Minderheiten. Genau das markiert den Unterschied zur Demokratie. Denn hier steht nicht ein für alle Mal fest, wer Mehrheit ist und wer Minderheit. Das Rennen ist offen. Demokratie ist eine Sportart, man ringt um die Mehrheit, tritt gegeneinander an, misst seine Kräfte. Ob bei Wahlen, bei Abstimmungen im Parlament, bei Beratungen unter den Regierungsfraktionen – es geht darum, die Mehrheit zu gewinnen und sich gegen die anderen durchzusetzen. Demokratie ist Wettbewerb um Macht.

So ist die Demokratie bei allem Miteinander-Sprechen immer auch ein Gegeneinander. Aber ein Gegeneinander im Miteinander, also im Rahmen fairer gemeinsamer Regeln, so wie beim Sport. Wann sind die Regeln fair? Genau dann, wenn sie den Wettstreit ermöglichen, niemanden benachteiligen, die Änderung der Mehrheitsverhältnisse zulassen. Was das konkret heißt? Zum Beispiel gehört das Recht dazu, Parteien zu gründen. Und das Recht auf allgemeine, freie, gleiche und geheime Wahlen. Rederechte natürlich, damit man sich einmischen kann. Bis hin zu solch vermeintlichen Kleinigkeiten wie dem Verbot, Wahlplakate abzureißen. Ja, das ist in Deutschland verboten, nicht etwa aus preußischem Ordnungswahn, sondern damit alle die gleichen politischen Chancen haben.

Zur demokratischen Fairness gehört es, den Gegner als *legitimen* Gegner anzusehen. Als jemanden, der dasselbe Recht hat, für seine Position zu werben und sich durchzusetzen, wenn er eine Mehrheit dafür findet. Wer dem demokratischen Gegner, sei es die Regierung oder die Opposition, die Legitimität abspricht, ist nicht ein besonders unerschrockener, kühner Kämpfer für seine Überzeugung, sondern ein demokratischer Analphabet.

Die gemeinsamen Regeln gelten nicht nur solange, bis eine Mehrheit die Regierung gewählt hat, sondern immer. Fußballregeln gelten ja auch nicht bloß bis zum ersten Tor oder bis zum ersten Sieg. Fußballspieler wissen das und fangen nach ihrem ersten Pokal nicht an, den Ball mit der Hand ins gegnerische Tor zu legen. Demokratisch gewählte Machthaber wissen das leider nicht immer. Gerade in jungen, instabilen Demokratien missverstehen manche ihren Sieg als Vollmacht, die Regeln zu beschneiden, die ihnen selbst den Sieg ermöglicht haben. So zertrampeln sie das zarte demokratische Pflänzchen, das gerade durch den Boden gebrochen ist. Wie zum Beispiel in Ägypten nach der Revolution von 2011. Schon die zunächst siegreichen Muslimbrüder unter Präsident Mursi haben demokratische Grundsätze verletzt, der Putschist und später gewählte Präsident El-Sisi hat die junge Demokratie dann mit der Unterdrückung jeder Opposition vollends vernichtet.

Demokratie funktioniert so, dass eine demokratische Mehrheit sich zwar durchsetzt, aber nicht jene Regeln außer Kraft setzt, die es der Minderheit ermöglichen, selbst zur Mehrheit zu werden. Also etwa die Wahlkreise so zurechtschneidet, dass es für gegnerische Parteien ungünstig ist. Oder – ganz plump-autoritär – Gegenkandidaten verhaftet oder demokratische Parteien verbietet. Eine demokratisch *gewählte* Mehrheit ist noch keine *demokratische* Mehrheit. Eine demokratische Mehrheit zu sein heißt, sich nur so weit durchzusetzen, dass den anderen nicht die Chance verbaut wird, sich selbst zu einem späteren Zeitpunkt durchzusetzen. Die demokratische Mehrheit darf alles Mögliche für die Zukunft entscheiden, nur nichts, was verhindert, dass zukünftig anders entschieden wird. Sie muss die Zukunft offenhalten.

Demokratie ist also ein Gegeneinander im Miteinander. Oder ein Miteinander im Gegeneinander. Auf diese Spannung kommt es an. Denn sie ermöglicht *sowohl* gleiche politische Freiheit *als auch* verbindliche Entscheidungen. Das heißt, sie macht demokratische Entscheidungen möglich.

Das Mischungsverhältnis von Miteinander und Gegeneinander unterscheidet sich je nach Demokratie. Bei den einen steht das Gegeneinander im Vordergrund, bei anderen das Miteinander. Manche betreiben eher Mixed Martial Arts, andere Volleyball. Das ist okay. Doch in jedem Fall gilt: Die Mischung macht's. Wer sie zugunsten einer Seite auflösen will, verlässt die demokratische Rennbahn und fliegt aus der Kurve. Ein reines Miteinander gibt es nur als autoritäres Zwangsballett. Und ein ausschließliches Gegeneinander zertrümmert den sozialen Zusammenhalt, den auch die streitlustigste Demokratie braucht.

Ist das Mehrheitsprinzip also das perfekte Instrument für die Melodie von Freiheit und Gleichheit? Nein, Perfektion gibt es in der Kunst, aber nicht in der Demokratie. Mehrheitsentscheidungen sind zwar demokratisch, können es zumindest sein, makellos jedoch sind sie nicht. Denn zwar können die Unterlegenen eines schönen Tages selbst auf der Gewinnerseite stehen, aber heute ziehen sie den Kürzeren. Auch übermorgen, und nächstes Jahr immer noch. Das heißt, ihre Perspektive geht nicht in die Entscheidungen ein. Manchmal ist das nicht so schlimm, manchmal schon. Menschen werden dann übergangen, Lebensweisen benachteiligt, Interessen verletzt. Von der Mehrheitsentscheidung zur Tyrannei der Mehrheit sind es nur ein paar Schritte. Das Mehrheitsprinzip ist wichtig, aber im Übermaß wird es schädlich.

Zum Glück haben wir ein Gegengift: den Kompromiss. Wir steigen vom Thron unserer Maximalpositionen und treffen uns in der Mitte. Ich komme dir ein paar Schritte entgegen, du mir auch. Besser beide kriegen einen halben Kuchen als beide gar nichts. Kompromisse sind nicht nur zwischen Mehrheit und Minderheit möglich, um Entscheidungen auf eine breite Grundlage zu stellen, sondern oft unvermeidlich, um überhaupt eine Mehrheit zu bekommen. Demokratische Mehrheiten, ob in der Bevölkerung oder im Parlament, sind ja keine monolithischen Blöcke, sondern selbst knubbelig zusammengesetzt wie Himbeeren. Auch eine Partei, bei der der Briefkopf bis zur letzten Ortsgruppe einheitlich durchgestylt ist, muss verschiedene Strömungen integrieren.

Schön und gut, aber ist das nicht eine sehr spezielles, nämlich butterweiches Bild von Demokratie? Eine Blümchen-Demokratie? Sind Kompromisse nicht etwas für Muttersöhnchen und Schlappschwänze? Verlangt die Demokratie nicht wie jeder Staat vor allem harte, entschiedene Führung? Das wäre ein Denkfehler. Denn Kompromisse sind nicht das Gegenteil von demokratischer Führung, sondern sie ermöglichen sie überhaupt erst. Kompromisse haben nichts mit Wankelmut oder Charakterlosigkeit zu tun. Nur wer eine Position hat, kann einen Kompromiss eingehen. Der einsame Cowboy, der schnurgerade seinen Weg durch die Prärie reitet, verirrt sich in der Demokratie. Demokratische Stärke bedeutet nicht, starrköpfig geradeaus zu blicken, sondern beweglich zu sein. Nicht über den anderen hinwegzuhopsen, sondern über seinen eigenen Schatten zu springen.

Ein Kompromiss wird eher vielen gerecht als wenigen. Er ist die Einigung zwischen Uneinigen. Er ermöglicht gemeinsame Entscheidungen trotz Unterschieden. Der Kompromiss ist daher etwas Urdemokratisches. Er bringt die Demokratie dem Ideal der Volksherrschaft näher. Demokrat zu sein heißt, kompromissbereit zu sein.

Doch sind Kompromisse nicht oft ziemlich unbefriedigend? Eine halbe Sache? Oh ja, und wie, aber eine halbe Sache ist besser als gar nichts. Ein magerer Kompromiss ist besser als keine Lösung. Demokratie heißt, möglichst allen gerecht werden. Das geht nicht ohne Zugeständnisse und führt zu Ergebnissen, die krumm, eckig und borstig sind. Politik ist kein Handwerksbetrieb, in dem ein bestelltes Werk planmäßig fabriziert wird. Sie ist kein Künstleratelier, wo ein einzelner genialer Bildhauer in einsamen Stunden musengeküsst seiner Idee vollkommene Gestalt verleiht. Sondern da sitzen etliche Bildhauer, längst nicht alle genial, mit ihren Schnitzwerkzeugen. Und sie schnitzen das Werk nicht aus einem Stück, sondern aus mehreren Teilen und kleben sie zusammen. So gehen die Ergebnisse, die Gesetze, selten in die Annalen der politischen Schönheit ein. Es sind zusammengesetzte Arbeiten, Patchwork-Gesetze. Aber Schönheit ist

49

auch nicht das Ziel, noch nicht einmal ein Werk aus einem Guss. Sondern Interessen miteinander in Einklang zu bringen.

Es gibt ein weiteres Missverständnis, was demokratische Entscheidungen angeht. Sie sind nämlich nicht nur keine genialischen Kunstwerke, sondern in ihnen bricht sich auch nicht unmittelbar der Volkswille Bahn. Eine Demokratie kann eventuell durch einen revolutionären Sturm entstehen, aber sie funktioniert nicht selbst so. Die Verfahren demokratischer Willensbildung bilden nicht einfach einen existierenden Volkswillen ab, auch nicht den Willen der Mehrheit, sondern sie *bilden* ihn. Der Volkswille liegt nicht in einem Jenseits der Politik, rein und unverfälscht. Er ist nicht etwas, das bloß entdeckt werden muss. Kein Dornröschen, das hinter den Dornen des Diskurses schläft und von einem Volkstribun nur wachgeküsst zu werden braucht. Demokratie funktioniert *mittelbar*. Unmittelbar sind vielleicht Gedankenrülpser auf Twitter, aber keine demokratischen Entscheidungsfindungen. Auch Volksabstimmungen sind vermittelt, schon durch die Formulierung der Frage, über die entschieden wird. Der politische Wille entsteht erst in den demokratischen Verfahren. Sie arbeiten nicht wie ein Scanner für den Willen des Volkes, sondern wie ein Thermomix. Sie quirlen, mixen und kochen die rohen Meinungsingredienzen und verwandeln sie in etwas Neues.

Diese Verwandlung funktioniert über *geregelte* Entscheidungsverfahren. Wie abgestimmt wird, ob geheim oder öffentlich, welche Mehrheit ausreicht, eine einfache, absolute oder eine Zweidrittelmehrheit, wieviel Redezeit jedem zusteht – die Entscheidungsfindung folgt bestimmten Spielregeln, die rechtlich festgelegt sind. Nur Verfahren, die solchen Regeln folgen, garantieren die gleiche Freiheit aller. Verfahren sind also kein bürokratisches Hemmnis der Demokratie, nicht mal ein notwendiges Übel, sondern Teil der Demokratie selbst. Es gibt keine Demokratie ohne feste Verfahren. Wer jung ist, pfeift gern auf Regeln, liebt das Spontane, den unmittelbaren Ausdruck. Wer älter wird, lernt den Wert fester Formen zu schätzen. Auch die demokratischen Verfahren sind feste Formen. Insofern ist Demokrat werden wie erwachsen werden. Was nicht heißt, dass die Verfahren für die Ewigkeit gemacht sind. Was sich nicht bewährt, kann man ändern. Einfach so? Nein, nicht einfach so. Wenn es eine demokratische Änderung sein soll, können wir auch die Regeln nur anhand von Regeln ändern.

Welche demokratischen Entscheidungsverfahren es auch sind, sie funktionieren nicht von allein. Sie sind keine Maschine, die, einmal angestellt, von selbst vor sich hin brummt. Die Verfahren funktionieren nur, wenn wir sie *anerkennen*. Ja, sie existieren gewissermaßen nur durch unsere Anerkennung. Verweigern wir die Anerkennung, produzieren sie nicht mehr das, wofür sie geschaffen sind: Legitimität. Deshalb ist die Anerkennung der Regeln, die Anerkennung der demokratischen Verfahren das A und O. Dazu gehört, die Ergebnisse zu akzeptieren, die aus den Verfahren hervorgehen. Beschlossene Gesetze etwa oder die gewählte Regierung. Auch dann, wenn sie einem nicht passen. Heißt das, wir müssen brav die Hände falten und dürfen keinen Mucks von uns geben? Natürlich heißt es das nicht. Kritik, Hinterfragung und Protest – all das ist erlaubt, berechtigt, ja notwendig. Undemokratisch jedoch ist es, eine demokratisch gewählte Regierung als illegitim zu schmähen. Oder demokratisch beschlossenes Recht als Unrecht zu verleumden. Wie ein Mensch-Ärgere-dich-nicht-Spieler, der seine Niederlage nicht akzeptieren kann und das Spielbrett vom Tisch wischt.

## Selbst ist das Volk. Oder doch nicht?
*Wer in der Demokratie entscheidet*

Stopp. Irgendetwas stimmt hier nicht. Wenn Demokratie die Selbstherrschaft des Volkes ist, warum latschen wir dann nur alle paar Jahre in die Wahlkabine, um einige Leute zu bestimmen, die für uns entscheiden? Warum machen wir das nicht selbst? Ist der Parlamentarismus nicht veraltet? Ein Fossil aus der demokratischen Kreidezeit?

Wenn er ein Fossil ist, dann ein sehr lebendiges. Demokratische Entscheidungen in die Hände von Parlamenten zu legen, hat sich bewährt. Warum? Weil Volksvertreter klüger sind und mehr wissen? Sicherlich nicht. Aber die demokratische Willensbildung braucht einen festen Ort, physisch, sichtbar und dauerhaft. Das Parlament ist dieser

Ort. Eine Demokratie braucht Personen, die sichtbar in Erscheinung treten. Parlamente sind keine Entscheidungsproduktionsautomaten, sondern sie bestehen aus leiblichen Menschen, die bestimmten Positionen ihr Gesicht verleihen. Die demokratische Gemeinschaft tritt sonst niemals als solche in Erscheinung. Eine Dorfversammlung ist überschaubar, doch ein Millionenvolk hat noch niemand gesehen. Gäbe es keine Parlamente, man müsste sie erfinden.

Dennoch: Geht es nicht direkter? Kann man eine Entscheidung wirklich demokratisch nennen, wenn ein paar hundert Abgeordnete für alle entscheiden – 0,00086 % der bundesdeutschen Bevölkerung? Ist die demokratische Repräsentation nicht geradezu eine Anmaßung? In den Bundesländern gibt es ja auch schon Volksentscheide, zwar mit mehr oder weniger hohen Hürden, aber immerhin. Warum nicht Volksentscheide auch auf Bundesebene? Tatsächlich spricht eine ganze Menge dafür. Die Bürger stimmen selbst und direkt über die Fragen ab, die sie betreffen. Sie sind die Autoren der gemeinsamen Regeln und nicht bloß Objekte der Entscheidungen einiger Leute, die die meisten nur aus der *Tagesschau* oder von *Spiegel Online* kennen. Wenn das Volk mitentscheidet, sind Politiker genötigt, ihre Positionen besser zu erklären und zu begründen. Die Bürger werden ernster genommen, als wenn sie nur alle vier Jahre ihre Kreuzchen machen. Die Ergebnisse von Volksabstimmungen sind für die Menschen eher akzeptabel, auch wenn sie sich nicht durchsetzen konnten, denn sie haben selbst mitentschieden. Solche Abstimmungen vergrößern die gleichen Teilhabechancen. Gleiche Teilhabe ist ja nicht etwas, das zu einer Demokratie hinzukommen kann, nett aber verzichtbar, sondern sie ist das Eigentliche. Nicht das Sahnehäubchen, sondern der Kuchen selbst.

Ganz so einfach ist es allerdings nicht. Denn Demokratie heißt ja gerade nicht Händchen heben und das war's dann. Sondern vor der Abstimmung liegt das Miteinandersprechen, die gemeinsame Auseinandersetzung mit der Frage, über die abgestimmt werden soll. Nur so entsteht ein politischer Wille. Doch Millionen Menschen können nicht direkt miteinander sprechen. Parlamentarier können diese Auseinandersetzung besser leisten. Sie *repräsentieren* zwar nur das Volk, aber gerade deshalb können sie einen Diskurs miteinander führen, wie es das Volk niemals kann. Sie können außerdem einen Konsens suchen und Kompromisse schließen und so dem gesellschaftlichen Pluralismus eher gerecht werden. Eine Volksabstimmung ist dagegen auf ein simples Ja oder Nein festgenagelt. Von Einigung, Ausgleich und Vermittlung keine Spur, oder?

Irrtum, auch sonst haben wir einen gesellschaftlichen Diskurs über politische Fragen. Warum sollte der bei einem Volksentscheid nicht möglich sein? Und zwar können natürlich nicht alle Bürger an der Formulierung der Abstimmungsfragen und Entscheidungsalternativen mitwirken, dennoch können sie je nach Diskursverlauf überarbeitet werden. Auch sind Verhandlungen zwischen den Initiatoren des Volksentscheids und dem Parlament möglich. Am Ende steht selbstverständlich eine Ja-oder-Nein-Entscheidung, doch das ist im Parlament nicht anders.

Außerdem: Ein Parlament ermöglicht zwar eine gründliche Auseinandersetzung, aber nur theoretisch. Tatsächlich sind die Abgeordneten dazu oft nicht in der Lage. Nicht weil sie zu dumm, faul oder langsam sind. Denn das sind die allermeisten gewiss nicht. Sondern weil sie Menschen sind. Nehmen wir den Bundestag: Dort landen ca. 12 000 Vorlagen pro Wahlperiode auf jedem Abgeordnetentisch, Gesetzentwürfe, Fraktionsanträge, Beschlussempfehlungen und Berichte aus den Ausschüssen, Änderungs- und Entschließungsanträge, parlamentarische Anfragen, die Antworten der Bundesregierung und so weiter – all das, worüber beraten und entschieden wird. 12 000 Drucksachen, das sind über 8 Drucksachen pro Tag, und zwar jeden Tag, sieben Tage die Woche, insgesamt weit über 100 000 Seiten. Kein Mensch kann das lesen und verarbeiten, beim besten Willen nicht. Deshalb beraten nicht alle alles, sondern meistens nur eine Handvoll von Fachpolitikern und die Fraktionsvorsitzenden. Alle anderen haben wenig Ahnung von dem Thema und stimmen so ab, wie ihre Fraktion abstimmt. Parlamente sind strukturell überfordert. Auch ihr Diskurs ist arg beschränkt.

Übrigens sind parlamentarische Entscheidungen deshalb auch nicht weniger anfällig für Manipulation als Volksabstimmungen.

Denn auch das ist ja eine Sorge: Das Volk kann so leicht verführt werden, es durchdenkt die Sache nicht richtig und lässt sich leicht auf Abwege bringen, das Dummchen. Doch wenn im Parlament letztlich nur wenige entscheiden, muss man auch nur diese wenigen beeinflussen. Ein leichtes Spiel für schlaue Lobbys. Wenn alle Bürger abstimmungsberechtigt sind, wird das schwieriger.

Also wie jetzt? Welche Demokratie ist besser, die parlamentarische oder die direkte? Es kommt darauf an, wie man es macht. Beide bieten Chancen, die Belange der Bürger zu berücksichtigen. Allerdings gibt es hier ein großes Aber. Denn wir haben etwas Entscheidendes übersehen. Alles bisher Gesagte betrifft gewissermaßen nur die Außenperspektive. Wie bei einem Arzt, der seine Patientin körperlich untersucht, aber nicht nach ihrem Befinden fragt. Das jedoch ist maßgeblich: die Innensicht, die Perspektive der Bürger, die Wahrnehmung der Bevölkerung.

Und, wie sieht diese Perspektive aus? Sind wir zufrieden damit, wie die repräsentative Demokratie funktioniert? Finden wir, die Interessen der Allgemeinheit sind gut bei unseren Repräsentanten aufgehoben? Schätzen wir es, dass sich unser vorgesehener Einfluss auf die Gesetzgebung in einer groben Richtungsentscheidung erschöpft, die wir alle vier Jahre treffen können? Eine Richtung zudem, die oftmals ganz unerwartete Wendungen nimmt, geradezu hasenartige Haken schlägt? Haben wir das Gefühl, dass sich die Interessen der Bevölkerung ausreichend im Parlament widerspiegeln? Nehmen wir die Politik als offen, bürgernah und gut erreichbar wahr? Finden wir es demokratisch akzeptabel, dass wesentliche Entscheidungen oft von einem winzigen Kreis von Parteichefs, Fraktionsvorsitzenden und Regierungsmitgliedern getroffen werden? Haben wir den Eindruck, dass alle Bürger gleichermaßen politischen Einfluss haben? Finden wir den Einfluss schwerreicher Interessengruppen nicht der Rede wert?

Die Antwort der übergroßen Mehrheit der Bevölkerung auf alle diese Fragen ist ein dickes, fettes Nein. Und dies nicht erst seit gestern, sondern seit geraumer Zeit. Die Wertschätzung der Politik ist gering, der Frust groß, die gefühlte Entfernung zwischen Bürgern und Parlament beträgt Lichtjahre. Fast Dreiviertel der Deutschen wollen direkte Demokratie auf Bundesebene. An dieser Stelle sich hinzustellen und zu sagen: Läuft doch, was habt ihr denn?, ist anmaßend, überheblich und weltfremd. Wie ein Arzt, der die Chemotherapie bei seiner Krebspatientin für die beste Wahl hält, weil sie das Leben um drei Monate verlängert, während die Patientin unter Übelkeit, Erbrechen, Haarausfall und extremer Erschöpfung, also einer zerschlagenen Lebensqualität leidet und lieber einen etwas früheren Tod in Kauf genommen hätte. Was in der Medizin heute weitgehend selbstverständlich ist, ist in der Politik noch nicht richtig angekommen: Es kommt auf die Perspektive der Menschen an. Wenn große Teile der Bevölkerung eine rein repräsentative Demokratie unangemessen finden, kann man nicht darüber hinweggehen.

Das andauernde Verlangen nach Volksentscheiden zu ignorieren, ist nicht nur bräsig, sondern vor allem undemokratisch. Denn die Demokratie muss von den Bürgern getragen werden, sie lebt von ihrer Anerkennung. Nicht nur, was einzelne Entscheidungen betrifft, sondern mehr noch, was das politische System selbst angeht. Deshalb: Wenn das Volk ernsthaft direkte Demokratie verlangt, brauchen wir sie.

Das gilt umso mehr, als die Unzufriedenheit mit dem rein repräsentativen System an der demokratischen Überzeugung nagt. Die Überzeugung von der Überlegenheit der Demokratie zerbröselt. So wie die Erfahrung unkommunikativer, holzköpfiger, auf Bildschirme starrender Ärzte den Glauben an die Medizin zerstören kann. Wenn also Volksentscheide ein wirksames Mittel gegen die wachsende Demokratieskepsis sind, wenn sie die Sympathie für antidemokratische Hetzer verringert, wenn sie den Bürgern stärker das Gefühl geben, dass jeder zählt – dann sollten wir es machen. Wahrscheinlich gibt es einige idiotische Volksentscheide, ja. Aber lieber ein paar idiotische eigene Entscheidungen als idiotische Entscheidungen anderer. Lieber eine Beteiligung, die auch missglücken kann, als eine verunglückte Demokratie.

Ach übrigens, Stichwort Beteiligung: Ist die nicht dort, wo es Volksentscheide gibt, ziemlich niedrig? In der Schweiz zum Beispiel? Und sind es nicht vor allem die höheren Schichten, die sich an Volksentscheiden beteiligen? Ist es also nicht so weit her mit der Formel »Volksentscheide = mehr politische Gleichheit«?

Richtig ist, dass die Beteiligung in der Schweiz im Durchschnitt bei knapp unter 50 % liegt. Ziemlich wenig also. Deutlich weniger als etwa bei einer Wahl zum Deutschen Bundestag. Aber erstens ist das nicht so erstaunlich, dreht sich doch ein Volksentscheid nur um eine einzige Sachfrage. Natürlich interessieren sich dafür nicht so viele wie für eine Parlamentswahl, bei der es um die Entscheidung über die Grundausrichtung mehrerer Jahre geht. Und außerdem ist die Beteiligung an den einzelnen Volksentscheiden zwar niedrig, aber es sind keineswegs immer dieselben Leute. Rechnet man alle zusammen, die sich bei verschiedenen Volksentscheiden beteiligen, kommt man auf ungefähr 75 % Beteiligung. Das kann sich durchaus sehen lassen und entspricht in etwa der Beteiligung an Bundestagswahlen.

Zudem geht es ja nicht allein um die *tatsächliche* Beteiligung. Allein die *Möglichkeit*, daran teilzunehmen, macht einen Unterschied. Auch für die Akzeptanz der Demokratie. Die Tür zur Beteiligung steht dann jederzeit weit offen. Das Herumgenörgel über »die da oben« ist dann endgültig unberechtigt, ein Abschieben der Verantwortung nicht mehr möglich. Klar, auch die Möglichkeit von Volksentscheiden wird nicht bei jedem passiven Bürger plötzlich eine Politikleidenschaft entfachen. Direkte Demokratie ist kein Wundermittel. Aber sie ist eine wirksame Medizin gegen chronische Demokratiemüdigkeit.

In jedem Fall geht es nicht um ein Entweder-oder: entweder parlamentarische oder direkte Demokratie, sondern um die Ergänzung der repräsentativen Demokratie durch Elemente direkter Demokratie. Auf die richtige Mischung kommt es an. Beide Formen der Demokratie gegeneinander auszuspielen, ist Unsinn. Nötig ist die *Erweiterung* der Demokratie, nicht ihre komplette Umformung. Eine Erweiterung, die uns dem demokratischen Ideal näherbringt: Menschen entscheiden selbst über das, was sie betrifft.

Und das Gute ist: Eine Ergänzung der repräsentativen Demokratie um direktdemokratische Elemente würde das Parlament nicht etwa schwächen, sondern stärken – nämlich in seiner Rolle als Bürgervertretung. Denn damit würde die Selbstbezogenheit des Parlaments aufgebrochen, in die es sonst zu leicht versinkt. Es müsste vermehrt über den Tellerrand seiner eigenen Willensbildung blicken und die gesellschaftlichen Meinungsverhältnisse stärker berücksichtigen, weil es jederzeit mit einem Volksentscheid zu rechnen hätte. Dessen Möglichkeit stände immer als Mahnung, Aufruf, Korrektiv im Raum. Das Parlament könnte weniger leicht an den mehrheitlichen Wünschen der Bevölkerung vorbei Politik machen, weil die Bevölkerung direkt mitspräche. Die harte oligarchische Nussschale der Regierungsfraktionen, die die Dinge sonst unter sich ausmachen, würde aufgeknackt. Es klingt nur scheinbar paradox: Gerade wenn das Volk seinen Willen *außerhalb* des Parlaments artikulieren könnte, wäre es *in* ihm stärker präsent. Volksentscheide sind demokratische Vitaminpillen für das Parlament.

Manchmal heißt es, direkte Demokratie funktioniert nur mit einer intensiven Debattenkultur unter den Bürgern. Das ist wahr, nur müssen wir nicht erst auf die Debattenkultur warten. Die kommt nämlich nicht von allein herbeispaziert. Wir warten ja auch nicht darauf, sportlich zu werden, um endlich Sport treiben zu können. Sondern wir werden sportlich, *indem* wir Sport machen. So ist es auch mit der Demokratie: Durch direkte Demokratie entsteht eine lebendige Debattenkultur. Denn wer gefragt wird, redet. Wessen Stimme Bedeutung hat, erhebt auch seine Stimme. Bevorstehende Abstimmungen sind Stoff für Gespräche. Nicht nur unter Politikern, sondern unter uns, im Betrieb, in der Schule, in der Raucherecke, in der Kneipe, auf der Party, überall.

Leider haben sich in Sachen direkter Demokratie hierzulande einige Vorurteile festgesetzt, widerborstig und nervig wie Kletten im Haar. Eines dieser Vorurteile lautet, die Menschen würden verantwortungslos mit den öffentlichen Finanzen umgehen und sich überteure Projekte genehmigen. Doch für diese Vermutung spricht nichts. Im Gegenteil, die Erfahrungen zeigen, dass die Bürger bei öffentlichen Ausgaben eher sparsam sind. Die Schweiz mit ihrer starken Direktdemokratie hat eine viel geringere Staatsverschuldung als Deutschland mit seinem bisher rein repräsentativen System. Es zeigt sich sogar, dass die Schweizer Kommunen umso weniger verschuldet sind, je stärkere Mitspracherechte ihre Bürger jeweils haben. Obendrein ist die Steuermoral bei einer direkten Demokratie besser entwickelt. Kein Wunder, entscheiden die Bürger doch selbst darüber, was mit ihrem Geld geschieht. Mehr politische Freiheit führt nicht zu Freibier für alle und somit zu mehr Schulden für alle, sondern zu mehr Verantwortlichkeit.

Dann wabert da noch etwas anderes durch den Vorstellungsraum. Die angeblich schlechten »Weimarer Erfahrungen«. Demnach hätten Volksentscheide ihren Beitrag zum Untergang der Weimarer Demokratie und zum Aufstieg der Nazis geleistet. Aber das ist ein Mythos. Tatsächlich gab es in der Weimarer Republik zwar die Möglichkeit von Volksentscheiden auf Reichsebene, doch die wenigen Versuche dazu sind allesamt an zu geringer Beteiligung gescheitert. Auch ist die NSDAP nie von einer Mehrheit der Deutschen an die Macht gewählt worden. Selbst in der letzten freien Reichstagswahl hat sie nur ein Drittel der Stimmen bekommen. Hitler konnte die Macht ergreifen, weil die damaligen Eliten sie ihm vor die Füße legten. Und das Ermächtigungsgesetz, mit dem die Demokratie endgültig abgeschafft und der Führerstaat errichtet wurde, wurde vom Reichstag und nicht vom Volk beschlossen. Die Zerstörung der Weimarer Republik hatte viele Ursachen, zu viel direkte Demokratie gehörte jedoch gewiss nicht dazu.

Gut, also direkte Demokratie. Doch wie soll sie funktionieren, ganz konkret? Zum Glück gibt es einige Vorbilder, wie die Schweiz, aber auch die Bundesländer. Abgucken ist erlaubt. Ein paar Dinge sind entscheidend. Erstens darf die direkte Demokratie nicht nur in Referenden bestehen, sondern es muss vor allem die Möglichkeit von Volksentscheiden geben. Referenden sind Abstimmungen, die von der Regierung oder vom Parlament angesetzt werden. Das kann manchmal sinnvoll sein. Viel wichtiger aber sind Volksentscheide. Sie werden von der Bevölkerung selbst auf den Weg gebracht. Erst mit ihnen kann das Volk eigene Vorschläge machen und neue Themen zur Diskussion stellen. Erst so gibt es eine echte Volksgesetzgebung.

Zweitens ist ein mehrstufiges Verfahren sinnvoll. Dabei schlägt zunächst eine Volksinitiative einen Gesetzentwurf vor. Wurde eine bestimmte Zahl an Unterschriften gesammelt, wird der Vorschlag dem Bundestag vorgelegt. Lehnt dieser den Vorschlag ab, kann ein Volksbegehren in Gang gebracht werden, wobei erneut eine Anzahl von Unterschriften zu sammeln sind und an dessen Ende schließlich ein Volksentscheid stehen kann.

Drittens: Die Hürden für einen Volksentscheid dürfen nicht zu hoch sein, damit das Recht auf direkte Mitbestimmung nicht zur Farce wird. Das heißt, bei Volksinitiative und Volksbegehren dürfen nicht zu viele Unterschriften verlangt werden. Beim Volksentscheid sollte es keine Mindestbeteiligung geben. Wenn doch, muss sie niedrig sein. Auch im Bundestag stimmen längst nicht immer alle ab.

Viertens sollten die Finanzen nachvollziehbar sein. Wer bezahlt eine Volksinitiative? Wer spendet dafür große Summen? Dafür braucht es klare Transparenzregeln. Denn nur so ist erkennbar, wer welche Interessen verfolgt.

Und fünftens, ganz wichtig, sollte das Bundesverfassungsgericht die Volksbegehren bereits im Vorfeld daraufhin überprüfen können, ob sie mit dem Grundgesetz vereinbar sind. Denn auch darauf richten sich ja Bedenken: dass Volksentscheide die Verfassung verletzen, Grundrechte beschneiden, Minderheitenrechte übergehen. Solchen Ansinnen sollte von vornherein der Weg versperrt sein.

Wir sehen: Es gibt bewährte Methoden, wie wir uns dem Ideal von Freiheit und Gleichheit weiter annähern können, wie wir die Selbstbestimmung des Volkes stärken können. Direkte Demokratie ist kein Hexenwerk. Sie verhext auch nicht die Demokratie. Im Gegenteil, sie erweckt sie aus dem Zauberbann der Politikverdrossenheit.

Es gibt mehr Möglichkeiten demokratischer Entscheidungen, als viele denken. Dass sämtliche Bürger von Angesicht zu Angesicht miteinander sprechen und auf dieser Grundlage gemeinsam entscheiden, geht nicht. Aber warum nicht eine kleine Auswahl von Bürgern? Ganz normale Leute, zufällig ausgelost? Auf kommunaler Ebene gibt es das längst vielerorts. Ebenso in manchen Ländern, in Kanada, in Irland und den Niederlanden. Sie heißen Planungszellen oder Citizen Assemblies. Die Teilnehmer werden per Losverfahren bestimmt und bilden einen Querschnitt der Bevölkerung. Auf jeden kann das Los

59

fallen, auf die Oberärztin ebenso wie den Fleischfachverkäufer, auf die Bibliothekarin wie den Schornsteinfeger. Sie kommen für eine beschränkte Zeit zusammen, um über eine konkrete Frage zu beraten. Sie bekommen alle verfügbaren Informationen und werden von ihren beruflichen Pflichten freigestellt oder bei häuslichen Pflegeaufgaben vertreten. Und am Ende trifft dieses Bürgergremium eine Entscheidung, die von der institutionellen Politik übernommen wird. Das funktioniert, und zwar sehr gut. Die Zufallsauswahl gewährt Chancengleichheit. Die zeitliche Befristung sichert strikte Sachorientierung. Die bürgerschaftliche Beteiligung ermöglicht eine enge Verzahnung von gesellschaftlicher Debatte und politischer Entscheidung. Solche Losverfahren sind nicht die Patentlösung für alle politischen Fragen. Aber sie sind ein zusätzlicher Weg, demokratische Entscheidungen herbeizuführen und Freiheit zu organisieren. Ein weiterer Baustein der Demokratie.

## Wer steht für wen?
### Repräsentation und Einfluss

Auch wenn wir in Zukunft mehr direkte Demokratie haben sollten, können wir nicht alles selbst machen. Wir brauchen weiterhin Vertreter, Volksvertreter, Repräsentanten. Wie aber geht das eigentlich: repräsentieren? Wenn Repräsentation zentral ist, ist es diese Frage auch. Wann also kann man sagen, dass die Repräsentanten wirklich das Volk vertreten? Wann stehen die einen für die anderen? Geht das überhaupt?

Wahlen, klar. So erhalten die Repräsentanten ihren Sitz im Parlament. Aber wann sitzen dort echte Vertreter des Volkes? Wenn Gewähltsein alles wäre, könnten die Gewählten ja machen, was sie wollten. Aber das würde niemand behaupten. Oder doch? Im Grundgesetz steht: Abgeordnete sind »an Aufträge und Weisungen nicht gebunden und nur ihrem Gewissen unterworfen.« Liegt vielleicht hier der Hund begraben? Wir wählen sie, erteilen ihnen also einen Auftrag, und dann, ätsch!, gilt dieser Auftrag gar nicht? Ist das eine Art höhere Gaunerei? Oder wäre nicht jedenfalls ein imperatives Mandat demokratischer, sodass die Gewählten nur für genau das stimmen, für was sie gewählt wurden?

Nein, denn Demokratie lebt vom Gespräch. In ihm werden die Positionen geformt und weiterentwickelt. Und zwar nicht nur vor einer Wahl. Es wäre widersinnig, gerade die Repräsentanten von der fortschreitenden Willensbildung im Gespräch abzuschneiden. Auch könnten sie dann kaum auf neue Herausforderungen reagieren, die am Tag der Wahl nicht absehbar waren. Kompromisse könnten sie ebenso wenig schließen, denn die bedeuten immer ein Stückchen Verzicht auf die ursprüngliche Forderung. Die Volksvertreter müssen umdenken können, anpassungsfähig sein, Entscheidungen selbst verantworten können. Eine freie Gesellschaft verträgt keine Quasi-Roboter als Entscheider. Nur freie Abgeordnete können freie Bürger repräsentieren. Nicht überzeugt? Na, dann noch dies: Wenn es bindende Vorgaben für die Abgeordneten geben sollte, müssten die zunächst allesamt vom Volk beschlossen werden. Aber dann könnten wir die Repräsentation auch ganz sein lassen. Ein imperatives Mandat ist nicht nur undemokratisch, sondern ergibt überhaupt keinen Sinn.

Es bleibt bei der Frage: Auch wenn die Repräsentanten frei sind, stehen sie in einer besonderen Beziehung zu den Repräsentierten – worin also besteht diese Beziehung? Ist es der *Kontakt* zum Volk? Facebookseiten, Bürgertelefone, Bürgersprechstunden, um die Verbindung mit den Menschen zu pflegen? Gute Sachen, aber auch sie können nicht alles sein. Was also fehlt?

Letztlich muss es eine Art Entsprechung geben, eine *Übereinstimmung*. Natürlich nicht eins zu eins, aber die Bürger müssen sich in den Repräsentanten wiederfinden. Da die Bürger keine homogene Einheit bilden, sondern eine bunte Mischung, muss sich diese Mischung unter den Repräsentanten spiegeln. Wie sieht es damit bei uns aus? Nun, die Abgeordneten des Bundestages gehören nicht nur unterschiedlichen Parteien an, sondern es gibt auch Junge und Alte, viele Frauen und noch mehr Männer, viele Fleischesser und eine Handvoll Vegetarier, einen Haufen Heteros und ein paar Homos, zahlreiche Protestanten, Katholiken, Konfessionslose, wenige Muslime und einiges mehr. Sieht also ganz gut aus mit der Repräsentation, mehr oder weniger jedenfalls. Doch an einer Stelle hat sie eine extreme Schlagseite: bei der Repräsentation der sozialen Schichtung. Im Bundestag sitzen fast nur Akademiker. Arbeiter hingegen kann man lange suchen. Rentner, Hausfrauen, Hartz-IV-Empfänger – auch von ihnen keine Spur. Das gesamte untere Drittel der Gesellschaft ist nicht vertreten. Millionen von Menschen, ganze Welten von Milieus und Erfahrungen finden sich nicht wieder. In den Landtagen sieht es kaum anders aus. Wenn politische Repräsentation eine Art Spiegel sein soll, dann ist sie bei uns nur ein Zerrspiegel, wie man ihn in Freizeitparks findet: der Kopf monströs angeschwollen, der Bauch bohnenstangendünn in die Länge gezogen – man erkennt sich kaum wieder.

Hey, aber sind die Leute aus den unteren Schichten nicht selbst schuld, wenn sie auf parteipolitisches Engagement verzichten? Kann man so sehen. Trotzdem: Findet sich ein großer Teil der Gesellschaft in den demokratischen Repräsentanten nicht wieder, ist das kein Schönheitsfehler, sondern ein echter Makel unserer Demokratie, wie auch immer er zustande kommt.

Augenblick mal, ist das wirklich so schlimm? Die Abgeordneten vertreten ja nicht ihre soziale Schicht. Beamte machen als Parlamentarier doch keine Beamtenpolitik, Gymnasiallehrer keine Gymnasiallehrerpolitik. Abgeordnete sind »Vertreter des ganzen Volkes«. Auch das steht im Grundgesetz.

Tja, schön wär's. Tatsächlich entscheiden Politiker eher im Sinne der sozialen Schicht, aus der sie selbst stammen. Nicht weil sie fies und gemein sind, sondern einfach weil die Stimme der anderen fehlt. Wer nicht repräsentiert ist, guckt in die Röhre. Die politischen Entscheidungen gehen mehrheitlich zu Lasten der Armen, wie Forschungen zeigen. Das ist undemokratisch, denn Demokratie heißt ja nicht nur, dass die Macht von den Bürgern *ausgeht*, sondern ebenso, dass sie allen Bürgern zu *dienen* hat. Auch im Output muss sich zeigen, dass jeder zählt. Das ist gelingende Repräsentation. Die zunehmende Spaltung zwischen Arm und Reich lässt außerdem die politische Gleichheit auf noch wackeligeren Beinen stehen als schon zuvor. Wir sehen: Wenn die Repräsentation nicht funktioniert, hat die repräsentative Demokratie ein echtes Problem.

2   ÜBER VIELFALT UND DAS DEMOKRATISCHE ENTSCHEIDEN

Das *Wer* der Repräsentation bestimmt also auch ihr *Wie*. Dennoch ist das Wer letztlich zweitrangig. Ähnlichkeit ist nicht notwendig. Ein Anwalt muss ja auch nicht selbst gemordet haben, um einen Mörder vor Gericht vertreten zu können. Theoretisch wäre es möglich, dass ein Parlament voller Pharmazeutinnen oder Philosophinnen das ganze Volk gut repräsentiert. Obwohl völlig einseitig besetzt, könnten sie eine ausgewogene Politik betreiben. Dafür müssten sie im Sinne aller entscheiden, also die verschiedenen Interessen zum Ausgleich bringen. Wie aber erkennen die Repräsentanten die unterschiedlichen Interessen? Sie können ja nicht mit jeder Rentnerin sprechen, mit jedem unterhaltspflichtigen Vater, mit jeder Zahntechnikerin, um deren Nöte und Anliegen zu erfahren. Die Interessen müssen also *gebündelt* vertreten werden, damit sie an das Ohr der Abgeordneten dringen können. Und gebündelte Interessenvertretungen heißen *Lobbys*.

Lobbys – das klingt für viele so sympathisch wie Zuhälterei oder Mafia. Jedenfalls nicht nach Demokratie, sondern nach Schmiergeld und unstatthafter Einflussnahme. Lobbyismus ist jedoch kein Fremdkörper der Demokratie, sondern ein notwendiger Teil von ihr. Nur organisierte Interessen können wahrgenommen werden. Lobbys sind Informationskanäle, auf die Politiker angewiesen sind. Nicht Schmiergeld sollen sie zahlen, sondern eine Art Schmiermittel sein, damit die Energieübertragung von den Repräsentierten zu den Repräsentanten funktioniert.

Soweit die Theorie. In Wirklichkeit sind die Lobbys eine Belastung für die Demokratie. Nicht Lobbys an sich, sondern Lobbys, die übermäßigen Einfluss haben. Politiker, die vor allem auf eine bestimmte Lobby hören. Und Lobbys, die im Verborgenen wirken. Warum? Weil das die gleichen Chancen aller untergräbt, mit ihren Interessen gehört und berücksichtigt zu werden. Und darauf kommt es an. In Berlin tummeln sich mehrere Tausend Lobbyisten, die Kontakt zu den Abgeordneten pflegen, in Ministerien ein- und ausgehen, Politiker zu schönen Empfängen mit leckeren Lachshäppchen einladen oder ihnen im Restaurant bei einer Flasche Bordeaux ihre Sicht der Dinge darlegen. Nicht weil sie es so nett finden, sondern um die Weichen für politische Entscheidungen zu stellen, die uns alle angehen. Akteure mit viel Geld in der Tasche sind dabei im Vorteil. Sie können professionelle Lobbyisten anheuern, teure Veranstaltungen sponsern, Anwaltskanzleien bezahlen, Studien in Auftrag geben. Geld bedeutet Einfluss. Da Geld ungleich verteilt ist, ist der Einfluss ungleich. Das ist ein Stachel, der tief im Fleisch der Demokratie steckt.

Was tun? Zunächst mal Licht in dieses Dunkel bringen. Helfen würde ein öffentlich einsehbares Lobbyregister, wie es andere Länder längst haben. Hier muss sich jeder eintragen, der Lobbyarbeit betreibt. Nicht bloß mit Name und Adresse, sondern mit den interessanten Daten: Wer sind die Auftraggeber? Woher kommt das Geld? Wie hoch ist das Budget? Was sind die Themen, zu denen die Politik beeinflusst werden soll?

Die Einrichtung solch eines Registers ist ein kleiner Schritt für ein Parlament, aber ein großer Schritt für die Demokratie. Und für ihr Ansehen. Denn kaum etwas sorgt so sehr für Entfremdung zwischen der Gesellschaft und ihren Repräsentanten wie die undurchsichtige und einseitige Einflussnahme durch bestimmte, vor allem finanzstarke Interessenvertreter – oder auch nur der Verdacht darauf. Gewiss, ein Lobbyregister allein bringt den ungleichen Einfluss nicht zum Verschwinden. Aber es macht ihn öffentlich sichtbar – und damit angreifbar.

Aber ist das nicht Ausdruck von Misstrauen? Ja, selbstverständlich, und das ist auch richtig so. Die Beziehung zwischen Bürgern und Repräsentanten ist keine Liebesbeziehung. Sie darf und sollte von Vertrauen geprägt sein, aber dieses Vertrauen braucht eine solide Grundlage. Und diese Grundlage ist die gleichmäßige Berücksichtigung der Interessen aller Betroffenen. Wenn Politiker meinen, dies aus eigener Kraft zu schaffen, ist das ehrenwert. Und naiv. Denn niemand durchschaut vollständig seine eigenen Loyalitäten und kann persönliche Sympathien hundertprozentig von guten Argumenten unterscheiden.

Doch ein Register reicht nicht. Wir müssen nicht nur wissen, wer worauf Einfluss nehmen *will*, sondern vor allem auch, wer tatsächlich worauf Einfluss *nimmt*. Die meisten Gesetze werden nicht im Bundestag erarbeitet, sondern in Ministerien. Und das ist ein massives Problem. Denn während der Bundestag ein einigermaßen durchsichtiges Haus ist, die Fraktionen sich öffentlich erklären, Abgeordnete um Aufmerksamkeit buhlen, ist das Innere von Ministerien für die meisten Bürger so wie Anti-Materie – unsichtbar. Und somit ist nicht klar, wer Einfluss auf die Gesetzesformulierung genommen hat. Auf wen geht die ursprüngliche Idee zurück? Mit wem werden Gespräche geführt? Wer wird zu Anhörungen eingeladen? Welche Unternehmen und Verbände sind beteiligt? Welche Studien und Gutachten werden herangezogen? Vom wem stammt die Formulierung des Gesetzestextes? Liegt alles im Dunkeln. Für uns Bürger und für die meisten Bundestagsabgeordneten ebenso. Sie entscheiden über Gesetze, von denen sie oft nicht wissen, wer darauf Einfluss hatte. Das ist ein Unding. Wir haben Wetter-Apps, mit denen wir den Beginn des nächsten Regenschauers auf die Minute genau erfahren können. Wir fahren mit Satellitenunterstützung durch fremde Städte. Wir beobachten, was in Galaxien geschieht, die Hunderttausende von Lichtjahren entfernt sind. Aber das Allernaheliegendste, das wissen wir nicht: wer unsere Gesetze entwickelt.

Was können wir dagegen tun? Es ist so einfach. Wir brauchen eine gesetzliche Pflicht, die Gesetzeserstellung transparent zu machen. Das heißt: Sobald ein Gesetzentwurf ins Parlament eingebracht wird, muss veröffentlicht werden, wer daran mitgewirkt hat, mit wem Gespräche geführt wurden und wessen Formulierung an welcher Stelle Eingang gefunden hat. Ebenso müssen alle herangezogenen Studien und sämtliche Stellungnahmen von Lobbyisten und Experten veröffentlicht werden, und sei es nur eine Sonntagnachmittag-Email mit einem winzigen Änderungsvorschlag. So kann jeder die Fingerabdrücke der Interessengruppen erkennen. Erst so entsteht die gesetzgeberische Nachvollziehbarkeit, die in einer Demokratie selbstverständlich sein sollte.

Einseitige Beeinflussung ist für die Beeinflussten selbst oft nicht richtig erkennbar. Weil das so ist, sind auch Geschenke an Politiker heikel. Interessenvertreter überschütten sie mit Präsenten. Von Essenseinladungen über Angebote für kostenlose Reisen, eine Packung Fränkische Salami bis zu jeder Menge Nippes. Im Bundestag ist immer Weihnachten. Und, wo liegt das Problem? Korruption? Eine Flasche Chianti gegen eine Gesetzesänderung? Nein, so simpel läuft das nicht. Das Problem ist: Menschen, die Geschenke empfangen, fühlen sich nachweislich den Schenkenden gegenüber moralisch verpflichtet. Egal ob sie sich dessen bewusst sind oder nicht.

Was Geschenke im Kleinen sind, sind Parteispenden im Großen. Wir haben uns daran gewöhnt, dass Unternehmen und Einzelpersonen große Summen an die Parteien überweisen, die ihnen genehm sind. Das scheint in Ordnung zu sein, zumal die Spenden ja öffentlich gemacht werden müssen. Ist aber nicht in Ordnung. Denn auch hier gilt: Viel Geld=viel Einfluss. Das unterhöhlt den Sinn demokratischer Repräsentation. Unvergessen die kräftige Absenkung der Mehrwertsteuer für Hotelübernachtungen von 19 % auf 7 %, die von der FDP 2009 durchgeboxt wurde. Kurz zuvor hatte die Partei über eine Million Euro vom Eigentümer der Mövenpick-Hotels bekommen. Auch sonst darf man davon ausgehen, dass solche Spenden nicht aus reiner Selbstlosigkeit erfolgen. Was tun? Ganz klar: die Höhe erlaubter Spenden stark deckeln. Auch das ist in anderen Ländern längst Usus, wie zum Beispiel in Frankreich. Erscheint radikal, würde aber das stärken, was selbstverständlich sein sollte: jedem die gleiche Chance auf politischen Einfluss. Damit wäre es ein enormer Schub für die Demokratie. Und für das Vertrauen in sie.

## Werkstätten des Volkswillens
### *Was haben Parteien in der Demokratie zu suchen?*

Parteien – auch das noch. Sind sie nicht eines der großen Übel unserer Demokratie? So sehen es jedenfalls weite Kreise der Bevölkerung. Ihre Einstellung zu politischen Parteien lässt sich ohne Übertreibung auf eine kurze Formel bringen: zum Würgen. Parteien sind demnach die Unsympathen unter den Institutionen schlechthin. Weltfremde Apparate, die leere Versprechungen absondern und sich ansonsten vorwiegend mit sich selbst beschäftigen. Abgekapselte Machtmaschinen, die sich maßlos breitmachen und den Staat unter sich aufteilen wie die Beute der Bärenjagd. Ein Hort gieriger Blutsauger, karrieregeiler Schleimer und arroganter Volksverächter.

66

Der Ruf der Parteien ist also ungefähr so gut wie der von Menschenhändlern. Mit dem Unterschied, dass die wenigstens noch faszinierende Schurken sein können. Parteien dagegen gelten obendrein als strunzlangweilig. Das zeigt sich auch in den Mitgliederzahlen, die seit Jahrzehnten insgesamt nur eine Richtung kennen: nach unten.

Wenn Parteien so eine schlimme Geißel sind, sollten wir sie abschaffen. Stellen wir uns also vor, wir fangen noch mal von vorne an. Wir bauen eine Demokratie auf, ganz ohne Parteien, aber mit einem Parlament, vielleicht auch mit einer direkten Mitwirkung des Volkes. Und jetzt? Jetzt müssen wir zu Entscheidungen kommen. Doch wie? Acht Leute können sich spontan zusammensetzen, ihre Interessen diskutieren und eine gemeinsame Lösung finden. Bei 8 000 geht das schon nicht mehr. Bei über 82 000 000 erst recht nicht.

Wie also dann? Einfach abstimmen und die Mehrheit entscheiden lassen? Na gut, aber was ist die Mehrheit? Bisher haben wir nur einen Nebel von Myriaden Ideen, Idealen, Interessen, Werten, Positionen und Meinungen. Wie lässt sich daraus eine Mehrheit destillieren? Worin genau bestehen die Meinungen überhaupt? Welche liegen nah beieinander und welche schließen sich aus? Wo sind vielleicht Kompromisse möglich? Was sind also die Entscheidungsalternativen? Die zahllosen Meinungströpfchen müssen in Bahnen gelenkt werden. Kurzum, die Meinungsbildung passiert nicht von allein, sie muss organisiert werden. Wer aber soll das tun?

Etwas Weiteres kommt hinzu: Die Strukturierung der Meinungen und Interessen ist ja kein Vorgang, dem wir teilnahmslos zuschauen wie einem fremdartigen Ritual. Sondern wir *wollen* dabei etwas. Nämlich dass sich unsere Position durchsetzt. Allein jedoch kann der einzelne Bürger nicht viel ausrichten. Er muss sich mit anderen zusammentun, seine Interessen mit ihren bündeln, sich mit Gleichgesinnten organisieren.

Doch selbst die wenigen, die sich zusammenschließen, reichen nicht aus, wenn es um Wahlen geht. Denn dann gilt es ja, möglichst viele andere Bürger für die eigenen Positionen zu gewinnen. Es geht darum, für die gebündelten Interessen zu werben, Menschen zu überzeugen, zu bewegen. Und wieder stellt sich die Frage: Wer soll das tun? Wer organisiert das?

Wir kommen also nicht umhin, den demokratischen Wettstreit zu organisieren. Solange wir ein Parlament haben, geht es nicht ohne politische Organisationen. Diese Organisationen könnte man nennen ..., öh, genau: Parteien. Selbst wenn wir alle vorhandenen Parteien auflösen würden, wären nach kurzer Zeit erneut welche da. Wie ein hartnäckiges Pop-Up auf dem Bildschirm, das man wegklickt, aber immer wieder auftaucht. Parteien wachsen geradezu mit demokratischer Naturnotwendigkeit heran. Wir brauchen sie, um Positionen und Überzeugungen zu verkörpern. Was sonst nur eine unüberschaubare Menge flackernder, schwirrender, zusammenhangloser Meinungspartikel ist, bekommt durch Parteien fassbare Gestalt. Parteien sind die Werkstätten, in denen der politische Wille so zurechtgeschnitzt wird, dass er formulierbar, durchsetzbar, abstimmbar ist und – wenn erfolgreich – in Rechtsform gegossen werden kann. Und sie sind die Agenturen, die Wähler für diese Positionen mobilisieren und somit die demokratische Teilhabe unterstützen.

Und noch einen Job erledigen die Parteien. Egal ob rein parlamentarisch oder mit mehr oder weniger starker direkter Volksbeteiligung – Demokratie ist kein Roboter, sondern wird von Menschen getragen. Grundsätzlich von allen zwar, aber sie kommt nicht aus ohne Bürger, die sich besonders engagieren. Bürger, die den Volkswillen organisieren, Verantwortung für das Gemeinwesen übernehmen, für politische Ämter bereitstehen. Dazu ist jeder berechtigt, doch nicht jeder jederzeit gleichermaßen befähigt, jedenfalls nicht für die Spitzenämter mit ihren extremen Anforderungen. Aber auch die Fähigen wachsen nicht auf den Bäumen, sondern sie müssen das politische Handwerk lernen. Wo? In der Schule der Politik. Und diese Schule, das sind vor allem die Parteien. Was Ausbildungsbetrieb und Berufsschule für eine Mechatronikerin sind, sind die Parteien für das politische Personal. Sie sind Ausbildungsstätten der Demokratie.

Also bitte jetzt ganz tapfer sein: Wir brauchen Parteien. Sie sind für die Demokratie unverzichtbar. Es ist kein Zufall, dass es keine moderne Demokratie ohne Parteien gibt. Freiheit und Gleichheit sind keine ätherischen Düfte, die von allein durch die Gesellschaft wallen, sondern sie müssen gestaltet und geregelt werden. In Prozessen der Meinungsbildung, der Problemformulierung, der Entscheidungsfindung und der Auswahl des demokratischen Managements. Parteien haben in der Demokratie also eine Menge zu tun. Sie sind nicht der Staat, aber ein wesentlicher Teil davon. Sie sind kein Gegensatz zur Demokratie, sondern ein Faktor zu ihrer Realisierung. Deshalb: Demokratie wollen, aber Parteien in Bausch und Bogen verdammen, ist so logisch wie die Verdammung von Zahnärzten bei Zahnschmerzen.

Manchmal reden Parteienverächter bitter von den »selbsternannten Eliten« und man hört dabei förmlich die angesammelte Spucke schäumen, die gerne hinterhergeschleudert werden möchte. Sich selbst zur Elite ernennen, ist in der Tat ein merkwürdiges Verfahren. Die Frage ist nur: Wer tut so was? Parteien jedenfalls nicht. Sie werden gewählt. Wenn niemand sie wählt, verschwinden sie in der Bedeutungslosigkeit, sind also keine Elite. Wenn aber Parteien Eliten sind, dann sind sie vom Volk dazu bestimmt, also gerade nicht selbst ernannt. Daher ist diese grundsätzliche Elitenfeindschaft eine Art von Demokratiefeindschaft. Korrupte, selbstgerechte, abgehobene Eliten sind tatsächlich Gift für die Demokratie, und die Kritik an ihnen ist dringend nötig. Giftig aber ist auch die grundsätzliche Ablehnung jeder Elite. Denn zur Demokratie gehört, die Gewinner des politischen Wettbewerbs als solche anzuerkennen. Wir können, dürfen und sollen die Eliten kritisieren, ausgiebig und unnachgiebig, wenn nötig scharf und polemisch – für das, was sie tun, wie sie es tun, aber nicht dafür, *dass* sie Elite sind. Wer mit dem Elitesein von Parteien grundsätzlich hadert, hadert mit den demokratischen Spielregeln selbst.

Aber sind Eliten nicht grundsätzlich undemokratisch? Nicht nur Parteien, sondern jede Elite? Widersprechen sie nicht dem demokratischen Gleichheitsprinzip? Nein, das tun sie nicht. Das demokratische Gleichheitsversprechen besagt ja nicht, dass alle gleichermaßen immer über alles bestimmen, sondern dass alle gleichermaßen das Recht haben mitzubestimmen. Die Devise lautet nicht, dass es keine Eliten geben darf, sondern dass jeder das Recht hat, Elite zu werden.

Kommt die prinzipielle Elitenverachtung von neuen Parteien, ist sie nicht nur verkehrt, sondern auch verlogen. Denn was immer Parteien behaupten, sie wollen Macht. Dazu sind sie ja da. Und wenn sie an die Macht kämen, was wären sie dann? – Eben.

Also, wir brauchen Parteien. Was ist dann das Problem mit ihnen? Manche Leute plagt ein diffuses Unbehagen. Parteien ... die meisten irgendwie unsympathisch. Fern von dem, was man selbst für richtig hält. Unattraktiv, unangenehm, fremd. Tja, was soll man dazu sagen? Hier sei ein Geheimnis verraten: Dass man mit den meisten Parteien nicht sympathisiert, ist Sinn der Sache. Parteien stehen nun mal nicht für alles – wie sollten sie auch? –, sondern für *bestimmte* Interessen und Überzeugungen, die andere ausschließen. Parteien heißen Parteien, weil sie parteiisch sind. Das Parteienwesen deswegen abzulehnen, ist ungefähr so intelligent, wie als Fan von Borussia Dortmund den Fußball an sich zu verschmähen, weil man allen anderen Vereinen fernsteht. Ein Mehrparteiensystem gehört zur Demokratie wie eine Mehrzahl von Fußballmannschaften zur Bundesliga.

Oder ist das Unbehagen allgemeiner und richtet sich gegen alle Parteien? Keine dabei, die einem zusagt? Nix zum Wählen? Das kann vorkommen, aber auch dafür gibt es eine Lösung: Man gründet eine neue. Ist nicht so schwer. Kann jeder. Und wenn viele das Unbehagen teilen, erhält man Zuspruch, wird gewählt, gräbt anderen Parteien das Wasser ab und erkämpft sich seinen Platz im Parteienspektrum. So geschieht es ja auch. Oder man steigt in eine bestehende Partei ein, vielleicht mit einigen Gleichgesinnten, und versucht, die Organisation im eigenen Sinne zu beeinflussen. Ist schwerer, aber auch das geht. In jedem Fall ist Spielraum für Bewegung vorhanden. Man muss es nur machen. Allerdings hat auch ein beständiges Parteiensystem seinen Wert. Das wirkt öde, ja, aber es schafft Stabilität im wankelmütigen Strom der Meinungen und Aufregungen. Auch das ist eine Aufgabe der Parteien. Diese Stabilität lernt man spätestens dann schätzen, wenn sie zerbröselt und alles drunter und drüber geht.

Oder ist das Unbehagen noch grundsätzlicher? Hat es nicht mit dieser oder jener Parteilichkeit zu tun, sondern damit, dass Parteien überhaupt parteiisch sind? Immer nur harte Interessen, die sich ausschließen und befehden – widerwärtig! Ach so, das ist das Problem? Die fehlende nationale Einigkeit? Kein Kuschelkollektiv? Das allerdings ist wirklich ein fundamentales Unbehagen. So fundamental, dass es sich nicht nur gegen das Parteiwesen richtet, sondern gegen die demokratische Ordnung insgesamt. Denn Demokratie heißt – nicht vergessen! – Pluralismus, und die verschiedenen Parteien bringen den gesellschaftlichen Pluralismus zum Ausdruck. Wer also Parteien wegen ihrer Parteilichkeit anficht, sträubt sich gegen die Demokratie selbst.

Vielleicht ist aber auch etwas anderes gemeint: nicht dass die Parteien bestimmte Interessen verfolgen, sondern dass es vor allem ihre *eigenen* Interessen sind. Nicht dass sie etwas Bestimmtes für wichtig halten, sondern dass sie vor allem sich selbst wichtig nehmen. Nicht dass sie von den Bürgern gewählt werden wollen, sondern dass sie nichts anderes von ihnen wollen. Das Problem ist demnach nicht die Parteilichkeit, sondern die Bürgerferne der Parteien, ihre Beschäftigung mit sich selbst, ihre Abkapselung gegenüber der Gesellschaft. Ist das so? Wenn ja, ist es kaum erstaunlich. Wird doch jede Institution ab einer gewissen Größe anfällig für Selbstbezogenheit. Und natürlich muss sich eine Partei auch mit sich selbst beschäftigen. Schließlich macht die sich nicht von allein. Eine Firma oder ein Ehepaar beschäftigt sich auch mit sich selbst. Bürgerferne ist für Parteien allerdings eine echte Krux, und sei sie bloß gefühlt. Denn die Parteien sollen ja die Macht der Bürgerschaft organisieren und nicht ihr ein Gefühl der Ohnmacht geben. Sie sollen ein Sensorium für gesellschaftliche Bewegungen sein und kein Sanatorium für unbewegliche Programme.

Glücklicherweise ist dagegen ein Kraut gewachsen. Oder besser gesagt: Wir können das Kraut anbauen. Es heißt direkte Demokratie. Sie ist gewiss kein Allheilmittel, aber gegen Bürgerferne wirkt sie. Denn durch bundesweite Volksentscheide meldet sich das Volk selbst zu Wort, greift direkt in die Gesetzgebung ein, macht gesellschaftliche Mehrheiten deutlich. Volksentscheide ersetzen nicht Parteien, aber sie erinnern diese immer wieder an den Ursprung ihrer Macht. Weil das Volk direkt mitspricht, werden die Parteien für seine Willensbildung zwangsläufig durchlässiger. Volksentscheide sind demokratische Erinnerungshilfen für die Parteien, Steuerdüsen zur Neujustierung ihrer Umlaufbahn, ein Bindemittel für Parteien und Gesellschaft.

Es gibt noch ein zweites Kraut, das das Leiden der Bürgerferne ebenfalls lindern kann. Denn der geringe Einfluss der Bürger zeigt sich auch in der Wahlkabine. Dort werden wir vor vollendete Tatsachen gestellt: festgefügte Wahllisten, von den Parteien beschlossen. Die demokratische Tat der Bürger erschöpft sich in einem Kreuzchen mit dem Kugelschreiber. Anders wäre es, wenn die Wähler auch über die Reihenfolge der Kandidaten auf der Liste entscheiden könnten. Etwa indem sie mehrere Stimmen haben, die sie bei einer Kandidatin anhäufen und damit deren Chancen verbessern. Ebenso könnten die Wähler ihre Stimmen auf mehrere Kandidaten verschiedener Parteien verteilen. Kompliziert? Ach, jedes Smartphone ist komplizierter. Außerdem wird dieses so genannte Kumulieren und Panaschieren ja schon längst in vielen Kommunen und manchen Bundesländern praktiziert. Auch auf Bundesebene wäre das möglich. Die Parteien bestimmen damit immer noch ihre Kandidaten, aber die Wähler entscheiden über deren Platzierung. Klingt nicht sehr aufregend, nicht wahr? Doch eine solche Änderung des Wahlrechts kann große Wirkung entfalten. Denn damit wird die Wahl demokratischer, weil die Bürger mehr Einfluss haben. Die Bindung zwischen Bürgern und Kandidaten wird enger und damit auch die zwischen Bürgern und Parteien. Die Politiker gewinnen mehr Unabhängigkeit von ihrem Parteiapparat. Und die Möglichkeit, seine Stimmen auf mehrere Parteien verteilen zu können, entspricht eher den Präferenzen des Einzelnen. Wer steht heute noch zu hundert Prozent hinter einer Partei?

Parteien sind keine Selbstzwecke, sie haben keinen Wert in sich, sondern sind Mittel der Demokratie. Wichtige Mittel, aber eben nur Mittel. So wie Skalpelle oder Darmspülungen. Wer sich in einer Partei mit voller Kraft engagiert, kann das zuweilen vergessen. Da kann es einem so vorkommen, als sei die Partei der Zweck. So geht es den Herstellern von Skalpellen und Darmeinläufen auch. Deshalb müssen wir den Parteien immer wieder ins Gedächtnis rufen, wer und was Zweck und Mittel ist. Je mehr wir das tun, und zwar in handfesten Taten, nicht in Form von Genörgel, desto besser. Beeinflussungen der Kandidatenreihenfolge und vor allem Volksentscheide sind solche Taten. Sie brechen den Tunnelblick des Parteiinnenlebens auf.

Die Geschlossenheit der Parteien ist auch in den Parlamenten eine Belastung. Und zwar, weil sie als Fraktionen fast immer geschlossen abstimmen. Der sogenannte Fraktionszwang. Freies Mandat, nur dem individuellen Gewissen verpflichtet? Keine Spur davon. Abstimmungen, die so demokratisch sind wie der Marsch eines Jägerbataillons. Sollte der Fraktionszwang also abgeschafft werden? So einfach ist es nicht. Denn dann könnten die Parteien nicht mehr ihrer Aufgabe nachkommen, Interessen zu bündeln – und das heißt eben auch Stimmen zu bündeln. Heraus käme eine blinde Abstimmungslotterie. Wollen wir das? Ist das demokratischer? Wohl kaum. Besser wäre etwas anderes: dass die Fraktionsdisziplin weniger von oben verordnet wird und stattdessen mehr aus der Fraktion selbst entsteht. Ausschlaggebend sollte nicht sein, was die Fraktions- und Parteiführung vorgibt, sondern was aus dem demokratischen Diskurs der Fraktion hervorgeht und schließlich mehrheitlich beschlossen wird. Der Fraktionszwang muss nicht aufgehoben, sondern demokratisiert werden.

Schön und gut, werden viele sagen, aber das Problem liegt doch ganz woanders: Egal, wie wir die Parteien an ihren Auftrag erinnern und wie sie sich innerlich organisieren – sie sind gierig. Schlucken sie in Deutschland nicht Unmengen an Geld? Öffentliches Geld, zig Millionen Euro, von den Steuerzahlern erwirtschaftet? Durch die staatliche Parteienfinanzierung, durch die satten Diäten für die Abgeordneten, und dann auch noch durch die Pauschalen für deren Mitarbeiter. Und das Irrste ist, dass die Parteien es selbst sind, die darüber im Parlament entscheiden. Soll das Demokratie sein – der Staat als Selbstbedienungsladen der Parteien?

Zunächst mal: Wenn Parteien eine so wichtige Aufgabe für die Demokratie haben, müssen sie die auch erfüllen können. Ohne Geld geht das nicht. Dass der Staat einen erheblichen Teil davon übernimmt, muss nicht so sein, aber es hat seinen guten demokratischen Grund. Denn die Alternative ist, dass die Parteien, neben Mitgliedsbeiträgen, vor allem von Spenden leben. Parteien, die als wirtschaftsfreundlich gelten, sind damit im Vorteil. Denn bei Unternehmen gibt es mehr zu holen als bei Sozialarbeiterinnen und Erziehern. Und Großspender können sich Einfluss oder gar Posten »erspenden«, so wie teilweise in den USA. Beides ist undemokratisch, weil es die politische Gleichheit massiv verletzt. Dass von einer staatlichen Finanzierung auch bizarre oder sogar undemokratische Parteien profitieren – unerfreulich, ja, aber das ist nun mal demokratische Gleichheit: Auch die Sonderbaren dürfen mitspielen.

Und die saftigen Abgeordnetendiäten? Nun ja, was saftig ist und was eher trocken, was genau eine angemessene Höhe wäre, lässt sich nicht auf der grünen Wiese festlegen. Ebenso wenig, wie Übergangsgelder und Altersvorsorge geregelt werden müssen. Das muss demokratisch entschieden werden. Eines aber lässt sich allgemein sagen: Dass die demokratische Gemeinschaft sich ihre Vertreter etwas kosten lässt, ist völlig richtig. Es wäre kläglich, wenn sich eine demokratische Gesellschaft Autobahnen, glitzernde Bahnhöfe und schicke Philharmonien leistet, aber bei ihren Repräsentanten knauserig wird. Deren ordentliche Bezahlung ist Ausdruck der Selbstwertschätzung einer Demokratie. Diktatoren sind übrigens teurer. Und auch dass der Staat eine Menge Geld für die Mitarbeiter der Abgeordneten ausgibt, ist richtig. Denn für eine professionelle Arbeit brauchen die Volksvertreter viel Unterstützung.

Dennoch gibt es ein Problem mit der Finanzierung von Parteien und Abgeordneten: nicht *wieviel* Geld sie bekommen, sondern *wie* sie es bekommen. Denn die Parlamentarier entscheiden selbst darüber, wieviel sie und ihre Parteien erhalten. Gute Sache – jedenfalls für die Parteien. Nur nicht für alle anderen. Was bei jedem Gerichtsverfahren selbstverständlich ist, wird hier ausgehebelt: dass man nicht in eigener Sache entscheidet, weil man befangen ist. Wer glaubt nicht, mehr zu brauchen, als er hat? Hier hat der Vorwurf der Selbstbedienung seinen Ursprung. Und seine Berechtigung.

Wenn es dabei bleibt, dass diese Entscheidungen im Parlament fallen, kann hier der bewährte demokratische Werkzeugkasten helfen: größtmögliche Transparenz und öffentliche Rechtfertigung. Das derzeitige Verfahren einer regelmäßigen automatischen Anhebung der Abgeordnetendiäten im Bundestag erfüllt diese Kriterien nicht. Wer auf diese Weise möglichst wenig Aufhebens von Diätenerhöhungen zu machen versucht, schafft besonders viel Wirbel. Nämlich einen Wirbel des Misstrauens. Die Parteien sollten dieses Verfahren allein schon um ihres Rufes willen ändern. Doch auch bei der Finanzierung von Parteien und Abgeordneten könnte eine direkte Volksgesetzgebung einen Sprung auf ein höheres Niveau bedeuten: ein höheres Niveau an Kontrolle, Legitimation und Vertrauen in die Parteien.

Apropos Vertrauen. Es wird noch durch etwas anderes zerrieben. Nicht durch die politische Macht der Parteien, sondern dadurch, dass sie ihre Macht auf Felder ausdehnen, auf denen sie nichts zu suchen haben. Dass sie außerhalb ihres Reviers wildern. Nicht um Wildschweine geht es, sondern um Jobs. Darum, dass Posten nach Parteibuch vergeben werden. Die berüchtigte Ämterpatronage. Auch wenn kaum ein Parteivertreter es zugibt: Dass Ämterpatronage betrieben wird, ist unbestritten. Nicht nur in Ministerien und Verwaltung, wo eine Parteiloyalität noch zu rechtfertigen ist, sondern ebenso an obersten Gerichten, bei leitenden Staatsanwälten, an Rechnungshöfen, bei Wohnungsgesellschaften, Landesbanken. Sogar mit Schulleiterposten an jeder Feld-Wald-und-Wiesenschule werden Parteimitglieder belohnt.

Na und? Ist das ein Problem? Oder steckt dahinter nur wieder der Neid kleingeistiger Demokratiezwerge? Nein, die Ämterpatronage der Parteien ist tatsächlich eine Belastung für die Demokratie. Die Ablehnung dieser Praxis speist sich gerade aus dem Bewusstsein für die demokratischen Spielregeln. Denn mit dem Parteiticket fährt man gratis auf der Karrierebahn, Loyalität droht an die Stelle von Befähigung zu treten. Das verletzt die demokratische Chancengleichheit beim Zugang zu öffentlichen Ämtern. Es führt zu Filz statt Fairness, Klüngel statt Kompetenz, Vetternwirtschaft statt Vertrauen in die Parteien. Und mit Rechnungshöfen und Gerichten werden gerade solche Institutionen mit Parteigängern besetzt, die dafür da sind, die Politik zu kontrollieren. Die demokratische Kontrolle von Politik und Parteien wird geschwächt.

Verständlich ist die Ämterpatronage zwar durchaus und sie muss nicht einmal dem Willen zur Machtausdehnung entspringen. Schließlich kauft niemand bei einer Stellenbesetzung gern die Katze im Sack. Warum also nicht jemanden nehmen, den man kennt und dem man vertraut? Und dieselbe Parteimitgliedschaft ist eben ein Kriterium für Loyalität und eine gewisse Nähe. Doch dass diese Bevorzugung von Nahestehenden woanders so läuft, heißt nicht, dass sie bei der Besetzung öffentlicher Ämter in Ordnung ist. Jeder Parteiobere sollte wissen: Wer einem Parteifreund einen solchen Gefallen tut, tut der Demokratie keinen Gefallen. Im Gegenteil, er leistet der Parteienverdrossenheit Vorschub und betreibt Raubbau am Vertrauen in die Demokratie.

Fazit: Parteien sind für die Demokratie unverzichtbar, aber auf manche ihrer Auswüchse können wir gut verzichten. Es geht nicht darum, Parteien abzuschaffen, sondern darum, die unangenehmen Begleiterscheinungen zu dämpfen – nicht aus antidemokratischem Furor, Neid oder Elitengroll, sondern um der Demokratie willen.

## Die Unbeliebten

### *Warum unsere Politiker so sind, wie sie sind*

Schon bei Parteien geht den meisten Bürgern nicht gerade das Herz auf, doch wenn es um Politiker geht, ist die Stimmung endgültig im Keller. Selbstverständlich brauchen wir welche. Keine Politik ohne Politiker, keine Demokratie ohne Politiker, nur warum sind unsere so übel? Das ist jedenfalls die Frage, die sich vielen Bürgern stellt. Und stimmt es etwa nicht, dass die hiesigen Politiker zu viel reden und zu wenig handeln? Und dazu noch in einer floskelhaften Plastiksprache? Sind sie nicht fürchterlich abgehoben, machtversessen, korrupt, faul, überfordert und verlogen? Warum zum Teufel wird unser Staat von einem so miesen Management geleitet?

Die Zeiten, in denen Politiker Ansehen genossen, sind längst vergangen. Heute vegetieren sie am untersten Ende der Beliebtheitsskala, zusammen mit Immobilienmaklern und Versicherungsvertretern. Politikverdrossenheit ist vor allem Politiker*verdrossenheit. Die

76

Ablehnung der Politiker schweißt den Stammtisch zusammen wie Pils und Hefeweizen. Mehr noch, ihnen schlägt Verachtung und Hass entgegen. Demokratie okay, aber Politiker? Nein danke.

Der Volkssport Politiker-Bashing ist vielleicht nicht schön, aber ist das für die Demokratie von Belang? Durchaus. Auch wenn wir Volkentscheide auf Bundesebene hätten, käme die Demokratie in einer komplexen Gesellschaft nicht ohne Berufspolitiker aus, also ohne Menschen, die das politische Geschäft professionell gestalten. Und wenn diese unbeliebt sind wie kaum sonst jemand, liegt etwas im Argen.

Da man unbeliebte Politiker in der Demokratie abwählen kann, wäre eigentlich zu erwarten, dass sie schnell von der Bildfläche verschwinden. Tun sie aber nicht. Sie sind immer noch da. Oder es wachsen immer neue nach. Das Problem scheint also nicht an einzelnen Personen zu hängen, sondern am System. Deshalb müssen wir, wenn wir über Demokratie nachdenken, auch über Politiker nachdenken.

Zunächst mal: Demokratie lebt davon, dem Einzelnen gerecht zu werden. Von dieser Regel sollten wir bei Menschen in der Politik keine Ausnahme machen. Eigentlich gibt es nicht »die« Politiker, sondern nur solche und solche, Idealisten und Idioten, Besonnene und Bornierte, Weitsichtige und Wendehälse – wie im sonstigen Leben auch. Aber spricht das dagegen, dass sich bestimmte Eigenschaften bei ihnen häufen? Nein. Wie sieht es also damit aus?

Manche Vorwürfe können wir schnell abhaken. Den der Faulheit zum Beispiel. Er ist schlichtweg falsch. Auf irgendwelchen hinteren Bänken mag auch mal eine faule Socke herumhängen, doch für den durchschnittlichen Bundestagsabgeordneten sind 60 Stunden pro Woche normal, oft mehr. Der Kalender ist vollgestopft, ein Termin jagt den nächsten, Plenumssitzung, Fraktionssitzung, Landesgruppensitzung, Facharbeitsgruppensitzung, Besprechung mit Büromitarbeitern, hier noch ein kurzes Gespräch, dort noch eines. Dann die Termine im Wahlkreis: Treffen mit der Bürgermeisterin, mit Behörden, einem Wohnprojekt, einem Unternehmen, dem Tagesmütterverein, dem Karnevalsverein, und Lesen nicht vergessen: die Gesetzesentwürfe, Berichte, Protokolle und so weiter und so fort, bis zum Anschlag und darüber hinaus. Was immer man sonst über Politiker denkt, faul sind sie ganz gewiss nicht.

Ähnlich bei der Korruption: Ja, es gibt sie in der Politik. Jeder Fall ist einer zu viel. Auch wird Korruption immer noch zu leicht gemacht. Politiker sind grundsätzlich anfällig dafür, nicht wegen ihrer Persönlichkeit, sondern wegen ihrer Position, denn Korruption besteht ja in der Ausnutzung einer Machtposition für persönliche Interessen. Ein Bettler wird nicht korrupt. Gleichwohl: Nach allem, was wir wissen, ist Korruption in Parlament und Regierung hierzulande nicht besonders weit verbreitet, weder im internationalen Vergleich noch im Vergleich mit anderen Branchen. Korruption ist nicht das hervorstechende Merkmal des normalen deutschen Politikers. Politiker sind gewiss nicht die Unschuld vom Lande, aber der pauschale Vorwurf der Korruptheit geht in die Irre.

Und was ist mit dem Machtstreben? Tja, was soll damit sein? Natürlich streben Politiker nach Macht, was denn sonst? Macht ist Einfluss. Wer sich politisch engagiert, will Einfluss nehmen. Vorstellungen davon, was gut und richtig wäre, hat jeder. Wer diese Vorstellungen auch durchsetzen will, will Macht. Wer keine Macht will, will auch nichts durchsetzen. Politikern Machtstreben vorzuwerfen, ist so abstrus wie Clowns vorzuwerfen, dass sie auf Lacher aus sind. Oder Bäckern, dass sie Brötchen verkaufen wollen.

Macht ist für viele so liebenswert wie ein Weißer Hai, das Wort hat in ihren Ohren einen bösen Klang. Doch Macht an sich als schlecht anzusehen ist so falsch wie alle Fische für Raubfische zu halten. Für die Frage »gut oder böse?« ist nicht die Unterscheidung Macht oder Nicht-Macht ausschlaggebend, sondern die Fragen: Wie wird Macht errungen? Wie wird sie ausgeübt? Zu welchen Zielen? Und wie wird sie eingehegt? In der Demokratie handelt es sich um demokratisch verliehene und kontrollierte Macht. Eine generelle Verachtung von Macht und Machtstreben ist daher keine besonders demokratische Tugend. Und keine konsequente. Denn wenn Politiker ziellos, zaudernd und unbestimmt sind, wenn sie also die Macht nicht beherzt ergreifen, dann ist es ja auch wieder nicht recht. Wem es hilft: Auch in der Rückschau überaus beliebte Politiker wollten Macht. Der Heilige Willy Brandt etwa kniete nicht nur nieder, versöhnte und rief nach mehr Demokratie, sondern er strebte, selbstverständlich, nach Macht. Auch der selige Helmut Schmid, vielen nur noch als zigarettenrauchumwölkter Weiser aus dem Nordenland in Erinnerung, wurde das, was er war, durch den Willen zur Macht.

Na gut, wird mancher sagen, Machtstreben geht in Ordnung, aber das Problem ist doch nicht das bloße Streben, sondern dass Politiker auf Macht versessen sind, geradezu süchtig, und dass sie an einmal errungenen Ämtern und Mandaten kleben. Ja, das kann tatsächlich maßlos werden. Die kritische Selbstreflexion kann auf der Strecke bleiben, das Gefühl der eigenen Bedeutsamkeit sich aufblähen wie ein Heißluftballon. Deshalb ist es so wichtig, dass die Öffentlichkeit das Machtstreben mit kritischem Blick begleitet und ab und zu ein bisschen Luft aus den aufgeblasenen Egos ablässt. Das ist nur in der Demokratie möglich. Wenn Macht eine Droge ist, dann ist die demokratische Gesellschaft das Ärzteteam, das immer wieder die Dosierung prüfen muss und im Ernstfall den radikalen Entzug anordnet: Abwahl. Aber auch hier sollten wir uns fragen, ob wir das Gegenteil von Machthunger wollen. Sollen Politiker gleichmütig und leidenschaftslos warten, bis sie gerufen werden? Von wem denn? Dann heißt es, sie seien Langweiler. Und sollen sie stets beim ersten Fehler den Hut nehmen? Dann lautet der Vorwurf: Memmen, Sensibelchen, drücken sich vor der Verantwortung.

Mit der Abwahl als Mittel gegen Machtgier ist es ohnehin so eine Sache. Kanzler wählen wir in Deutschland nicht direkt, und direkt abwählen können wir sie auch nicht. Sollte die Anzahl ihrer Amtszeiten begrenzt sein? So wie in den USA, wo den Präsidenten maximal zwei Amtszeiten gestattet sind? Und vielleicht gleich noch eine Begrenzung der Mandatsdauer von Abgeordneten, um deren Machtsucht gar nicht erst ausufern zu lassen? Nein, Abgeordnetenmandate sollten nicht zeitlich beschränkt sein. Geistige Frischluftzufuhr in Gestalt neuer Personen ist wichtig, aber ebenso wichtig ist Professionalität. Die erwirbt man im politischen Geschäft nicht so schnell. Nach vier Jahren hat man gerade mal verstanden, wie der Laden läuft. So mächtig ist der einzelne Durchschnitts-Abgeordnete auch gar nicht. Und eine Veränderung der Parteilisten durch die Wähler mittels Panaschieren und Kumulieren böte eine bessere Möglichkeit, ungeeignete Leute aus dem Parlament gezielt herauszufischen.

Und die Begrenzung der Kanzlerschaft? Das ist ein Vorschlag, über den wir nachdenken sollten. Denn wer lange an der Macht ist, wird nicht nur professioneller, sondern auch unempfindlicher gegen Kritik. Das tut der Demokratie nicht gut. Ebenso wenig, dass Parteien ganz und gar auf ihren Kanzler oder ihre Kanzlerin zugeschnitten sind, dass Bundestagswahlen vor allem um die eine Person kreisen, obwohl es doch um so viel mehr geht. Zur Demokratie gehört die politische Entlüftung. Wird sie verhindert, droht politische Schimmelbildung. Wenn die Parteien einen Wechsel an der Spitze nicht von allein hinkriegen, sollte er von der Verfassung vorgeschrieben sein. Allerdings ist die Einführung direktdemokratischer Mitbestimmungsmöglichkeiten ohne Frage wichtiger. Damit würde auch das Bedürfnis nach einem Wechsel des Regierungschefs weniger drängend, weil das Volk selbst Entscheidungen über wichtige Sachfragen treffen kann. Wer viel selbst entscheiden kann, erträgt auch den alten Chef besser.

Unfähig – so lautet eine andere Kritik. Unsere Politiker können es einfach nicht. Ob Abgeordnete oder Minister, sie kennen sich nicht so aus, wie sie vorgeben. Sie verstehen nicht, wovon sie reden. Sie haben es nicht drauf, sind überfordert. Und stimmt's, sind sie überfordert? Ja, natürlich sind sie das. Wie auch sonst? Und jeder andere wäre es ebenso. Die gesellschaftlichen und globalen Herausforderungen sind riesig, nein: gigantisch. Kriege und eine enorme Zahl von Flüchtlingen, die unser gesellschaftliches Klima umstülpen. Ein aggressives Russland, das in westliche Wahlkämpfe eingreift, Nachbarländer destabilisiert und auf Einflusszonen pocht. Eine sich rasant entwickelnde Automatisierung und künstliche Intelligenz, die Arbeitswelt und Gesellschaft revolutionieren. Weltwirtschaftliche Prozesse, deren Dynamik kaum jemand vollständig durchschaut. Der längst begonnene Klimawandel, der unsere Landwirtschaft gefährdet – um nur ein paar Probleme zu nennen. Sie sind nicht nur gigantisch, sondern

80

auch ungeheuerlich komplex und hängen auf tausendfache Weise miteinander zusammen wie ein Pilzmyzel im Waldboden. Niemand kann all diese Fäden vor Augen haben. Unsere Gesellschaft ist keine Heizungsanlage, die man mit ein paar Handgriffen steuern kann. Und es kommt noch etwas anderes hinzu: Sie *soll* auch gar nicht als Ganze gesteuert werden. Das macht Demokratie ja gerade aus, dass nicht alles zentral geregelt wird, sondern dass es große Bereiche gibt, die sich – zumindest teilweise – nach eigenen Gesetzmäßigkeiten entwickeln, wie Wirtschaft, Wissenschaft, Kunst, Religion, Privatleben. Demokratischer Politiker zu sein, bedeutet paradoxerweise, für das Ganze zu stehen, aber niemals das Ganze im Griff zu haben, weder als Regierungsmitglied noch als Parlamentarier.

Das ist natürlich keine Entschuldigung für politische Passivität. Die gibt es, und sie ist ein echtes Problem. Aber ebenso ein Problem sind unsere Erwartungen an politische Führung. Veraltete Erwartungen, die Untertanen gut zu Gesicht stehen, nicht aber Bürgern einer Demokratie: Der Fürst weiß Bescheid, er soll es richten, er hat das Land in der Hand. Demokratische Politiker aber sind weit davon entfernt, alles in der Hand zu haben.

Und warum geben sie das nicht zu? Warum sagen sie nicht, dass sie ohnmächtig sind? Wäre doch mal ehrlich. Ja, das wäre ehrlich, aber wir würden diese Ehrlichkeit nicht gutheißen. Wenn ein Politiker sagt: Da können wir nichts tun, steht er mit einem Fuß im politischen Abseits. Wenn einer auf eine Frage antwortet, er weiß es nicht, finden wir das beim ersten Mal erfrischend, beim zweiten Mal runzeln wir die Stirn, und spätestens beim dritten Mal halten wir ihn für einen Versager.

Wenn wir also über Inkompetenz sinnieren, sollten wir uns selbst nicht außen vorlassen, vor allem nicht unsere Erwartungs- und Urteilskompetenz. Und zu der gehört es, an die Fähigkeiten politischer Profis die richtigen Maßstäbe zu legen. Das widersprüchliche Knäuel aus übersteigerten Erwartungen und miesepetrigem Enttäuschtsein, aus althergebrachtem Emporschauen-wollen und pseudo-aufgeklärter Herablassung ist jedenfalls kein Ausweis reifer demokratischer Urteilskompetenz.

Für manche besteht die vermeintliche Unfähigkeit der Politiker darin, dass sie zu viel reden. Ist da was dran? Teilweise. Leute, die sich furchtbar gern reden hören, trifft man überall, aber in der Politik tummeln sich tatsächlich besonders viele von dieser Sorte. Das kann nerven, ja. Doch die Geringschätzung des Redens reicht weiter, sie richtet sich nicht gegen die rhetorische Eitelkeit dieses oder jenes Politikers, sondern gegen das Sprechen an sich. Sprechen aber ist in der Demokratie nicht das Gegenteil von Handeln. Demokratisches Handeln besteht zu 99 % aus Sprechen, *muss* daraus bestehen. Sklaven lassen sich herbeischnipsen, Untertanen kann man zuwinken, für Anordnungen reicht ein Stempel, für Todesurteile ein gesenkter Daumen, aber zwischen verschiedenen Interessen vermitteln, andere Menschen überzeugen, gegensätzliche Positionen miteinander in Einklang bringen – das geht nur durch Sprechen. Sprache ist das Handwerkszeug demokratischer Politik.

Wenn etwas mit dem politischen Reden nicht stimmt, dann dass es zu wenig *Miteinander*-Reden ist. Und dazu gehört nicht nur Reden, sondern auch Zuhören. Demokratie lebt vor allem auch von diesem Einander-Zuhören. Es täte ihr gut, wenn mehr Politiker öfter mal aus dem Hamsterrad des politischen Schaukampfes steigen, den Drang zur vehementen Verteidigung und zum schlagzeilen-tauglichen Ausspruch bändigen und versuchen würden, die Position der Gegenseite zu verstehen. *Wirklich* verstehen, nicht nur eine interessierte Miene aufsetzen.

Die meisten Menschen stören sich jedoch an etwas anderem. Weniger daran, *wieviel* Politiker reden, als vielmehr daran, *wie* sie reden. Und ist es nicht wirklich so, dass der schreckliche Polit-Sprech uns anödet und ratlos zurücklässt? Diese vagen Formulierungen und vorgefertigten Satzbausteine mit einer so glatten Spezialbeschichtung, dass jeder kritische Tropfen daran abperlt? Routiniert abgespulte Worthülsen, die keinerlei politischen Nährwert besitzen?

Doch diese Klage ist genauso öde und abgedroschen wie die Politikersprache selbst. Interessanter ist die Frage: *Warum* reden die so? Ein Grund liegt in der Natur politischen Handelns. Es lebt vom richtigen Moment. Ihn muss abwarten, wer politisch etwas erreichen will.

2  ÜBER VIELFALT UND DAS DEMOKRATISCHE ENTSCHEIDEN

Wer alle seine Absichten zu jeder Zeit freimütig zum Besten gibt, hat verloren. Wer seine persönlichen Pläne früh und wiederholt hinausposaunt, etwa dass er den Vorsitz seiner Partei anstrebt, wirkt unausstehlich. Also muss er seine Absichten im Vagen lassen.

Wirkt unausstehlich – auf wen denn? Auf uns natürlich. Die Art des Redens hängt maßgeblich von uns, den Zuhörern, den Bürgern ab. Und damit kommt der zweite Grund für den politischen Floskelbetrieb ins Spiel. Wir mögen die Floskeln nicht, aber wir wollen sie trotzdem hören. Wie bitte? Ja, richtig gehört. Durch unsere Reaktionen auf eindeutiges und ehrliches Reden rufen wir das hervor, was wir ablehnen. Weil wir früh artikulierte Ambitionen von Politikern missbilligen, sondern sie Floskeln ab wie »Diese Frage stellt sich jetzt nicht«. Weil wir begrenzte Sachkenntnis verurteilen, verstecken sie sich hinter wolkigen Formulierungen. Weil wir Abweichungen von Positionen als wortbrüchig brandmarken, auch wenn sie einem Kompromiss dienen, bleiben sie im Ungefähren.

Zur Verantwortung der Bürger einer Demokratie gehört es gewiss, das politische Personal mit kritischem Blick zu verfolgen. Nicht dazu gehört jedoch, sich am Joint der Dauerempörung zu berauschen. Demokratischer wäre es, unseren eigenen Einfluss zu hinterfragen. Unseren Einfluss? Genau, den Einfluss durch unsere Erwartungen. Wir erwarten nicht nur extrem viel von Politikern. Sachkenntnis, Lernfähigkeit, Entscheidungsfreude, Ehrlichkeit, kommunikative Kompetenz, Authentizität, Kritikfähigkeit, verständliche Ausdrucksweise, rhetorisches Geschick und und und. Eine eierlegende Wollmilchsau ist dagegen einseitig begabt. Aber hohe Erwartungen sind in Ordnung. Sondern das eigentliche Problem ist, dass unsere Erwartungen widersprüchlich sind. Politiker sollen schnell entscheiden, aber alle mitnehmen. Sie sollen Klartext reden, aber ja nicht des Bürgers Empfindlichkeiten verletzen. Sie sollen griffige Formulierungen raushauen, aber immer gut zuhören. Weit ausgreifende Visionen sollen sie haben und zugleich jeden Aktenvermerk kennen. Sie sollen führen, aber bitte nicht zu sehr. Sie sollen herausragend sein, nur bloß keine Elite. Sie sollen politische Profis sein, doch genauso das »wirkliche Leben« kennen. Öffentlich sichtbar sollen sie sein, aber nicht me-

83

diengeil. Weltläufig, aber zugleich volksnah. Prinzipienfest, aber genauso lernbereit. Machthungrig dürfen sie nicht sein, Weicheier aber auch nicht. Leute, Leute, was wollt ihr denn?

Und noch etwas sollten wir bedenken: Demokratie lebt vom Engagement für das Gemeinwesen. Die Menschen, die dies professionell tun, heißen Politiker. Sie generell für Abschaum zu halten, ist undemokratisch. Nicht nur, weil pauschaler Hass gegen Gruppen immer undemokratisch ist. Sondern weil sie diejenigen sind, die besondere Verantwortung für die demokratische Gemeinschaft übernehmen. Viele vernachlässigen dafür Familie und Freunde, viele werden durch die harten Kämpfe über die Jahre zu Kotzbrocken. Das ist ein Opfer. Man muss sie nicht sympathisch finden, man muss ihre Politik nicht gutheißen, aber ein Quäntchen Anerkennung wäre angebracht.

Schon klar, Politiker tun das nicht nur aus altruistischen Motiven. Wer im Bundestag sitzt, hat manch feine Privilegien. Es ist ein verdammt gutes Gefühl, in jedes Ministerium hineinspazieren zu können, während Otto Normalbesucher allenfalls nach Anmeldung und gründlicher Durchleuchtung von Jacke und Taschen durchgelassen wird. Auch befriedigt das politische Geschäft sehr angenehm das Bedürfnis nach Aufmerksamkeit. Aber hallo, das ist in anderen Branchen nicht viel anders. Wer frei ist von Eitelkeit, der werfe den ersten Stein.

Eine grundsätzliche Anerkennung ist auch wichtig, weil politische Ämter in einer Demokratie attraktiv sein müssen. Denn sie ist darauf angewiesen, dass Bürger bereit sind, Verantwortung für das Gemeinwesen zu übernehmen. Wer aber will Ämter übernehmen, mit denen man nur Schimpf und Schande erntet und Verachtung auf sich zieht? Deshalb: Wer den Wind des Hasses auf die politische Elite sät, wird antidemokratischen Sturm ernten.

Die Beziehung zwischen Politikern und Bürgern ist wahrlich keine Liebesbeziehung. Aber eine Einsicht aus persönlichen Beziehungen dürfen wir uns zu Herzen nehmen: Wie sie laufen, liegt niemals nur an einer Seite, sondern immer an beiden. Wollen wir etwas verbessern, sollten wir unsere eigenen Erwartungen und Haltungen überdenken. Damit kann jeder bei sich selbst anfangen.

## Konzepte, Kreativität, Kaninchenzüchter
*Die Tiefendimension der Demokratie*

Parlamente, Parteien, Politiker – das alles ist für die Demokratie wichtig. Doch darüber vergessen wir allzu leicht, dass Demokratie weit mehr ist. Oft haben wir dieses Bild im Kopf: Demokratie = Wählen = eine Mehrheit wählen = die Mehrheit drückt ihren Willen durch. Ein verbreitetes Bild, aber falsch. Es entspricht dem, was in manchen Ländern unter dem Label »Demokratie« läuft. Mit echter Demokratie hat es allerdings wenig zu tun.

Demokratie heißt Wählen – das ist so, als würde man sagen: Lehrer sein heißt, Zeugnisse zu schreiben. Natürlich, sie schreiben auch Zeugnisse. Das ist ein Teil ihrer Arbeit. Aber eben nur ein Teil und sicherlich nicht der wichtigste. Viel wichtiger ist der Unterricht, die Vorbereitung auf den Unterricht, die Gestaltung von Bildung, die Gespräche mit Schülern, vielleicht auch Klassenfahrten. So ist es auch mit der Demokratie: Wahlen sind wichtig, aber nur ein Ausschnitt. Daher gingen auch etliche Versuche in die Hose, eine Demokratie zu installieren. Man glaubte, mit freien Wahlen sei die Hauptsache erledigt. Dabei fehlte etwas Wesentliches.

Was ist dieses Wesentliche? Was nimmt in der Demokratie den Platz ein, den beim Lehrer das Unterrichten und Bilden hat? Nun, *Bildung* gehört auch hier dazu: die Bildung eines eigenen Urteils nämlich, die Bildung eines politischen Willens. Denn wenn Demokratie Volksherrschaft bedeutet, dann muss das Volk wissen, was es will. Und da »das Volk« nichts wollen kann, sondern nur viele Einzelne etwas wollen, müssen diese Einzelnen sich auskennen und wissen, was sie wollen, was sie denken, wie sie urteilen, was ihnen wichtig ist. Zu dieser politischen Bildung gehört, sich zu informieren, zu beobachten, seinen Standpunkt formulieren zu können, Gründe anzugeben, aber auch Behauptungen zu hinterfragen, nicht nur die anderer Leute, sondern auch die eigenen.

Wenn diese politische Bildung Teil der Demokratie ist, dann heißt das: Demokratie findet nicht nur bei Wahlen statt, sondern immer schon da, wo Bürger sich mit den Belangen des Gemeinwesens, mit

Politik beschäftigen. Demokratie fängt beim Zeitunglesen an. Beim politischen Gespräch in der Betriebskantine. In der Schule.

Doch das ist nicht alles. Die Bildung des politischen Willens ist eines, seine Durchsetzung etwas anderes. Dafür gibt es hundert Wege. Wahlen sind einer davon, ein besonderer. Und die anderen 99? Sie sind all das, was Bürger tun, um ihre Anliegen in die Politik zu bringen. Sie beraten sich und stimmen sich ab, sie organisieren sich, locker oder straff, sie werben für ihre Ziele, laut oder leise, am besten beharrlich, sie informieren die Öffentlichkeit, immer wieder und möglichst gut formuliert, sie betreiben Blogs und drucken Flyer, möglichst gut gestaltet, sie teilen auf Facebook nicht nur Selfies aus Paris, sie schreiben Petitionen, veranstalten Podiumsdiskussionen und Seminare, Demonstrationen und Mahnwachen, auch im Winter, wenn es schneit, sie diskutieren mit Entscheidungsträgern, streiten mit Verwaltungen, auch wenn es nervt, sie sprechen mit Abgeordneten, ändern ihre Konsumgewohnheiten, auch wenn es schwer fällt, sie helfen anderen, überzeugen andere, tun sich mit anderen zusammen.

All das ist politische Teilhabe, all das ist Demokratie. Wir müssen uns von der Vorstellung verabschieden, dass Demokratie allein das ist, was in Bundestag, Kanzleramt und Ministerien geschieht. Demokratie findet überall statt, in Tausenden und Abertausenden von Vereinen und Verbänden, in traditionsreichen Stiftungen ebenso wie in spontanen Zusammenschlüssen, in lokalen Bürgerinitiativen wie in bundesweit auftretenden Interessenverbänden, in wissenschaftlichen Arbeitsgemeinschaften wie in Kirchen, in internationalen Netzwerken wie in Dorfvereinen. Das ist die *Zivilgesellschaft*. Durch diese unzähligen nicht-staatlichen Adern und Äderchen fließt das Blut des Diskurses, der Meinungs- und Willensbildung, der Einflussnahme, der Eigeninitiative und des Engagements. Dieses Blut ist das Leben der Demokratie. Eine Demokratie ist so lebendig, wie die Zivilgesellschaft stark ist. Ohne starke Zivilgesellschaft ist die Demokratie wie ein Baum mit schwachen Wurzeln. Er wird vom nächsten Sturm umgeweht.

Eine Demokratie ohne starke Zivilgesellschaft ist nicht nur schwach, sondern auch blind. Denn nur hier werden gesellschaftliche Probleme überhaupt wahrgenommen und erstmals formuliert. Nur

2   ÜBER VIELFALT UND DAS DEMOKRATISCHE ENTSCHEIDEN

hier spürt man, wo der Schuh drückt. Im Bundestag drückt nichts. Kinderarmut ist im Sozialministerium nicht spürbar, das Insektensterben wird nicht im Umweltministerium beobachtet, die miserablen Arbeitsbedingungen von Pflegekräften werden nicht zuerst im Gesundheitsministerium beschrieben. Sondern es sind aufmerksame, tatkräftige Bürger in Sozialverbänden, in Umweltverbänden, in Gewerkschaften und vielen anderen Organisationen. Es sind Akteure der Zivilgesellschaft, die die Missstände erkennen und zur Sprache bringen. Zugleich lassen sich die Probleme in der Zivilgesellschaft ungezwungener und ausführlicher diskutieren, befreit vom Entscheidungsdruck und von den Zwängen, die das grelle Licht der Öffentlichkeit mit sich bringt.

Probleme erkennen ist wichtig, aber was ist mit den Lösungen? Auch sie entwickeln wir innerhalb der Zivilgesellschaft. Sie ist der Acker, auf dem die neuen Ideen keimen. Das Neue und Ungewohnte wird hier vorgedacht. Hier lässt sich ausprobieren, was zunächst ausgefallen und sonderbar erscheint. Hier dürfen Anfänge tastend und experimentierend sein, ja holperig und unbeholfen. Die neuen Konzepte entstehen nicht in den Parteizentralen, den Abgeordnetenbüros und Ausschusssitzungen mit ihrem täglichen Gerödel, nicht beim Abfassen von Wahlprogrammen, nicht in kurzatmigen Statements vor hingehaltenen Mikrofonen und nicht in den verbalen Raufereien der Talkshows. Parteien und Politiker sind nicht Ideengeber, sondern Vermittler und Verarbeiter von Ideen, sie machen sie politisch handhabbar. Auch im politischen System muss man kreativ sein, aber es ist eine eingezwängte Kreativität, sie bewegt sich auf Gleisen, die schon gelegt sind, stets unter Druck und kritischer Beobachtung. Wirklich neue Wege lassen sich nur gehen, wo wir frei sind von Parteistrategien und Fraktionsfesseln, frei von den strengen Regeln der Institutionen, frei auch vom Zwang stetiger öffentlicher druckreifer Rechtfertigung. Dort, wo wir ungezwungen in alle Richtungen nachdenken und vordenken können, unabhängig, unfertig, zukunftsoffen, ergebnisoffen. Die Zivilgesellschaft ist eben auch das: der nötige demokratische Spielplatz, ein Thinktank, eine Erfinderwerkstatt, ein Brainstorming, ein Segeltörn mit offenem Ende.

Konzepte, Kreativität, Kaninchenzüchter – Die Tiefendimension der Demokratie

Klingt ja alles toll. Aber nützt es am Ende etwas? Ist es mehr als schöne Theorie? Hat zivilgesellschaftliches Engagement Erfolg? Und wie! Beispiele gibt es in Hülle und Fülle. Vor allem auf lokaler Ebene werden wir leicht fündig. Ob es die Ausweisung eines Naturschutzgebietes ist oder der Bau der Umgehungsstraße, der Zuschuss fürs Jugendzentrum oder der Ausbau der kommunalen Kleinkindbetreuung – Bürger mischen kräftig mit, setzen sich ein und setzen sich durch. Auch auf nationaler Ebene ist die Zivilgesellschaft wirksam. Nur sind die Erfolge hier schwerer zu durchschauen. Einsatz und Ergebnis, Ursache und Wirkung sind nicht immer so eindeutig nachzuzeichnen wie bei einer Billardkugel, die mit einem Schuss ins Loch gesetzt wird. Denn auf dem nationalen Billardtisch rollen sehr viele Kugeln, kleine und große, und unzählige Queues von Hunderten von Spielern stochern durcheinander. Die Zivilgesellschaft ist stark in Deutschland mit seinen über 20 000 Stiftungen und über 600 000 Vereinen. Fast jeder zweite engagiert sich ehrenamtlich, die Tendenz geht nach oben.

Sensorium, Kreativitätsquelle und Sprachrohr – all das ist die Zivilgesellschaft. Und sie ist auch der Ort, wo der gesellschaftliche Pluralismus heimisch ist. Wie, kommt er im politischen System etwa nicht vor? Doch, sicher, aber dort ist die gesellschaftliche Vielfalt immer schon gefiltert und kanalisiert. Der vielgestaltige gesellschaftliche Fluss kommt nicht ungefiltert in der Politik an, er durchläuft Raster, Siebe und Flaschenhälse, die kunterbunte Vielfalt steht unter der Knute von Parteivorsitzenden und anderen Platzhirschen. In der Zivilgesellschaft hingegen kann sich die Vielfalt ungehindert ausleben. Hier sprießen und gedeihen die verschiedenen Lebensformen und Überzeugungen, hier können sie sich formen und finden, recken und strecken, sich ausdrücken und für sich werben, neu organisieren und durchmischen, sich befruchten und voneinander absetzen. Und vor allem kann der gesellschaftliche Diskurs sich hier in allen Verästelungen entfalten, auf den kühlen Höhen der Abstraktion ebenso wie in heißen Details, bei den großen, gebirgsschweren Problemkomplexen wie bei den mückenkleinen Fragen.

Die Zivilgesellschaft ist also nicht eine Zutat zur Demokratie, nach dem Motto: ist auch schön. Auch nicht bloß das »Salz in der Suppe«. Denn eine Suppe ohne Salz ist immer noch eine Suppe, eine Demokratie ohne lebendige Zivilgesellschaft hingegen ist gar keine Demokratie, sondern eine tote Maschinerie.

Ist die Zivilgesellschaft quasi die bessere, die eigentliche Demokratie? Nein. Sie ist mit vielen Fäden und Strängen mit dem politischen System verknüpft und soll es sein, aber sie kann nie an dessen Stelle treten. Dazu ist sie zu ungeordnet, zu regellos, zu sehr gesellschaftliche Wildnis. Demokratie braucht ebenso die geordnete Kulturlandschaft der politischen Institutionen mit ihren klaren Formen und festen Regeln. Der Strom des zivilgesellschaftlichen Eifers und Einsatzes muss durch die harten Kanäle der demokratischen Verfahren gehen, die für alle zugänglich sind. Nur so kann Fairness, Chancengleichheit und Transparenz gewährt sein. Die Organisationen der Zivilgesellschaft mögen sich für das Ganze einsetzen, sie können das Ganze beeinflussen, aber sie können nicht für das Ganze sprechen. Dafür sind sie nicht legitimiert.

Um die Politik beeinflussen zu können, braucht es starke Verbindungen zwischen Zivilgesellschaft und politischem System. Eine solche Verbindung sind die Parteien. Die Parteien gehören nicht mehr ganz zur Zivilgesellschaft, aber ebenso wenig ganz zum Staat. Sie liegen dazwischen, und genau deshalb kommt ihnen eine Mittlerposition zu. Sie sind ein Transmissionsriemen zwischen Zivilgesellschaft und Staat. Ihre Aufgabe ist es, Themen und Denkweisen aus der Gesellschaft in den Staat zu befördern. Klingt einfach, ist es aber nicht. Für Parteien, die nicht in Parlamenten vertreten sind, ist es schwer hineinzukommen und im politischen System mitzuwirken. Für Parteien, die in den demokratischen Institutionen fest verankert sind, ist es dagegen schwer, das Ohr an der Zivilgesellschaft zu halten und empfänglich für ihre Impulse zu bleiben. Damit das trotzdem geschieht, damit der Transmissionsriemen nicht erlahmt, braucht es den Druck anderer Organisationen aus der Zivilgesellschaft.

Dennoch reicht das nicht, denn Parteien sind schwerfällig und in ihrer Verarbeitungsfähigkeit beschränkt. Es braucht darüber hinaus ein Mittel des politischen Einflusses, das nicht auf Parteien angewie-

89

sen ist. Volksentscheide sind dieses Mittel. Mit ihnen kann die Zivilgesellschaft viel stärker und eigenständiger politisch wirksam sein. Die Parteien sind dann nicht mehr die bulligen Türsteher, die den Eingang zur Disco des politischen Systems versperren und unliebsame Themen zurückweisen können, sondern die Tür steht offen, wir können lässig eintreten. Werden die Parteien damit nicht geschwächt? Keineswegs, sie werden gestärkt, nämlich in ihrer eigentlichen Rolle. Sie werden durchlässiger für den Willen des Volkes. Direkte Demokratie ist für die Parteien eine Schulung in politischer Sensibilität, ein Lehrgang im Zuhörenkönnen. Das Ohr der Parteien wird automatisch mehr an der Zivilgesellschaft dran sein, wenn diese selbst stärker in Erscheinung tritt. Volksentscheide kräftigen also die Zivilgesellschaft, sie stärken die Anbindung an das politische System. Und sie demokratisieren sie zugleich, denn bei Volksentscheiden setzen sich nicht unbedingt die Lautesten durch oder die mit dem besten Draht ins Ministerium, sondern diejenigen, die die Mehrheit der Gesellschaft überzeugen können.

Wo es um Einfluss geht, geht es um Macht. Wo es um Macht geht, wird Macht gesichert, auch wenn es nur ein Mächtchen ist. Deshalb ist auch die Zivilgesellschaft keine demokratische Idylle. Das gilt nicht nur für Parteien. Auch rein zivilgesellschaftliche Organisationen sind nicht frei von Vermachtungen und Verkrustungen. Die Alten schauen auf die Jungen herab, ergraute Vorreiter sind jetzt Vorsitzende, die einstigen Wegbereiter versperren die Wege. Bürokratie, Hierarchien und alte Seilschaften sind wichtiger als Initiative und neue Ideen, das Protokoll der letzten Sitzung wichtiger als das Projekt von morgen. Aber das Gute ist: Die Tür zum Neuen steht immer offen. Der einzelne Verein mag satt und starr sein, doch die Zivilgesellschaft ist nie gesättigt, nie fertig, sie bietet immer Raum für eigene Initiativen. Jeder kann frisch anfangen. Auch insofern ist die Zivilgesellschaft eine Sphäre der Freiheit.

Die Zivilgesellschaft ist nicht nur der Kampf um politische Gestaltung. Sie ist größer. Wie die Ringe des Saturns ziehen sich weite Kreise bürgerschaftlichen Engagements um den Planeten der politischen Öffentlichkeit. Denn wenn Demokratie Selbstherrschaft bedeutet und die Zivilgesellschaft diese Selbstherrschaft auch im Kleinen darstellt, dann zählt jede selbstorganisierte, freiwillige und gemeinschaftliche Gestaltung gemeinsamer Angelegenheiten dazu. Das geht vom Alpenverein zur Zirkuswerkstatt, vom Gesangsverein zum Tennis-Club, vom Künstlerbund bis zum gern belächelten Kaninchenzüchterverein. Auch bei der gemeinsam organisierten Beschäftigung mit dem Deutschen Riesenschecken oder dem Satin-Thüringer mit dem seidigen Fell wird das geschult, worauf es ankommt: Eigeninitiative, Selbstorganisation, Teilhabe und Verantwortung freier und gleicher Bürger.

## Schnecken und Elefanten
### Das Tempo der Demokratie

Wer auch immer entscheidet, demokratische Entscheidungen sind oft langsam. Quälend langsam. Geht es ohne Demokratie schneller? Aber sicher, viel schneller. Unliebsame Menschen können fix verurteilt werden oder gleich ohne Prozess im Kerker verschwinden. Da wird nicht lange gefackelt, das spart enorm Zeit.

Auch das Raffen geht ohne demokratische Kontrolle rascher. Autoritäre Staaten sind meist Moloche der Korruption, in denen die wenigen, die etwas zu sagen haben, sich die Taschen vollstopfen und alle anderen in die Röhre gucken. Ansonsten geht in diesen Ländern kaum etwas schnell. Weder finden die Menschen schnell einen Job, noch bekommen sie schnell eine Wohnung und schon gar nicht ihr Recht. Überhaupt funktioniert in undemokratischen Ländern oft recht wenig, wenn man mal absieht von den automatischen Swimmingpool-Reinigungsanlagen in den Villen der Mächtigen. Oder den Limousinen, mit denen sie sich zum Flughafen chauffieren lassen, um sich in westlichen Krankenhäusern behandeln zu lassen.

Aber gibt es nicht auch autoritär regierte Länder, die nicht nur schnell sind, sondern darüber hinaus gut organisiert? Ja, die gibt es. China zum Beispiel, da geht es zügig und effizient voran. Nehmen wir das Beispiel Dreischluchten-Talsperre: ein gewaltiges Projekt, die über 600 km lange Aufstauung des Jangtse, Asiens längsten Flusses, das größte Wasserkraftwerk der Welt, 32 Turbinen mit über 22 Gigawatt. Während man in Deutschland schon für einen neuen Bahnhof viele Jahre benötigt und sich um jede Fledermaus sorgt, die da herumflattert, ging das chinesische Mammutprojekt rasch über die Bühne. Keine unzähligen Verhandlungen, nicht zig Anhörungen, Einsprüche, Sachverständigengutachten, sondern: Beschluss, Bauen, Beton.

Wie das geht? Ganz simpel: indem die Leute nichts zu melden haben. Die Menschen, die betroffen sind. Die 1,3 bis 2 Millionen, die im Hauruckverfahren zwangsumgesiedelt wurden. Die Entwurzelten, die in den 13 überfluteten Städten lebten und ihre Heimat verloren. Die Bauern, die ihr fruchtbares Land aufgeben mussten und nun auf kargen Böden ackern müssen. Die vielen Millionen Menschen, die mit den ökologischen Folgen zu kämpfen haben. Sie alle hatten nichts zu melden. Das ist der Preis für Schnelligkeit: Maul halten, Fremdbestimmung, nicht Herr seines Lebens sein.

Und das ist auch der Grund, warum Demokratie langsam ist, langsam sein *muss*: weil verschiedene Interessen zu berücksichtigen sind, weil um die beste Lösung gestritten werden muss, weil die Macht der Mächtigen begrenzt ist, weil Entscheidungen der Politik und Verwaltung angreifbar sind, weil Menschen beteiligt werden. Das ist mühsam, das braucht Zeit, das ist nervig. Klar, manchmal liegt es auch an fehlendem politischem Willen oder an Beamten mit suboptimal entwickelten Kompetenzen. Aber das gibt es anderswo genauso oder noch mehr. Der eigentliche Grund für die Langsamkeit der Demokratie ist ihr ureigenes Wesen: die Rücksicht auf Menschen und ihre Beteiligung.

Das ist der Sinn all der komplizierten und zeitaufwendigen Verfahren, denen sich die Politik unterwerfen muss. Nehmen wir nur den Deutschen Bundestag: erste Lesung im Plenum, Ausschusssitzungen, Sitzungen der Fraktionsarbeitsgruppen, Expertenanhörungen, monatelange Beratungen, Abstimmung mit den beteiligten Ministerien, zweite Lesung, dritte Lesung und dann endlich, endlich ein Beschluss. Doch dann kommt der Bundesrat an die Reihe und muss auch noch zustimmen, und am Ende landet das Gesetz vielleicht vor dem Bundesverfassungsgericht. Bei bundesweiten Volksentscheiden ginge es nicht schneller. Diese Zeitlupenhaftigkeit ist kein Selbstzweck, auch keine schlechte Gewohnheit, sondern dient der Transparenz, der Korrektur und Korrigierbarkeit, der Machtbegrenzung, der Berücksichtigung verschiedener Interessen. Ja, letztendlich wird all dieser Aufwand betrieben, weil – auch wenn man es im politischen Alltag kaum spürt – jeder Einzelne zählt.

So sehr uns die Langsamkeit manchmal auf die Nerven geht, sie ist ein Qualitätsmerkmal der Demokratie. Wer grundsätzlich ein rasches Ende politischer Beratungen fordert, hat Demokratie nicht zu Ende gedacht.

Aus demselben Grund ist übrigens auch Bürokratie ein Preis der Demokratie. Die Bürokratie, dieses Biest, diese Kreuzung zwischen Drache und Faultier, Geißel aller Bürger und Betriebe? Ja. Das heißt natürlich nicht, dass Behördentrödelei und Paragrafenreiterei und jeder Formularwahnsinn gerechtfertigt sind. Zu viel Bürokratie nervt nicht nur, sondern kann die freie Initiative lähmen. Doch Bürokratie heißt Regeln befolgen, und Regeln können Menschen auch schützen, und zwar alle gleichermaßen, nicht nur einige. Regeln zum Verbraucherschutz zum Beispiel oder Brandschutzverordnungen. Und in einem demokratischen Staat ist die Verwaltung dazu angehalten, alle Beteiligten anzuhören, alle nach denselben Regeln zu behandeln, ihr Handeln zu begründen und zu dokumentieren, so dass es transparent ist, nachvollziehbar und kontrollierbar. Das führt zu Bürokratie. Sie ist kein Geschwür der Demokratie, sondern eine ihrer unvermeidlichen Früchte. Nicht lecker, aber aufs Ganze gesehen und bis zu einem gewissen Maße bekömmlich.

Wo wir gerade von Biestern und Botanik sprechen: Manchmal heißt es, Demokratie sei eine Schnecke. Naja, sie hinterlässt keine Schleimspur und frisst niemandem den Salat weg. Nein, das Bild der schleimigen Plagegeister ist verfehlt. Wenn schon ein Bild, dann so: Die Demokratie ist eine Elefantenherde. Sie stapft meist nur allmählich voran, aber alle kommen mit, auch die Kleinen.

Soweit das Ideal. Das Problem bei uns ist jedoch nicht, dass die Herde zu gemächlich läuft, sondern dass sie häufig zu schnell rennt. Unsere Demokratie leidet nicht an zu wenig, sondern an zu viel Tempo. Seit Jahren verkürzt sich die Dauer der Gesetzgebungs-verfahren im Bundestag. Entscheidungen werden atemlos durchs Parlament gepeitscht. Oft wissen die meisten Abgeordneten nur vage, worum es geht. Von gründlicher Durchdringung der Materie keine Spur, von ausführlichem Diskurs nichts zu sehen. Ist das schlimm? Ja, denn so kommt die nötige gesellschaftliche Beteiligung zu kurz. Und eilig zusammengeschusterte Gesetze sind nicht nur ein Ärger-nis für Beamte und Richter, die sie anwenden und auslegen müssen, sondern sie treffen auch Bürger, deren Interessen unter die Räder kommen.

Warum diese Hektik? Zum Teil liegt es an der Demokratie selbst, genauer: am politischen Wettbewerb. Denn der macht es nötig, sich unentwegt zu profilieren. Der politische Gegner schläft nie, also schnell zupacken. Nicht lange fackeln, denn wer lahm und entschei-dungsschwach wirkt, ist erledigt. Irgendwo ist immer Wahlkampf, deshalb: Spot an, Trommelwirbel und, tataa, meine Damen und Her-ren, hier unsere nächste Entscheidung!

Doch die Beschleunigung der Politik wird auch durch eine be-schleunigte Gesellschaft angetrieben. Die Welt dreht sich schneller, eine Krise folgt der anderen, die Ereignisse überschlagen sich, dau-ernd kracht es irgendwo, Terroranschläge stacheln zu politischen Schnellschüssen an, politische Umstürze verlangen Antworten, neue Technologien entwickeln sich in rasender Geschwindigkeit, gestern das Smartphone, morgen schon das selbstfahrende Auto, die Gesell-schaft rennt im Hamsterrad und die Politik hechelt hinterher. Die so-zialen Medien tragen ihren Teil dazu bei, in der Öffentlichkeit eine erhitzte, getriebene, aufgepeitschte Atmosphäre zu erzeugen. In je-der Sekunde wird wild kommentiert, gelikt und retweetet, was der Touchscreen hergibt. Ein permanentes aufgeregtes Geschnatter wie bei einer riesigen Gänseschar. Und wie bei Gänsen üblich, wird viel gefaucht und gedroht.

Was können wir tun? Nicht sehr viel. Die Welt lässt sich nicht anhalten. Und natürlich kann es nicht darum gehen, die Hände in den Schoß zu legen. Es darf etwas viel Altmodischeres sein: Mut zur Langsamkeit. Zu der Langsamkeit, die der Demokratie eigen und angemessen ist. Die Politik sollte immer wieder innehalten, Atem holen, sich Zeit nehmen. Vor allem das Parlament darf sich nicht von der Regierung hetzen lassen, sondern muss auf ausführlicher Beratung und Debatte beharren. Und hier spielen auch unsere Erwartungen eine Rolle. Im trauten Heim schwören wir auf das Nickerchen am Samstagmittag, auf Yoga zur Entspannung, auf Achtsamkeitsübungen und Slow food. Entschleunigung wollen wir alle, nur in der Politik soll es zack, zack gehen. Doch wir sollten gutes Regieren nicht mit hektischem Regieren verwechseln, Tatkraft nicht mit Rastlosigkeit.

Es geht ja nicht um Wellness für die gestresste Politikerseele, sondern um mehr Qualität und Legitimität demokratischer Entscheidungen. Je mehr Zeit, desto mehr Nachdenken und Vordenken, desto mehr behutsames Abwägen und Ausloten ist möglich. Desto mehr Sichtweisen können berücksichtigt werden. Zeit ermöglicht Rücksicht. Rücksicht auf andere Sichtweisen, und das heißt letztlich: Rücksicht auf Menschen.

## Bringt doch alles nichts?
### *Der demokratische Frust*

Es bleibt ein bohrendes Unbehagen. Volksherrschaft hört sich super an, aber man merkt nichts davon. Wahlen ändern nichts, die Politiker machen, was sie wollen, und der Einzelne hat nichts zu melden. Das Epos von politischer Freiheit, von Mitbestimmung und Beteiligung kommt so verheißungsvoll daher und entpuppt sich als Ammenmärchen, unglaubwürdig und kläglich. Die Demokratie ist ein großes Versprechen, aber, verdammt noch mal, sie hält es nicht. – So lautet die verbreitete Klage.

Der demokratische Frust, er macht sich breit. Er nährt sich aus Enttäuschung und dem Gefühl der Ohnmacht. Enttäuschung über Beteiligungsrechte, die nur schöne Fassade zu sein scheinen. Ohnmacht gegenüber gesellschaftlichen Entwicklungen, die man missbilligt, und einer Politik, die so weit entfernt scheint wie der Mond. Der Frust drückt sich in Wahlverweigerung aus, in Verachtung nicht nur für Parteien und Politikern, sondern für das ganze politische System.

95

Ist dieser Frust ein Problem für die Demokratie? Ja. Ist er verständlich? Vielleicht. Ist er berechtigt? Nein. Am demokratischen Frust kann man sich nicht nur berauschen, mit bedenklichen Folgen, von ideellem Torkeln und politischer Desorientierung bis zu Aggression und Hass. Das Gesöff ist auch aus verdorbenen Zutaten gebraut. Nämlich aus falschen Erwartungen und aus Bequemlichkeit.

Als erstes ist nochmals an etwas Selbstverständliches zu erinnern: Wir sind viele. Der Einzelne zählt, aber die anderen 82 Millionen Einzelnen ebenso. Diese Millionen sind sich nicht einig. Gespräch und Verständigung sind unendlich wichtig, doch zum allumfassenden Konsens führen sie nicht. Da wir nicht in alle Ewigkeit diskutieren und verhandeln können, sondern Entscheidungen treffen müssen, entscheidet letztlich die Mehrheit. Die Entscheidung der Mehrheit ist bestenfalls klug, umsichtig und aus Gesprächen geboren, dennoch ist es eine Mehrheitsentscheidung. Wo es eine Mehrheit gibt, gibt es eine Minderheit. In der Minderheit sein, den Kürzeren ziehen, Niederlagen einstecken – *dieser* Frust gehört zur Demokratie wie der Gestank zum Schweinestall. Dass die Demokratie ihn uns erspart, hat niemand versprochen. Demokratie ist nicht die Garantie, sich durchzusetzen, sondern die Chance dazu.

Es stimmt, ohne Volksentscheide auf Bundesebene sind die demokratischen Einflussmöglichkeiten kleiner, als sie sein könnten und sollten. Aber auch von direkter Demokratie sollte wir keine Wunderwirkungen erwarten. Vor allem kein Wunder der individuellen Einflussnahme. Auch dann haben wir es mit sehr vielen unterschiedlichen Interessen zu tun, auch dann ist demokratische Politik mühsam, auch dann bleibt es beim harten Kampf um Unterstützung, auch dann können wir in der Minderheit sein, auch dann ist das Leben kein Kindergeburtstag mit Spaßgarantie. Direkte Demokratie zaubert die gesellschaftliche Vielfalt nicht weg, sondern lässt sie in der Politik noch stärker sichtbar werden.

Wir dürfen die *Bedeutung* der politischen Freiheit nicht mit ihrer *Durchschlagskraft* verwechseln. Denn was Stärke und Unmittelbarkeit des Einflusses betrifft, ist die politische Freiheit stets geringer als die persönliche Freiheit. Im Privatbereich muss man nur mit sich selbst zurechtkommen, im Reich der Politik mit vielen anderen. Wer seine Wohnzimmerwände rosa streichen will, kann das machen. Er muss sich allenfalls mit der Familie oder WG-Bewohnern einigen. Das ist oft mühsam genug, aber machbar. Vor allem ist der eigene Einfluss auf diese Einigung nicht nur groß, sondern auch unmittelbar sichtbar, geradezu mit den Händen zu greifen. Der Einfluss auf politischer Ebene hingegen ist – aufs Ganze gesehen – nur in großer Verdünnung vorhanden. Das liegt nicht an Mängeln des Systems, sondern an der schlichten Tatsache, dass wir sehr viele sind. Persönliche Freiheit ist *Selbst*bestimmung, politische Freiheit ist nur *Mit*bestimmung.

Demokratie-Frustrierte erinnern manchmal an die Schlagersängerin Gitte Haenning, die in den 80er Jahren schmetterte: »Ich will alles, ich will alles, und zwar sofort.« Wer alles erwartet, wird enttäuscht. Deshalb führt der Demokratie-Frust in fortgeschrittenem Stadium zuweilen zu Wahnvorstellungen: Die Demokratie ist im Kern verrottet, alles ist am Einstürzen, das Land am Ende. Doch wer meint, das Land rutscht in den Abgrund, dessen Maßstäbe sind es, die verrutschen. Eine Reise in den Südsudan oder nach Somalia kann hier Abhilfe schaffen. Weißrussland tut es auch. Man muss es anscheinend betonen: Stabile rechtsstaatliche Demokratien sind im Durchschnitt freier, geordneter, sicherer, friedlicher, integrativer und wohlhabender als andere Länder. Sie stellen eine legitime Herrschaft dar, haben verlässlichere Institutionen und bieten weitaus mehr Chancen auf Teilhabe und Mitsprache. Deutschland gehört zu den demokratischsten, freiesten, wohlhabendsten und stabilsten Ländern der Welt.

Dennoch: Die Demokratie ist nicht vollkommen, nicht einmal annähernd, und sie wird es nie sein, weder hierzulande noch anderswo. Aber sie ist das einzige politische System, das mit seiner eigenen Unvollkommenheit und mit der Unvollkommenheit der Gesellschaft langfristig zurechtzukommen vermag. Denn wie keine andere politische Ordnung kann eine Demokratie sich korrigieren. Sie bietet die Möglichkeit, Fehlentwicklungen offen zu benennen, Entscheidungen rückgängig zu machen, politisches Personal auszutauschen, abweichende Positionen zu artikulieren, neue Probleme zu erkennen, sozialen Wandel zu integrieren und so Staat und Gesellschaft weiterzuentwickeln. Demokratien sind nie fertig. Sie sind flüssige Systeme, beweglich, lernfähig, zukunftsoffen. Man spricht auch von lebendiger Demokratie. Von einer lebendigen Diktatur hat noch niemand etwas gehört.

Ein weiterer Fehler der Frustrierten: Sie sind auf die Staatsspitze fixiert wie ein Frosch auf die Fliege. Wenn sie quaken, man könne nichts tun, es bringe alles nichts, dann haben sie das Kanzleramt und das Reichstagsgebäude in Berlin vor Augen und übersehen die zahllosen anderen Wege politischen Tuns. Nicht nur die Wege, die durch Kommunen und Bundesländer führen, sondern ebenso die vielen Wege jenseits des staatlichen Rahmens. Vieles von dem, was uns betrifft und prägt, wird nicht im Bundestag oder im Kanzleramt entschieden, sondern vor Ort. Im Betriebsrat etwa, bei den Elternvertretern in der Schule, im Dorf. Es gibt Tausende Orte, wo Entscheidungen getroffen werden, die uns betreffen. Auch das zeichnet Demokratie ja aus: dass nicht alles an einer Stelle entschieden wird. Also gibt es zig Orte, an denen wir die gemeinsamen Angelegenheiten wenigstens an einem Zipfel packen können.

Zivilgesellschaftliches Engagement bringt nichts? Gewiss, die Wirkungen sind schwer zu durchschauen, die Kanäle der Willensbildung folgen seltsamen Zickzackwegen und Schleifen, wie überall, wo viele Menschen zusammenwirken, es geht ein Stückchen vor und ein halbes Stückchen zurück, durch kleine Kapillargefäße, manchmal so fein, dass sie kaum zu sehen sind. Und dennoch geht da etwas durch.

Anstrengend? Und wie! Es hat ja auch niemand versprochen, dass Demokratie gemütlich ist wie ein Filmabend auf dem heimischen Sofa. Demokratie ohne Anstrengung ist wie Hirndoping: funktioniert nicht. Überhaupt, ist die Klage der Frustrierten nicht ein bisschen billig? Wer von ihnen hat sich in einer Bürgerinitiative vor Ort abgerackert? Wer hat eine Volksinitiative in seinem Bundesland auf die Beine gestellt? Wer hat ernsthaft versucht, etwas zu ändern? Man wird den Verdacht nicht los, dass die lautesten Meckerer die größten Couchpotatos sind. Sich vor der Glotze bei Maischberger oder Illner aufzuregen, war bisher der Gipfel ihres politischen Engagements.

Zur Freiheit gehört auch die Freiheit, sich nicht zu engagieren.

98

Ist schade, aber okay. Nicht okay ist es, zu motzen, ohne was zu machen. Die Demokratie-Frustrierten sind wie schmollgesichtige Mädchen, die in der Disco herumstehen und sich beschweren, dass niemand sie zum Tanz auffordert. Demokratie jedoch ist kein Ball, der Einzelne muss selbst in Erscheinung treten. Man möchte ihnen zurufen: Schluss mit dem beleidigten Genörgel, niemand wartet auf euch, aber es ist immer noch Platz für eine mehr. Steht auf und tanzt!

# 3

# ÜBER DEMOKRATISCHE
# HERRSCHAFT UND IHRE GRENZEN

## Robust und doch sensibel
### Wie Freiheit und Ordnung zusammenhängen

Demokratische Entscheidungsverfahren *sind* nicht nur feste Formen, sondern sie setzen auch feste Formen *voraus*. Die Zusammensetzung eines Parlaments wechselt, doch das Hohe Haus besteht fort. Staatsoberhäupter kommen und gehen, doch das Amt überdauert. Die Politik ändert sich, doch die Verwaltung bleibt bestehen. Richtersprüche fallen unterschiedlich aus, doch das Gericht hat Bestand.

Es sind feste *Institutionen*, die der Demokratie Form verleihen. Die Bildung des Volkswillens, das Miteinandersprechen, die Entscheidungsprozesse – so wichtig das alles ist, allein ist es wie Wasser ohne Gefäß. Es versickert und verdunstet, es hat keinen Bestand. Nötig sind feste Gefäße, damit die demokratische Willensbildung einen Ort hat, damit sie umgesetzt wird, damit eine demokratische *Ordnung* herrscht. Die Institutionen sind diese Gefäße.

Ordnung klingt nicht sexy. Wer jung ist, hat für Ordnung oft nichts übrig. Ist was für Spießer. Ordnung heißt, sein Zimmer aufräumen zu müssen, weil es nur dann Taschengeld gibt. Ordnung ist das, was Lehrer in den Schulheften vermissen, obwohl die Kritzeleien zwischen den Bruchrechnungen doch ganz gelungen sind und die Nutellaflecken nun wirklich nicht stören. Aber die jugendliche Geringschätzung von Ordnung hat meist nur Äußerlichkeiten im Blick. Und sie ist parasitär. Denn sie setzt immer schon eine Ordnung voraus. Die Ordnung etwa, in der man Anspruch auf Taschengeld hat. Die Ordnung, die in bestimmten Regeln besteht, auf deren Einhaltung man pocht. Auch durch den Lehrer. Selbst dann, wenn das Matheheft aussieht, als hätte man es einmal über den Frühstückstisch gezogen. Wenn sich jemand danebenbenimmt, ist das *nicht in Ordnung*.

Die Institutionen, die im Großen die Ordnung herstellen, stehen nicht allein. Sie sind miteinander verwoben. Dieses Gewebe ist der Staat. Staaten können autoritär, unterdrückerisch, totalitär sein, sie können eine schlimme Gewaltherrschaft ausüben. *Können* sie. Doch *ohne* Staat herrscht die Gewalt *in jedem Fall*. Somalia, Afghanistan, Syrien – wenn Staaten zerfallen, entsteht Raum für die furchtbarsten Verbrechen. Chaos gebiert Gewalt. Ein Staat nimmt die Gewalt in eine Hand. Durch dieses staatliche Gewaltmonopol verschwindet die Gewalt nicht, aber sie wird reduziert. Die Spirale von Gewalt und Gegengewalt wird durchbrochen. Raub und Rachedurst, Sadismus und Dominanzstreben haben es schwerer, sich durchzusetzen. Staatliche Institutionen können Ordnung schaffen.

Ordnung ist natürlich nicht dasselbe wie Freiheit, aber eine Voraussetzung dafür. Gleiche Freiheit für alle braucht eine Ordnung. Der einzelne Warlord erfreut sich auch im Durcheinander seiner kalaschnikowsken Freiheit, die Freiheit für alle hingegen ist auf stabile Institutionen angewiesen. Im Chaos wuchert die Freiheit des Stärkeren, die Stärke der gleichen Freiheit blüht nur in einer Ordnung.

Doch nicht in jeder Ordnung. Irgendeine Ordnung, irgendwelche Institutionen hat schließlich jeder kleine Diktator. Wann also sind ordnende Institutionen *demokratische* Institutionen? Dann, wenn sie demokratisch legitimiert und der Demokratie verpflichtet sind. Also dann, wenn sie aus fairen Entscheidungsverfahren hervorgehen und wenn sie Freiheit und Gleichheit sichern. Demokratische Institutionen behindern nicht die Freiheit, sondern schützen sie, ja ermöglichen sie erst.

Damit haben wir nicht nur ein Kennzeichen, sondern auch einen *Prüfstein* für demokratische Institutionen: Dienen sie der Freiheit und Gleichheit? Wenn ja, ist es gut. Wenn nicht, müssen wir sie reformieren.

Der kritische Blick auf die Institutionen ist das eine. Respekt ihnen gegenüber ist das andere. Ernsthaft, Respekt gegenüber Institutionen? Stammt das nicht aus der Mottenkiste des Obrigkeitsstaats? Steht es nicht in einer Reihe mit Gehorsam, Untertanengeist und Hackenzusammenschlagen? Nein, Respekt ist nichts Undemokratisches. Im Gegenteil. Respekt verlangen die Institutionen nicht, weil sie stärker sind als der Einzelne, nicht weil sie schon so lange bestehen, nicht weil sie ehrwürdige Namen tragen, sondern weil die Demokratie in ihnen verkörpert ist. Der Geist der Freiheit mag wehen, wo er will, aber ohne feste Heimstatt verweht er auch wieder. Die Institutionen sind es, die diesem Geist Wohnung geben. Auch dann, wenn sie unvollkommen sind. Wer die Freiheit liebt, muss die Institutionen nicht lieben, aber respektieren sollte er sie.

Respekt ist gut, vielleicht auch gegenüber Institutionen, aber sie sind ja wohl nicht darauf angewiesen, oder? Doch, denn die demokratischen Institutionen sind nicht nur feste Formen, sondern auch sensible Gewächse. Sie leben von diesem Respekt, er ist ihr wichtigster Nährstoff. Sicher, einen Teil ihrer Kraft ziehen sie auch aus dem Gewaltmonopol. Dem Schlagstock in der Hand des Polizisten ist es egal, ob man ihn respektiert. Aber Zwang ist nur das äußerste Mittel. Er allein hält demokratische Institutionen nicht am Leben. Als demokratische Institutionen existieren sie hauptsächlich kraft des Vertrauens und der Achtung, die wir ihnen entgegenbringen. Die Institutionen autoritärer Staaten bauen auf Stärke, die Institutionen freier Länder bauen letztlich auf die freie Zustimmung der Bürger. So wie der menschliche Körper zum Großteil aus Wasser besteht, bestehen die demokratischen Institutionen hauptsächlich aus Respekt und Vertrauen.

Das heißt auf der anderen Seite auch: Wenn Vertrauen in die Institutionen für die Demokratie so lebenswichtig ist, müssen die Institutionen alles daransetzen, dieses Vertrauen zu rechtfertigen.

Robust und doch sensibel – Wie Freiheit und Ordnung zusammenhängen

Und es heißt ebenso, dass Missachtung die demokratischen Institutionen zu Grunde richtet. Die Missachtung durch einzelne Bürger stecken sie problemlos weg, doch massenhafte und dauerhafte Missachtung ist ein todbringendes Gift für die Demokratie. Ihr Untergang beginnt mit der Verachtung und Verhöhnung ihrer Institutionen: Gerichte verhöhnen, das Parlament lächerlich machen, die Presse hassen. So haben es die Feinde der Weimarer Republik getan, die Deutschland und Europa verwüstet haben. So macht es Recip Erdoğan, der die türkische Demokratie erwürgt hat. So macht es Donald Trump, der demokratisch gewählt wurde, aber keinen Sinn für Demokratie hat.

Doch die Institutionen der Demokratie haben nicht nur eine verwundbare Seite. Sie sind immer auch eine Art Herrschaft.

## Das große »Ja, aber«
### *Was an demokratischer Herrschaft einzigartig ist*

Moment mal. Wenn Demokratie auch nur eine Art Herrschaft ist, was ist dann so anders an ihr? Was bleibt von all dem Gerede von Freiheit, gemeinsamen Entscheidungen und fairen Chancen? Sind das nur Luftschlösser? Traumtänzereien der Ewigmorgigen? Oder säuselnde liberale Meditationsmusik, die uns einlullen soll, damit wir nicht aufmucken? Ist Demokratie nur ein hübscheres Etikett in der jahrtausendealten Geschichte der Herrschaft über Menschen?

Eins nach dem anderen. Die Antwort auf die Frage, ob Demokratie auch eine Herrschaft ist, lautet: Ja, aber. Ja, auch Demokratie ist eine Herrschaft. Staatliche Institutionen bedeuten Macht. Das ist bei demokratischen Institutionen nicht anders. Gesetzgeber bestimmen die Regeln, die nicht jedem gefallen. Regierungen setzen sie durch, auch gegen Widerstand. Richter urteilen und verhängen Strafen, und das tut weh. Auch der demokratische Staat fordert, nimmt, verbietet, reguliert, kontrolliert. Warum? Um die Menschen zu gängeln? Nein, um Freiheit in Gleichheit zu ermöglichen, aufrechtzuerhalten und zu schützen. Das geht faktisch zuweilen schief, ist nicht immer gerecht, fühlt sich manchmal nicht gut an. Und dennoch ist dies der Sinn de-

104

mokratischer Herrschaft, an den sie immer wieder erinnert werden muss: das freie Leben für alle.

Damit sind wir schon beim Aber: Demokratie ist zwar Herrschaft, doch keine wie jede andere. Denn anders als alle anderen geht sie aus dem freien Willen der Bürger hervor und sie hat den einzigen Zweck, deren freiem und menschenwürdigem Leben zu dienen. Demokratie ist Herrschaft des Volkes durch das Volk für das Volk. Deshalb ist demokratische Herrschaft gerechtfertigt. Und zwar nur sie. Demokratie ist die einzig legitime Herrschaft.

So umkämpft die Demokratie weltweit auch ist, letztlich wissen alle, dass keine Herrschaft über Menschen legitim ist, wenn sie nicht auf diese Menschen selbst zurückgeht. Auch die Führer der autoritären Staaten wissen das, all die Putins und Xi Jinpings, Kims und Assads, und daher legen sie sich gern ein demokratisches Mäntelchen um, nennen sich Demokratie oder Republik, richten Parlamentchen ein, die nichts zu entscheiden haben, oder lassen entmachtete Zombie-Parlamente bestehen, suchen den Jubel der Massen, beschwören die »Kraft der Nation«, schmücken sich mit scheinbarer Volksnähe und nehmen lächelnd ein Baby auf den Arm. Denn auch der undemokratischste Staat braucht den Anschein von Legitimität. Doch keines dieser Mäntelchen ist groß genug, um die nackte, unanständige Unterdrückung zu bedecken.

Gut, das wissen wir: Die brutal-autoritäre Herrschaft kann nicht das Richtige sein. Aber geht Legitimität wirklich nur aus dem Bürgerwillen hervor? Oder sprudelt sie doch noch aus anderen Quellen? Was uns letztlich interessiert, ist ja, dass es uns *gut* geht. Wäre daher nicht eine Herrschaft genauso legitim, die schlicht unserem Wohl dient? Wo wir zwar nicht mitmischen können, aber es auch nicht brauchen, weil die Regierung in unserem Sinne handelt? Ein Regime der Experten, die einfach ordentlich arbeiten – effizient, vernünftig und gerecht, ohne den ganzen Krampf von Kompromissen und Koalitionskrach?

Klingt gut. Ist es aber nicht. Denn wenn wir selbst nicht über unsere Angelegenheiten entscheiden könnten, wäre unsere Freiheit an entscheidender Stelle gekappt. Und auch unsere privaten Freiheiten wären bedroht. Denn sie könnten jederzeit eingeschränkt werden, wenn es den Experten sachdienlich erscheint. Auch Experten sind vor Machtmissbrauch nicht gefeit. Sie sind keine neutralen Weisheitsmaschinen, sondern Menschen mit menschlichen Interessen.

Vor allem aber funktioniert die Expertenherrschaft zu unserem Nutzen überhaupt nicht. Denn was ist unser Nutzen? Was ist für uns gut? Worin besteht das Gemeinwohl? Das steht nicht von vorneherein fest. Ein höheres Arbeitslosengeld? Oder geringere Beiträge für die Arbeitslosenversicherung? Oder ein bedingungsloses Grundeinkommen? Sind selbstfahrende LKWs gut? Oder ist es besser, die Arbeitsplätze der LKW-Fahrer zu erhalten? Ist Einwanderung gut? Oder ihre strikte Begrenzung? Experten können zwar die richtigen Werkzeuge für ein gegebenes Ziel finden, aber sie können nicht das Ziel selbst bestimmen, nämlich unser Wohl.

Worin das Wohl des Volkes besteht, lässt sich nur herausfinden, wenn man das Volk fragt. Da das Volk aber keine einheitliche Meinung hat und noch nicht mal der Einzelne immer von vornherein weiß, was er will, muss man miteinander sprechen, um genau das herauszufinden. Wir müssen also einen, richtig: demokratischen Diskurs führen. Und dann brauchen wir ein faires Verfahren, mit dem wir den Diskurs in eine Entscheidung überführen, mit der alle leben können. Womit wir wieder bei der Demokratie wären. Das gesellschaftlich Richtige ist nichts, was man vorab wissen kann. Es schält sich im politischen Wettbewerb heraus, es ist ein Produkt von Diskussion, von Auseinandersetzung und Einbeziehung vieler Perspektiven. Meister des Volksverstehens gibt es nicht, sondern nur eine gelingende Selbstverständigung. Das Gemeinwohl ist kein Fertiggericht aus der Mikrowelle, sondern ein Mehrgängemenü, das in keiner Speisekarte steht und an dem viele Köche lange kochen und brutzeln.

Aber ist das nicht unnötig kompliziert gedacht? Denn wollen wir nicht letztlich alle dasselbe, nämlich glücklich sein? Natürlich wollen wir das, doch wir verstehen unter Glück nicht dasselbe. Manch einem bedeutet Glück, ein Start-up aufzubauen und viel Geld zu verdienen. Für einen anderen ist Glück, im Garten den Tulpen beim Wachsen zuzuschauen. Wer soll darüber entscheiden, wenn nicht die Menschen selbst? Und nicht jedes Glück des einen ist mit dem Glück des anderen vereinbar. Welches Glück mehr wiegt, das lässt sich nicht mit der Expertenwaage messen, das müssen wir selbst entscheiden. Und schließlich besteht ein Teil des Glücks gerade auch darin, über den Weg zum Glück selbst entscheiden zu können. Die glücklich machende Expertenherrschaft, das wohlwollende Technokratenregime, es ist und bleibt ein Luftschloss.

Ein anderer Versuch: Eine alternative *menschliche* Legitimation von Herrschaft mag es nicht geben, was aber ist mit einer *übermenschlichen* Legitimation? Wie sieht es mit dem Willen Gottes aus? Ist hierzulande etwas aus der Mode gekommen, aber andernorts schwören immer noch viele darauf. Und tatsächlich würde ein göttlicher Wille als Regierungsprogramm vieles einfacher machen. Wir wüssten Bescheid, es gäbe keine offenen Fragen, keine Zweifel, keine Ungewissheit, keine langatmigen Debatten über den richtigen Kurs, denn der Weltenlenker selbst gibt den Kurs vor. Doch damit das funktioniert, müssen die Menschen ganz fest an diesen Lenker glauben. Und damit fangen die Probleme an. Denn es gibt immer welche, denen dieser Glaube fehlt. Warum sollte die Herrschaft in Gottes Namen auch vor ihnen gerechtfertigt sein?

Damit nicht genug. Denn sogar dann, wenn restlos alle von Glauben erfüllt sind, bleibt die Frage: Was besagt der göttliche Wille? Was will Gott, das wir tun? Er drückt sich ja bisweilen etwas blumig aus. Auch wenn sein Wort unzweifelhaft niedergeschrieben wäre, etwa in der Bibel oder im Koran, müssen wir es verstehen, müssen wir es deuten. Worte aber lassen sich unterschiedlich deuten. Wer tut das? Menschen. Manche können den göttlichen Willen besser verstehen als andere? Das mag so sein, doch wer entscheidet darüber, wer ein rechter Gottesversteher ist und ans Ruder kommt? Menschen. Bei Gott kommt das Problem hinzu, das er sich nicht zu allen Fragen geäußert hat. Hat er überhaupt eine Meinung zur Reform der Pflegeversicherung? Zur Vergütungsverordnung für Steuerberater? Wer entscheidet über solche Dinge? Wiederum: Menschen. Der vermeintliche Gottesstaat ist also auch bloß ein Menschenstaat. Und dieser Staat ist nicht nur zwangsläufig ein autoritärer Unterdrückerstaat, weil er die Menschengemachtheit seiner Interpretationen tarnen muss, seine In-

107

fragestellung ersticken muss, die Ungläubigen ächten muss, die Andersgläubigen ausgrenzen muss – sondern die politische Berufung auf Gott ist vor allem ein großer Bluff. Hinter dem vermeintlichen Gotteswillen stehen bloß Menschen. Irdische Menschen mit irdischen Interessen und Meinungen. Menschen, die sich anmaßen, mehr zu sein. Man muss kein Atheist zu sein, um zu sehen: Aus Gott lässt sich keine politische Legitimität gewinnen.

Es bleibt also dabei, die einzige Legitimation ist die demokratische. Eine Frage ist damit aber noch nicht geklärt: Muss Demokratie immer so aussehen, wie wir sie kennen? Sind einige autoritäre Herrscher nicht durchaus vom Volk anerkannt, ja geliebt? Ist das nicht auch eine Art Demokratie? Steht Demokratie wirklich im Gegensatz zum Führertum? Geht Demokratie nicht auch einfacher, unmittelbarer, ohne das zähe Geeier mit Wahlen, Widerspruch und Wettbewerb? Tja, das möchten sie uns gerne einreden. Der alte Traum der Autokraten: die Einheit von Volk und Führer, der Herrscher als leibgewordener Wille des Volkes. Aber es ist ein billiger Taschenspielertrick. Denn in einer unfreien Gesellschaft gibt es keine Möglichkeit, Zustimmung sicher festzustellen, weil die Menschen sie gar nicht erst gefahrlos zum Ausdruck bringen können. Nach Einheit sieht das nur so lange aus, wie man nicht denen zuhört, die wegen abweichender Ansichten hinter Gittern sitzen, und nicht denjenigen die Zunge löst, die zitternd vor Angst schweigen. Diese »autoritär-demokratische Einheit« ist Augenwischerei, es gibt sie nicht. Die vermeintlich andere Demokratie ist keine Demokratie, sondern ein Schwindel, eine billige Fälschung. Wer demokratisch legitimierte Herrschaft will, sollte zum Original greifen.

Natürlich hat selbst das Original Macken. Und zwar nicht wenige. Auch in Demokratien sind die Fäden der Legitimität oft dünner, als sie sein könnten und sollten. Bei uns entscheidet das Volk, wer entscheiden soll, aber es entscheidet nicht selbst. Die gewählten Repräsentanten folgen nicht nur ihrem Gewissen, sondern vor allem der Fraktionsdisziplin. Manche Interessengruppen haben einen übergroßen Einfluss auf politische Entscheidungen, manche gar keinen. Verhandlungen über wichtige Handelsverträge laufen im Verborgenen, als sei das Volk eine Kindergartengruppe. Und Internetkonzerne wie Google oder Facebook regieren ohne demokratische Legitimation massiv in unser Leben hinein.

Mit diesen Demokratielücken dürfen wir uns nicht zufriedengeben. Sonst wird aus dem »Ja, aber« ein »Naja«. Dennoch: Besser eine fehlerhafte als eine fehlende Demokratie. Lieber ein unperfektes als ein perverses System. Vor allem bietet nur die existierende Demokratie die Möglichkeit, ihre eigenen Lücken zu schließen. Nur in ihr kann die Unzufriedenheit angstfrei zum Ausdruck gebracht werden und in die politische Willensbildung eingehen. Nur hier kann sich der Wille zu mehr Demokratie durchsetzen. Nur Demokratie kann demokratischer werden. Wir können es auch so sehen: Das Original ist nicht fehlerhaft, sondern noch gar nicht ganz verwirklicht. Demokratie ist ein unabgeschlossenes Projekt.

Deshalb sind alle revolutionären Gelüste, alle Nieder-mit-dem-System-Rufe in der Demokratie fehl am Platze. Mit ihr ist das Zeitalter der Revolutionen vorbei. Ein Ruf wie »Wir sind das Volk«, 1989 in der DDR stimmig und bahnbrechend, wird nun zur lächerlichen Phrase von Spätpubertierenden, denen die Türen offenstehen. Die Verachtung der existierenden Demokratie eröffnet keinen Weg zur Demokratisierung. Nur *in* der Demokratie kann es ein Mehr an Demokratie geben. Auch deswegen ist sie die einzig legitime Herrschaftsform.

Aber bricht demokratische Herrschaft nicht dennoch das eine Versprechen der Demokratie, nämlich das der Gleichheit? Wie lässt sich ernsthaft behaupten, dass alle gleich sind, wenn manche herrschen und die anderen beherrscht werden? Ist es nicht eher so, wie George Orwell es in seiner *Farm der Tiere* unübertroffen verlogen-verdreht auf den Punkt bringt: Alle sind gleich, aber manche sind gleicher?

So mag es sich manchmal anfühlen, wenn wichtig dreinblickenden Ministern die Wagentüren von ihren Chauffeuren aufgehalten werden und das Kanzleramt wie eine kosmische Kröte wuchtig über der Spree thront. Doch es fühlt sich eben nur so an. Eigentlich stehen die Herrschenden nicht über dem Volk, denn sie empfangen die Herrschaft allein aus dessen Händen. Sie haben nichts Erlauchtes an sich. Allenfalls Anerkennung ist angemessen, auch Wertschätzung, vielleicht sogar Dankbarkeit für ihre Leistung. Aber keine Huldigung, keine Unterwerfung, keine Demut.

Was die Herrschenden heraushebt, sind nicht sie selbst, sondern die Rolle, die ihnen zugedacht ist. Die Verantwortung, die sie zeitweise tragen. Die Ämter, die sie innehaben. Doch *wir* sind es, die ihnen diese Ämter verleihen. Sie handeln in *unserem* Auftrag. Das vergessen wir zuweilen, und auch die Herrschenden vergessen es allzu leicht. Wenn sie etwa meinen, ihre Privilegien als Selbstverständlichkeit ansehen und schamlos ausnutzen zu dürfen. Wenn sie Volksabstimmungen für eine unappetitliche Idee aus der demokratischen Rumpelkiste halten. Wenn sie ihre Politik nicht erklären, als wäre das Volk noch nicht reif für ihre überaus komplexen Gedankengänge. Wir dürfen und müssen sie und uns selbst immer wieder daran erinnern, welchen Ursprung ihre Macht hat. Demokratie besteht auch in dem fortwährenden Kampf gegen diesen Gedächtnisverlust, in der Erinnerung an das große »Ja, aber«: Herrschaft ja, aber ohne die Gleichheit auszuhebeln.

Dennoch gibt es ein Problem. Denn wie gesagt, auch demokratische Herrschaft ist Macht über Menschen. Und jede Macht hat eine dunkle Seite.

## Das Gleichgewicht des Checkens
### Grenzen für die demokratische Herrschaft

Macht macht eitel und selbstherrlich. Schon nach kurzer Zeit halten sich Mächtige für unersetzlich. Man kennt das vom Chef im Büro, diesem kleinen König. Macht macht hungrig. Wer Macht hat, will mehr davon. Macht macht elitär. Wer mächtig ist, bewegt sich unter Mächtigen, wird abgeschirmt und entfernt sich von allen anderen. Vor allem jedoch macht Macht gefährlich. Wer Macht hat, entscheidet über andere, verwechselt private Wünsche mit dem Gemeinwohl, kann seine Macht ausdehnen und missbrauchen, kann Furcht verbreiten und Menschen an die Wand drücken.

Am Wesen der Macht ändert auch die Demokratie nichts grundsätzlich. Sie schafft die Macht nicht ab. Aber sie begrenzt sie. Sie hegt sie ein und hält ihre Gefahren gering. Warum sie das tun muss? Weil die Gefahren der Macht Gefahren für die gleiche Freiheit aller ist, für die Demokratie selbst also. Es ist paradox: Die Demokratie schafft Macht, um die Freiheit aller zu ermöglichen, und diese Macht trägt zugleich das Potential in sich, genau diese Freiheit aller zu bedrohen. Deshalb muss die Demokratie die Macht, die sie um der Freiheit willen aufbaut, zugleich wieder um der Freiheit willen einhegen. Demokratie ist eine Gratwanderung. Eine Gratwanderung zwischen Machtverleihung und Machtbegrenzung.

Die Begrenzung der Macht beginnt schon mit ihrer Entstehung. Demokratische Macht ist Macht von Volkes Gnaden. Die Quelle der Herrschaft sind die Beherrschten selbst. Die demokratische Macht ist stets verliehene Macht, eine Ermächtigung, ein Auftrag. Der Auftragnehmer ist gegenüber dem Auftraggeber rechenschaftspflichtig und kann von ihm abgelöst werden, wenn der Auftrag nicht erfüllt wird.

Weiter wird die Macht begrenzt, indem sie nicht in einer Hand liegt. Machtbeschränkung durch *Gewaltenteilung*. »Gewalten« klingt ziemlich gewaltig, ja gewalttätig. Und das sind sie auch, wenn sie in einer Hand vereint sind: Gesetzgebung, Regierung und Rechtsprechung. Früher hat der Fürst oder Stammesführer bestimmt, was Recht ist, und zugleich dieses Recht angewandt. Und der oberste Richter war er obendrein. Alle Macht in einer Hand. Die Gewaltenteilung hat damit Schluss gemacht. Die Macht wird verteilt. Auf diejenigen, die die Regeln machen. Auf diejenigen, die sie umsetzen. Und auf diejenigen, die beurteilen, ob sie gebrochen wurden.

Gewaltenteilung. Hört sich bedeutsam an, aber auch selbstverständlich und ein wenig in die Jahre gekommen. Wie eine vergilbte Urkunde aus dem 18. Jahrhundert, die in der staubigen Vitrine eines Museums lagert, mit prachtvollem Siegel, aber leider in altdeutscher Schrift geschrieben und deshalb unleserlich. Doch der Eindruck täuscht. Gewaltenteilung ist nicht selbstverständlich, nicht mal sehr alt, und schon gar nicht veraltet. Nicht Vorratsdatenspeicherung, nicht Videoüberwachung oder Drohnentötungen, sondern die Gewaltenteilung ist es, die unsere Freiheit sichert. Sie verhindert, dass die Macht des Staates wie ein Krebsgeschwür wächst und die Freiheit zerquetscht. Dass die Gewaltenteilung nicht selbstverständlich ist, zeigen Länder wie Polen oder die Türkei: noch oder ehemals demokratische Staaten, die die Gewaltenteilung schrittweise abbauen. Als erstes muss die Justiz dran glauben. Es fängt an mit der Missachtung von Gerichtsurteilen und geht weiter damit, dass die Regierung das Recht an sich reißt, die Richter einzusetzen. So wird am helllichten Tage, für jeden erkennbar, Stück für Stück die Unabhängigkeit der Rechtsprechung zerstört. Mit jedem Stück wächst die Bedrohung der Freiheit. Eine Tragödie auf Raten. Die Gewaltenteilung ist kein vergilbtes Dokument, sondern ein Schatz. Wir müssen immer ein waches Auge auf sie haben.

Mit irgendetwas, was wie Gewaltenteilung aussieht, schmückt sich heute fast jeder Staat. Entscheidend jedoch ist, dass die Gewalten nicht nur formal getrennt, sondern wirklich unabhängig sind. Dass sie eigenständig handeln können. Wenn Richter in imposanten Gerichtspalästen residieren, tatsächlich aber aus Angst vor ihrer Entlassung Urteile im Sinne der Regierung fällen, dann ist das Pseudo-Gewaltenteilung. Wo die Gewalten nicht getrennt sind, drohen sie Menschen Gewalt anzutun.

Die Gewalten können auch anders aufgeteilt sein: zwischen Regierung und Parlamentsmehrheit auf der einen Seite und Oppositionsfraktionen auf der anderen. Die maßgebliche Scheidelinie verläuft dann nicht zwischen Parlament und Regierung, sondern mitten durch das Parlament. So ist es in Deutschland. Entscheidend ist, dass die Kräfte jeweils annähernd gleich stark sind. Dass die Stärke der einen Gewalt die Stärke der anderen beschränkt.

Und wie sieht es bei uns aus? Alles in Ordnung in Sachen Gewaltenteilung? Naja, geht so. Beim Gegensatz zwischen Regierungsmehrheit und Opposition zieht letztere meist den Kürzeren. Denn die Regierungsfraktionen bilden nicht nur die Mehrheit, sondern sie haben zusätzlich die Ministerialapparate mit ihren enormen Ressourcen an ihrer Seite, mit ihren Tausenden von Beamten, ihrem Geld, ihrem Wissen. Die Opposition hat nichts dergleichen. Dass die meisten Gesetzentwürfe von der Bundesregierung eingebracht werden und nicht aus dem Parlament hervorgehen, schwächt die Opposition zusätzlich.

Und eine große Koalition macht die Sache noch heikler. Denn große Koalition heißt kleine Opposition. Eine Volksgesetzgebung durch Volksentscheide würde auch diese Schwäche unseres Systems abmildern. Denn damit stände der mächtigen Regierung ein weiterer, potenziell mächtiger Player gegenüber: das politisch aktive Volk.

Egal wie die Gewalten geteilt sind, auch eine dreifach geteilte Macht ist noch eine zentrale Macht. Die Beschränkung der Macht geht deshalb noch weiter: durch *Dezentralisierung*. Hat nicht jede Demokratie, ist aber sinnvoll. Denn so wird die Macht abermals aufgeteilt, nun zwischen dem Gesamtstaat und seinen Gliedern. Wie den Bundesländern in Deutschland und Österreich zum Beispiel oder den 50 Einzelstaaten der USA. Auch der Föderalismus dient also der Machtbegrenzung. Und sie setzt sich unterhalb der Landesebene fort, mit Städten und Landkreisen. Aber macht das nicht alles sehr kompliziert und labyrinthisch? Ja, und das soll auch so sein. Nicht um uns zu verwirren, sondern um das Durchregieren zu verhindern. Die Macht ruht auf vielen Schultern, großen und kleinen, und wächst nicht ins Unerträgliche.

Doch auch beschränkte Macht lässt sich missbrauchen. Folglich ist alle Machtaufteilung erst die halbe Miete. Um Machtmissbrauch zu verhindern, muss die Macht nicht nur geteilt sein, sondern die geteilten Mächte müssen auch *Kontrolle* übereinander haben. Die gesetzgebende Gewalt kontrolliert das Handeln der Regierung, die parlamentarische Opposition kontrolliert die Regierungsfraktionen, das Bundesverfassungsgericht prüft Gesetze auf ihre Vereinbarkeit mit dem Grundgesetz, die Länder üben via Bundesrat Kontrolle über die nationale Gesetzgebung aus, und so weiter. Wie Figuren auf dem Schachbrett halten sich die Institutionen der Macht gegenseitig in Schach. Nur geht es nicht darum, wie beim Schachspiel, den anderen zu vernichten, sondern zu verhindern, dass seine Macht überhandnimmt. Das ist das System der *Checks and Balances*. Erstmals wurde es 1787 in der US-amerikanischen Verfassung installiert und ist dort auch besonders ausgeprägt. Aber etwas davon gehört zu jeder Demokratie, die Bestand haben soll.

Damit die Macht kontrolliert werden kann, muss sie *kontrollierbar* sein. Deshalb sind Transparenz und Rechenschaftspflicht demokratische Gebote. Das politische Handeln muss offen zu Tage liegen. Nicht nur die Beschlüsse, sondern ebenso die Informationen und Positionen, die zu den Beschlüssen führen; die Akteure, die sie verantworten; die Absichten, die sie leiten. Die intakte Demokratie ist aus Glas gebaut, nicht aus Beton. Geheimhaltung ist ihrem Wesen nach undemokratisch, auch wenn sie manchmal nötig sein mag. Daher sind Geheimdienste der Demokratie grundsätzlich fremd. Sie mögen nützlich sein, aber sie bleiben stets Fremdkörper, die eingehegt und bewacht werden müssen, damit sie keine Entzündungen oder Wucherungen im Leib der Demokratie hervorrufen.

Kontrolle, Einhegung, Machtbegrenzung – klingt alles vernünftig, aber trotzdem: Wünscht man sich nicht insgeheim manchmal einen starken Mann an der Spitze? Oder eine starke Frau? Jemanden, der durchgreift. Einen, der klare Entscheidungen trifft, beherzt und mutig. Einer, der sich nicht verheddert im Gestrüpp der Parteien und Parteilichkeiten. Muss ja nicht gleich ein Diktator sein. Nur einer, der über den Einzelinteressen steht. Ein Anführer. Stark, weise und gerecht.

Klingt schön. Das Problem ist nur: So etwas gibt es nicht. Stöbern wir in der Geschichte, begegnen uns zuweilen recht vernünftige Staatsführer. Aber mindestens genauso viele schlechte. Und auch die Vernünftigen standen nicht über den Einzelinteressen, sondern hatten ihre Interessen und Schwächen. Wie auch sonst? Denn Menschsein heißt Interessen und Schwächen haben.

Diese Schwächen einzuhegen, dazu ist nur eine demokratisch begrenzte Herrschaft in der Lage. Denn indem die Demokratie die Herrschenden einengt, weitet sie zugleich deren Horizont. Das klingt sonderbar, aber genauso ist es: Die demokratisch Herrschenden können nicht rücksichtslos durchregieren, sondern müssen andere überzeugen, sich mit ihnen abstimmen und Mehrheiten organisieren. So gleicht die Begrenzung der Herrschaft durch die Hintertür einseitige Interessen aus, korrigiert Irrtümer, füllt Wissenslücken, spült verstopfte Ohren. Die Verkleinerung der Macht sorgt für eine umsichtigere Macht. Das heißt nicht, dass die sensiblen Feingeister regieren.

Gewiss nicht. Aber sie zähmt die groben Geister, die Poltermänner und Trampeltiere. Sie verhindert das Schlimmste. Meistens jedenfalls. Demokratie ist ein Weg, die Auswirkungen der menschlichen Unvollkommenheit der Herrschenden zu verringern.

Trotzdem noch Sehnsucht nach dem starken Mann? Stellen wir uns vor, es gibt ihn, den Einen, den idealen Staatsmann, den herausragend guten Charakter, den selbstlosen ersten Diener des Staates mit dem klaren Blick für die Nöte und Bedürfnisse aller Bürger, so würde sich immer noch die Frage stellen: Was kommt nach ihm? Denn auch der klügste Kopf ist eines Tages tot.

Jahrhunderte hindurch hat man über die Frage gegrübelt, wer sich am besten zum Regieren eignet, wie man den geeignetsten Herrscher findet. Die einen meinten, an der Spitze des Staates müsse ein Philosoph stehen. Für andere sollte es ein besonders frommer König sein. Oder jemand von edlem Blute. Es hat lange gedauert, bis man begriff, dass die Frage falsch gestellt war. Die entscheidende Frage ist nicht: Wie finden wir den klügsten Bestimmer? Sondern: Wie werden wir einen Bestimmer wieder los? Wie ist er ablösbar? Und die bisher beste Antwort lautet: durch Wahlen. Demokratie heißt nicht nur, Verantwortungsträger zu wählen, sondern vor allem auch sie *abzuwählen*.

Nicht erst die *tatsächliche* Abwahl ist entscheidend. Schon ihre *Möglichkeit* bestimmt die Arbeit demokratischer Politiker. Stets steht die Drohung im Raum, dass sie ihr Amt, ihre Macht, ihren Einfluss und ihr Ansehen wieder verlieren. Diese Drohung hat eine disziplinierende Wirkung. Sie verhindert nicht Fehler und Machtmissbrauch, aber sie verringert sie. Sie verhindert, dass die Mächtigen dauerhaft Politik gegen die Interessen der Mehrheit machen. Die stete Drohung des Machtverlustes bewirkt, dass sie für sich werben müssen, Vertrauen gewinnen müssen, ihre Politik rechtfertigen und erklären müssen. Oder sie ändern müssen.

Macht ist in der Demokratie immer nur befristet verliehen. Demokratisch gewählte Politiker sind dauernd in der Probezeit. Kündigungsschutz ist eine feine Sache, aber in der Politik hat er nichts zu suchen. 115

## Zähmung durch Regeln
### *Warum Demokratie die Herrschaft des Rechts verlangt*

Reicht das an Machtbegrenzung? Wohl kaum, denn könnte die Herrschaft, sei sie auch noch so geteilt und befristet, nicht trotzdem die Freiheit und Gleichheit verletzen? So ist es, das könnte sie. Staatliche Herrschaft entpuppt sich zuweilen als erstaunlich vitaler Zombie, auch geviertelt oder gezehntteilt können seine einzelnen Glieder noch Unheil anrichten. Deshalb reicht es nicht, die demokratische Herrschaft *formal* durch Teilung, Befristung und Kontrolle zu begrenzen. Sie muss auch *inhaltlich* begrenzt sein. Und zwar durch das Recht. Demokratie braucht den *Rechtsstaat.*

Was das heißt? Es heißt, dass alles staatliche Handeln an Regeln gebunden ist. Verwaltung und Justiz agieren nicht nach Lust und Laune, sondern sind an Gesetze gebunden. Richter dürfen nur anhand von Gesetzen urteilen. Eine Behörde darf nur das tun, was der gesetzliche Rahmen vorgibt. Das sagt sich leicht und es klingt so einschläfernd selbstverständlich, dabei ist diese Bindung an das Recht von überragender Bedeutung für unsere Freiheit. Denn indem das Recht den Spielraum staatlichen Handelns einhegt, schafft es Raum für das freie Handeln der Menschen. Das Recht erlegt der staatlichen Macht Regeln auf, so dass jeder Einzelne sein Leben nach seinen eigenen Regeln leben kann.

Die Bindung an das Gesetz ist nicht nur eine vage Richtschnur, ein politischer Slogan, ein Motto vom Abreißkalender, sondern sie kann von jedem Bürger eingefordert werden. Wer sich durch das Handeln einer staatlichen Verwaltung unrechtmäßig behandelt fühlt, darf dagegen Widerspruch einlegen und vor Gericht klagen. Wenn Krimi-geschulte Laien an Recht und Richter denken, haben sie meist das Strafrecht im Sinn, denken an Mord, Totschlag und Gefängnisstrafe. Ist auch wichtig, doch für die Beschränkung der staatlichen Herrschaft sind die Verwaltungsgerichte vielleicht noch wichtiger.

Gesetze müssen nicht nur vorhanden, sondern auch bekannt sein. Die Bürger dürfen nicht im Dunkeln stochern müssen: Was gilt denn nun eigentlich? Wie lautet das Gesetz? Sondern die Rechtslage hat bekannt und zugänglich zu sein wie eine Hausordnung, die im Treppenhaus hängt. So entsteht Rechtssicherheit. Und klar muss die Rechtslage sein. Gesetze dürfen nicht weich und schwabbelig sein, so dass man sie zurechtbiegen kann wie einen Joghurtdeckel. Nebulöse Begriffe wie das »gesunde Volksempfinden« oder die »Beleidigung der türkischen Nation« haben in Gesetzen eines Rechtsstaats nichts zu suchen. Denn eine Regel, die zu ungenau und dehnbar ist, ist eine unberechenbare Regel. Und eine unberechenbare Regel bedeutet Unsicherheit bei den Bürgern und Macht in den Händen der Regelanwender. Macht, die zu Schikane und Bevormundung eingesetzt werden kann.

Und noch etwas gehört zu rechtsstaatlichen Gesetzen: Verhältnismäßigkeit. Zum Beispiel im Strafrecht. Spatzen verdienen keine Kanonen, Bagatelldelikte keine Freiheitsstrafen. 15 Jahre Haft für »Majestätsbeleidigung« wie in Thailand oder Prügel plus viele Monate Gefängnis für Graffitis wie in Singapur – eine solch wild um sich schlagende Staatsgewalt ist dem demokratischen Rechtsstaat unwürdig. Maß und Besonnenheit sind nicht Ausdruck eines schlaffen Rechtsstaats, sondern eine seiner Stärken, denn auch dies schützt den Einzelnen vor der Macht des Staates. Und ebenso vor einem rasenden Rachebedürfnis der Öffentlichkeit.

Die Bindung an das Gesetz bändigt also die staatliche Herrschaft. Doch bei der gesetzgebenden Gewalt funktioniert das nicht so ganz. Sie macht ja die Gesetze. Jederzeit kann sie Gesetze ändern, aufheben und neu beschließen. Wie bändigt man denjenigen, der über das Bändigende entscheidet? Nötig ist eine Art Gesetz für alle Gesetze, ein Grund-Gesetz, das sich nur sehr schwer oder gar nicht ändern lässt: eine *Verfassung*. Durch sie ist auch der Gesetzgeber, ob das Volk selbst oder seine Repräsentanten, der Macher der Regeln also, an grundlegende Regeln gebunden.

Schade, dass »Rechtsstaat« so dröge klingt wie ein frisch gefegter Behördenkorridor. Denn das dürre Wort steht für etwas ungemein Humanes. Der Rechtsstaat ist das Gegenteil zum Willkürstaat. Wir können uns heute kaum noch vorstellen, was es bedeutet, unter einer Willkürherrschaft zu leben. Zahllose Menschen in anderen Weltgegenden müssen es täglich erfahren: Der Staat darf alles. Jederzeit kann einen der harte Arm der Obrigkeit packen, unvorhersehbar, unberechenbar, wie ein Blitz aus heiterem Himmel. Der Einzelne ist abhängig vom Gutdünken der Mächtigen, von ihren Launen und Interessen, ihren Kriegen und ihrer Raffgier. Nie weiß man, ob ihr misstrauisches Auge auf einem ruht. Furcht und Unsicherheit beherrschen das Leben. Der Einzelne zählt nicht. Menschen sind Untertanen, Objekte, die wie Kieselsteinchen am Strand vom Wasser hin- und hergeschoben werden.

Ein Willkürstaat ist für die Menschen, die in ihm leben, wie eine Black Box: unverständlich und unkalkulierbar. Seine Regeln sind unbekannt, bizarr, gelten nur auf Abruf oder existieren gar nicht. Deshalb ist der Einzelne dem Regime ausgeliefert. Er hat nichts, auf das er sich berufen kann, und bewegt sich wie Josef K. in Franz Kafkas *Prozess* in einem Labyrinth quälender Ungewissheiten. Der Rechtstaat ist dagegen transparent wie ein Glashaus. Seine Regeln liegen offen zu Tage. Nicht die Laune eines Fürsten oder eines Verwaltungsdirektors ist entscheidend, sondern ein öffentlich bekanntes, hinreichend bestimmtes, allgemeines Gesetz. Herrschaft des Rechts statt Herrschaft eines Rechthabers.

Rechtsstaatlichkeit hat also viel mit Berechenbarkeit, Verlässlichkeit, Klarheit und Sachlichkeit zu tun. Was klingt wie die Beschreibung eines Seminars zum Thema »Wie werde ich ein Langweiler?«, ist in Wahrheit ein Garant von Freiheit und Gleichheit. Gerade durch das Rationale, Regelhafte und Unaufregende ermöglicht der Rechtsstaat das, was aufregend ist: das freie Leben.

Hat es sich damit? Reicht das alles, um die staatliche Herrschaft in einer Demokratie zu begrenzen? Nein, etwas Wesentliches fehlt noch. Denn auch mit rechtlichen Regelungen ließen sich Freiheit, Gleichheit und Menschenwürde mit Füßen treten. Recht waren auch die Nürnberger Rassengesetze, mit denen die Nazis die Diskriminierung der jüdischen Bürger in Gesetzesform gegossen haben. Recht und Ordnung allein machen also noch keinen Rechtsstaat. Sonst könnten sogar Sklavenhalterstaaten Rechtsstaaten sein. Ein Rechtsstaat ist nicht schon ein Staat mit irgendeinem Recht, sondern erst ein Staat mit bestimmten Rechten. Nämlich *Grundrechten*.

Das Recht auf freie Entfaltung der Persönlichkeit, das Recht auf Leben und körperliche Unversehrtheit, die Gleichheit vor dem Gesetz, die Religionsfreiheit, die Meinungsfreiheit, die Versammlungs- und Vereinigungsfreiheit – diese und andere in der Verfassung festgeschriebenen Grundrechte sind das Fundament des Rechtsstaats. Erst sie stellen die Demokratie auf sicheren Boden, erst mit ihnen wird die staatliche Macht wirksam gezähmt. Sie kann nicht tun, was sie will. Ihre Bewegungsfreiheit ist durch die Freiheiten der Bürger begrenzt. Die Grundrechte sind Rechte jedes Einzelnen, nicht wolkige Ideale, nicht bloße Werte, die in feierlichen Bekenntnissen beschworen werden, sondern individuelle Ansprüche, die einklagbar sind.

Aber die Grundrechte begrenzen nicht nur die demokratische Herrschaft, sondern sie sind auch der Stern, dem die staatlichen Akteure zu folgen haben. In ihnen kommt der Sinn der Demokratie unmittelbar zum Ausdruck. Sie sind nicht nur Leitplanke, sondern ebenso die Straße selbst.

Jawoll, bekräftigt manch strammer Abendländer, und deshalb sollten wir die Anerkennung der Grundrechte von allen einfordern. Und wer diese Anerkennung verweigert, für den gibt's keine Grundrechte. Wenn der Islam keine Religionsfreiheit kennt, dann gilt das Recht auf Religionsfreiheit eben nicht für Muslime. Wär' ja noch schöner!

Der Vorschlag versucht gewiss, ins Schwarze zu treffen, schießt aber voll daneben. Denn nicht Religionen sind Träger von Grundrechten, sondern einzelne Menschen. Vor allem jedoch sind Grundrechte nicht daran gebunden, dass man sich zu ihnen bekennt. Sie sind Abwehrrechte und Anspruchsrechte gegenüber dem Staat, kein Glaubensbekenntnis und auch keine moralischen Normen. Ein Rechtsstaat ist kein Gesinnungsregime. Natürlich wäre es schön, wenn alle die Grundrechte anerkennen würden. Und der Staat darf und sollte das auch fördern. Aber er kann die Akzeptanz der Grundrechte von seinen Bürgern nicht einfordern. Man kann es moralisch verurteilen, wenn jemand Grundrechte ablehnt, doch der Rechtsstaat ist keine Moralanstalt. Sonst müssten wir ja auch sagen: Die Mitglieder der erzkonservativen Pius-Bruderschaft halten nichts von der Gleichberechtigung

119

von Mann und Frau? Na, dann werden sie selbst nicht mehr vor dem Gesetz gleichbehandelt. Du bist für die Todesstrafe? Sorry, aber damit hast du dein Recht auf Leben verwirkt. Und so weiter. Wer Grundrechte nach diesem Muster schützen will, versteht nicht, was er schützen will. Wir müssen den Rechtsstaat gegen seine vermeintlichen Verteidiger verteidigen.

Überhaupt neigt der Rechtsstaat dazu, falsche Freunde anzuziehen. Dazu gehört auch die Truppe der Alarmisten. Sie sehen den Rechtsstaat am Zusammenbrechen. Terroristen, kriminelle Ausländer, Wohnungseinbrüche, Sozialbetrug, Kinderschänder im Netz, No-go-Areas in unseren Städten, arabische Clans, die die Polizei zum Narren halten – alles wird immer schlimmer, der Rechtsstaat ist krank, dankt ab, knickt ein, geht vor die Hunde und wie die anderen morbiden Metaphern lauten. Keine Frage, es gibt Mängel und neue Herausforderungen, und mancherorts wird das Recht zu spät oder zu lasch durchgesetzt. Aber Tatsache ist eben auch, dass die Kriminalität insgesamt zurückgeht und dass unser Rechtsstaat im Großen und Ganzen funktioniert. Sein Ende wird stets aufs Neue prophezeit, und doch existiert er immer noch. Das Staatsversagen ist das neue Waldsterben.

Was ist das Problem dabei? Können wir über die aufgekratzte Schwarzmalerei nicht entspannt hinwegsehen? Nein, denn der Alarmismus erzeugt Angst und untergräbt das Vertrauen in den Rechtsstaat – und damit in die Demokratie. Wer sich im Wilden Westen wähnt, von Indianern und schießwütigen Banditen umzingelt, will keine besonnene Orientierung an gleichen Rechten für alle, sondern eine Knarre und einen Sheriff, der hart durchgreift. Und damit sorgt die Miesmacherei in Sachen Rechtsstaat keineswegs für seine Stärkung, sondern ebnet seiner Schwächung den Weg. Wie das? Weil Stärkung hier nicht heißt, den Kern des Rechtsstaats konsequent zu schützen, nämlich die Grundrechte, sondern mehr Härte, mehr Überwachung, mehr staatliche Macht. Hier liegt die wahre Bedrohung des Rechtsstaats. Sie kommt nicht von unten, sondern von oben.

Unten, oben? Das kann auf eine falsche Fährte führen. Denn dieses Oben können auch wir selbst sein. Es wäre falsch, die Staatsmacht als monströsen Apparat zu sehen, der uns alienhaft gegenübersteht.

Denn in der Demokratie sind *wir* letztlich der Staat. Somit kann die Bedrohung auch von uns ausgehen. Dann etwa, wenn wir Parteien wählen, die es mit den Grundrechten nicht so eng sehen. Oder dann, wenn wir in bundesweiten Volksentscheiden versuchen würden, die Rechte bestimmter Gruppen auszuhöhlen. Der Rechtsstaat schützt auch vor einer Tyrannei der Mehrheit, also vor uns selbst. Er sichert die Freiheit gegen die Freiheit. Ein Widerspruch? Nein, denn es geht um den Schutz der Freiheit aller vor der Freiheit der Mehrheit. Erst die rechtsstaatlich begrenzte Demokratie kann dem Sinn der Demokratie gerecht werden: der gleichen Freiheit jedes Einzelnen.

## Augen auf
### *Warum auch demokratische Herrschaft Argwohn verdient*

Die Kontrolle der staatlichen Macht ist nicht allein Aufgabe staatlicher Institutionen. Auch das Volk, von der die Herrschaft ausgeht, kontrolliert die Herrschenden. Alle Macht steht unter Beobachtung der Bürger, *muss* unter ihrer Beobachtung stehen. Sie können alles Handeln der Macht kritisieren, gründlich, schonungslos und unaufhörlich. Und sie bringen staatliches Handeln vors Gericht, sie legen Widerspruch ein und verlangen Korrekturen. Demokratische Macht ist gezähmte Macht, und der Dompteur, das Volk, muss dafür sorgen, dass sie zahm bleibt.

Aber ist das heute wirklich noch ein Thema? Die Mächtigen kontrollieren – klingt das nicht nach einem Problem vergangener Tage, als Gestalten mit zweifelhafter demokratischer Gesinnung an den Hebeln der Macht saßen? Der demokratische Gedanke ist doch heute tief in den Köpfen und Herzen unserer Politiker verankert, sie sind harmlos wie Meerschweinchen, keiner will Demonstranten mit Panzern plattwalzen, ein Napoleon ist nicht in Sicht, nicht mal ein Franz Josef Strauß.

Doch, Kontrolle und Argwohn sind ein Thema, gestern wie heute. Und sie werden Thema sein, solange es Herrschaft gibt. Auch die gebändigte, kontrollierte und beschnittene Herrschaft bleibt Herrschaft und ist nicht von ihrer Eigenlogik befreit. Man lasse nur die Kanz-

121

ler der letzten Jahrzehnte Revue passieren: Helmut Kohl gilt manchen als großer Demokrat, aber er war ein Machtkoloss, der am Diskurs kein Interesse hatte, parteiinterne Kritiker kaltstellte und mit seinen schwarzen Kassen wissentlich das Gesetz brach. Sein Nachfolger Gerhard Schröder drückte die Agenda 2010 in der SPD ohne die bitter nötige Diskussion von oben durch und brach damit seiner Partei das Rückgrat, woran sie bis heute leidet. Auch für Angela Merkel ist »gesellschaftliche Debatte« ein Fremdwort, und sie hat noch zu jeder neuen Form von Überwachung Ja gesagt, es sei denn ihr eigenes Handy war betroffen. Aber der Drang nach Ausweitung und Missbrauch von Herrschaft wohnt nicht allein im Kanzleramt. Er hängt letztlich überhaupt nicht an Personen, sondern wohnt der staatlichen Herrschaft selbst inne.

Der kritische Blick auf das Handeln der Herrschenden ist heute sogar wichtiger als früher, weil es so anders auftritt als früher. Nicht hart und herrisch, sondern nett und watteweich. Weil der freche Griff in unsere Freiheit mit dem Gestus des Beschützers erfolgt und erst mal nicht weh tut. Weil der Staat nur unser Bestes will, nämlich unsere Sicherheit. Wie eine besorgte Mutter. Doch der Staat ist einer dieser Mütter, die einen mit ihrer lächelnden Fürsorge erdrücken und niemals aus den Augen lassen.

So werden auch wir nicht aus den Augen gelassen. Wir werden ausspioniert, jeden Tag, jede Minute. Nicht von der Mutter, nicht vom Nachbarn, sondern vom amerikanischen Geheimdienst NSA, der unsere gesamte digitale Kommunikation mitliest. Seit Jahren ist das dank des Whistleblowers Edward Snowden bekannt, passiert ist seitdem – nichts. Die herrschende deutsche Politik gibt ihr stillschweigendes Einverständnis dazu. Mehr noch, der deutsche Bundesnachrichtendienst dient dabei als willfähriger Helfer und hat inzwischen selbst ähnliche Befugnisse erhalten.

Wer nichts zu verbergen hat, muss sich vor Überwachung nicht fürchten? So lautet das Argument der braven Bürger, die den Rücken durchstrecken, wenn die Polizei vorbeifährt. Doch um etwas verbergen zu wollen, muss man nichts verbrochen haben. Jeder hat etwas zu verbergen, nämlich seine Privatsphäre. Der freie Mensch braucht den

Raum des Verborgenen. Nur die Verborgenheit des Privaten schafft die Geborgenheit, in der der Einzelne bei sich selbst sein kann. Der Mensch ist nur dann frei, wenn er selbst entscheiden kann, was er für sich behält und was er nach außen trägt, was er denkt und was er sagt, was er sich nur vorstellt und was er verwirklicht. Politik muss transparent sein, aber das Privatleben der Menschen darf es nicht.

Zu abstrakt? Dann stellen wir uns vor, dass in jedem Raum unserer Wohnung Kameras installiert sind, die alles aufnehmen, was wir tun. Jede Bewegung, jedes Wort, jeden ungenierten Rülpser. Wie wir mit unseren Kindern oder unserem Ehepartner streiten, wie wir zärtliche Worte und Berührungen austauschen, wie wir nicht ans Telefon gehen, wenn die Schwiegereltern anrufen, wie wir auf der Toilette sitzen und drücken. So ähnlich läuft es. Nur dass die staatlichen Schnüffler sich nicht für unseren Stuhlgang interessieren, sondern für etwas viel Persönlicheres: unsere Gedanken, unsere Wünsche, unsere Absichten.

Dass wir für uns sein dürfen und der Staat nicht in unserem Denken, Fühlen und Wollen wühlen darf wie in einer Strumpfschublade – dieses Grundrecht gehört zu den hart und blutig erkämpften Errungenschaften der Demokratie. Ebenso gründen Rechtsstaat und Demokratie auf der Annahme der Unschuld der Bürger. Straftäter sind zur Verantwortung zu ziehen, Verdächtige sind zu verfolgen, ja. Aber zunächst einmal darf jeder selbstverständlich als unschuldig gelten. Wie könnten wir sonst frei leben? Mit der Massenüberwachung wird diese Unschuldsvermutung in ihr Gegenteil verkehrt. Über jedem hängt das Damoklesschwert des Verdachts. Und schließlich wissen wir nicht, was mit unseren Daten passiert. Unser Leben wird in dunklen Servern in Fort Meade, Pullach oder sonst wo abgespeichert. Wer kriegt diese Daten in die Hände, wer macht was damit? Wir wissen es nicht. Bis eines Tages wegen irgendwelcher Kontakte oder Stichworte in unseren Mails unbekannte Algorithmen uns anspringen wie blinde, bissige Köter und wir etwa bei der Einreise in die USA stundenlang verhört werden.

Wir sollten uns hüten, bei jedem Fehler »Skandal!« zu rufen. Doch die staatliche Allround-Überwachung ist ein echter Skandal. Ein bombastischer Skandal, der sich täglich fortsetzt. Eine radikale Attacke auf unsere Grundrechte und damit ein Angriff auf den innersten Kern der Demokratie. Und es bleibt ja nicht bei der Online-Überwachung, sondern geht noch weiter: Kontoüberwachung, Videoüberwachung, Gesichtserkennung. All das schafft immer mehr Kontrolle und Zugriff auf die Privatsphäre.

Aber muss der demokratische Staat nicht alles tun, um seine Bürger zu schützen? Nein, genau das muss er nicht, und er *darf* es vor allem nicht. Nicht alles. Denn damit zerstört der Staat das, wofür er da ist: die Gewähr der Freiheit für alle. Absoluter Schutz ist ein Wunschtraum, dessen Verwirklichung in einen Alptraum führt. Absolute Sicherheit gibt es nicht, aber das Streben danach führt zu immer weniger Freiheit. Es ist falsch, aus jedem Terroranschlag den Schluss zu ziehen, dass die polizeilichen Befugnisse nicht ausreichen und der Staat noch stärker in die Freiheitsräume der Einzelnen eingreifen dürfen sollte. Der ehrliche und demokratische Schluss wäre: Wir können nen Terrorangriffe nicht vollständig vermeiden, und wir sollten es um unserer freiheitlichen Ordnung willen auch nicht versuchen.

Ist das nicht auch ein überzogener Alarmismus? Niemand mit politischem Einfluss will einen totalitären Staat. Ja, stimmt, aber das Problem ist: Diese Überwachungsmethoden sind das, was ein totalitäres Regime braucht. Und wenn die Mittel bereitstehen, werden sie auch angewandt. Was angewandt wird, kann missbraucht werden. Je mehr Mittel und je mehr erhobene Daten es gibt, desto schlechter lassen sie sich kontrollieren. Gelegenheit macht Diebe, sagt man. So ist es auch mit den staatlichen Überwachungsinstrumenten: Gelegenheit macht Freiheitsdiebe.

Paradoxerweise wird die Demokratie von denen angegriffen, die sie verteidigen sollen. Warum? Es liegt unter anderem an der Eigenlogik von Institutionen, ihre Zuständigkeit stets auszuweiten. Das ist auch bei den staatlichen Institutionen einer Demokratie so. Sie machen sich breit. Obwohl sie dazu da sind, der Freiheit zu dienen, sich also nicht breit zu machen, sich zurückzunehmen, Platz zu machen, sich einzuschränken. Sie vergessen, wozu sie da sind. Es ist eine Art institutionelle Demenz, der auch demokratische Institutionen anheimfallen. Insofern ist der Staat nicht nur der starke Übervater, son-

124

dern zugleich ein störrischer Alzheimerpatient, dem wir immer wieder nachdrücklich sagen müssen, wo es langgeht.

Um die Gefahren der staatlichen Herrschaft zu sehen, dürfen wir nicht nur auf die staatliche Herrschaft starren. Nanu? Ja, ganz richtig, denn die Werkzeuge der Unterdrückung werden nicht nur in staatlichen Werkstätten geschmiedet. Die Werkzeuge sind heute nicht mehr Ketten und Schwerter, nicht mehr nur Maschinengewehre und Stacheldraht, sondern Daten. Sehr, sehr viele Daten. Und die werden vor allem durch private Unternehmen gesammelt, durch Internetgiganten wie Google und Facebook, die alle unsere Schritte im Netz aufsaugen, alle unsere Klicks, all unsere Interessen und Vorlieben, unsere Erinnerungen und Bilder, unsere Pläne und Verabredungen. Diese Daten befinden sich – vielleicht – noch nicht in den Händen des Staates, aber sie sind für ihn äußerst lecker. Vor allem dann, wenn er autoritäre oder totalitäre Gelüste entwickelt.

Das ist das Problem mit den Internetfirmen: Ihre Datensucht ist noch nicht totalitär, aber sie stellen das Material bereit, das totalitäre Regime benötigen. So wie die chinesische Regierung, die zurzeit ihr neues Sozialkreditsystem aufbaut. Es greift auf alle möglichen Datenbanken zu und vergibt jedem Einzelnen Punkte für Wohlverhalten, das natürlich der Staat definiert. Zahlungsmoral, Einkaufsgewohnheiten, soziale Kontakte, aufmüpfiges Verhalten – alles geht ein in die große Menschenverrechnungsmaschine. Wer nicht lieb ist, bekommt nicht nur weniger Punkte, sondern weniger Rechte. So strebt jeder einen hohen Wert auf seinem persönlichen Punktekonto an. Jeder will gehorsam das, was der Staat will – scheinbar ganz freiwillig. Der staatliche Kontrollwahn nistet im Leib der Freiheit und frisst ihn wie ein bösartiges Alien von innen auf. Ein monströser Alptraum, den wir bisher für Science-Fiction hielten, wird hier wahr – durch Big Data. Deshalb bedeutet Demokratie behüten heute auch, uns vor den Internetkonzernen zu hüten.

# 4

# ÜBER DAS
# DEMOKRATISCHE LEBEN

## Warum immer dieser Streit?
### Der Sinn der Diskussion

Kaum klicken wir die News an, schlagen die Zeitung auf, schon springen uns die Schlagzeilen entgegen: Streit um den Gesetzesentwurf, Zank um die Außenpolitik, Kampf um die Flüchtlingspolitik. Die Parteien streiten sich, die Koalitionspartner streiten sich, die Fraktionen streiten sich. Streit, Streit, Streit. Klingt unsympathisch. Klingt nach Zickenkrieg, Motzen oder Kinnhaken. Streit kennen wir ja alle. Streit mit Kollegen, mit Geschwistern, mit Freunden. Ist nicht schön, muss aber manchmal sein.

Politischer Streit dagegen muss immer sein. Denn einen großen Haufen unterschiedlicher Interessen unter einen Hut zu bringen, geht nicht von allein. Dazu muss man die eigenen Meinungen aussprechen, die Interessen artikulieren, die anderen zu überzeugen versuchen, die eigene Position stark machen und die gegnerische Position kritisieren. Man muss also: streiten.

Das Wort Streit hat keinen guten Ruf, weil es nach Geifern und Gift klingt, nach Unversöhnlichkeit, fiesen Attacken und gegenseitigen Beschuldigungen. In manchen Ländern ist der politische Streit auch genauso: vergiftet. Aber das muss nicht so sein. Und sollte es nicht. In jedem Fall ist der demokratische Streit ein Streit mit Worten. Bestenfalls ein Ringen um die gemeinsame Lösung, der dem zwanglosen Zwang des besseren Arguments folgt. Leidenschaften haben ihren Platz, wenn sie nicht mit einem durchgehen. Schärfe und Zuspitzung dürfen sein, wenn sie von grundsätzlicher Anerkennung getragen sind. Wer glaubt, mit Pöbelei und Beschimpfung am demokratischen Streit teilzunehmen, irrt sich. Er benimmt sich daneben. Wer den politischen Gegner als Feind sieht und ihm Vernichtung wünscht, ist noch nicht in der Demokratie angekommen. Und wer nur mit seinesgleichen spricht und sich gegenseitig in der eigenen Meinung bestärkt, redet zwar, aber streitet nicht.

Wie demokratischer Streit auszusehen hat, lässt sich nicht ein für alle Mal sagen. Jede Demokratie hat ihre eigene Streitkultur. Während man im einen Land eher behutsam miteinander umgeht, haut man woanders gern mal verbal drauf. Aber es gibt Grenzen dessen, was für eine Demokratie erträglich ist, und zwar nach oben und nach unten. Sind sich alle einig und so friedlich wie eine Schar Lämmchen, setzt eine Lähmung ein, die dem politischen Leben nicht guttut. Ist der Streit zu konfrontativ, beherrscht von Giftspuckern und Hassprofis, wird die gesellschaftliche Atmosphäre verpestet. Es kommt auf das richtige Maß zwischen Konfrontation und Kooperation an. Der demokratische Streit ist eine Gratwanderung zwischen Gleichklang und Feindseligkeit.

Streit klingt trotzdem hässlich? Okay, nennen wir es Diskussion.

Aber muss diese Diskussion immer auf der öffentlichen Bühne ausgetragen werden, vor aller Augen und Ohren? Ja, genau darum geht es. Denn die politischen Diskussionen drehen sich ja nicht um die Krawattenfarbe des Ehemanns oder die Tischsitten des jugendlichen Sohnes, also um private Dinge. Es geht um das, was uns alle angeht. Der Streit muss in aller Öffentlichkeit ausgetragen werden, weil es öffentliche Angelegenheiten sind. Und weil die politischen Vorhaben und die dafür vorgebrachten Gründe erkennbar sein müssen, transparent, kritisierbar. Weil wir daran teilnehmen können müssen, und sei es nur als stiller Beobachter. Es ist *unser* Streit.

Das, was wir üblicherweise den politischen Streit nennen, der Streit zwischen Parteien und Politikern, ist ja nur die Spitze des gewaltigen Eisberges, der in die Tiefen der Gesellschaft hinabreicht. Jede Diskussion über politische und gesellschaftliche Fragen ist Teil des demokratisch-politischen Streits, ob bei der zufälligen Begegnung im Bus, bei der Vereinssitzung, bei einer Podiumsdiskussion in der Schule oder bei der Lobbyarbeit einer Nichtregierungsorganisation. Diese Diskussionen sind nicht etwas ganz anderes als der politische Streit der Demokratie, sondern sie sind Teil davon. Herrschaft des Volkes heißt immer auch Diskussion des Volkes.

Seine öffentlichste Bühne erhält der politische Streit aber dort, wo es – jedenfalls bei uns bislang ausschließlich – zur verbindlichen Entscheidung kommt: im *Parlament*. »Parlament« kommt von französisch *parler* = reden. Das hat seinen guten Grund. Hier wird miteinander geredet. Und dass der Gesetzgeber ein Parlament ist, heißt eben, dass hier nicht einfach Gesetze beschlossen werden, sondern dass sie aus dem Miteinander-reden hervorgehen. So soll es jedenfalls sein. Demokratie heißt, dass die Entscheidungen über die gemeinsamen Regeln aus der Diskussion geboren werden.

Die ärgsten Feinde der Demokratie sind daran zu erkennen, dass sie das Reden und Diskutieren nicht ernst nehmen. Sie lästern über das »Gequatsche« und nennen das Parlament »Schwatzbude«. Natürlich ist nicht jede Bundestagsrede eine Sternstunde der Rhetorik. Ja, es gibt Gefasel und nichtssagende Phrasen. Und natürlich dient die Diskussion nicht allein der Sache, sondern immer auch dem Wettbewerb um Aufmerksamkeit. Nicht selten sind Diskussionsbeiträge Mittel zur Selbstdarstellung ehrgeiziger Persönlichkeiten mit pfauenhaftem Selbstdarstellungsbedürfnis. Das ist okay. Nicht immer schön, längst nicht so schön wie echte Pfaue, nicht leicht erträglich, aber okay. Eben weil es *öffentliche* Diskussion ist, lässt sich all das kritisieren. Was sich kritisieren lässt, kann man ändern. Und auch die dümmste Rede und die eitelste Gockelei sind Teile des großen gesellschaftlichen Diskussionsstroms, der Ausdruck und Garant von Freiheit ist. Diskussion ist der Lebenssaft der Demokratie.

Deshalb ist jedes Versprechen, mit dem Streit grundsätzlich

129

Schluss zu machen und eine neue »nationale Einheit« zu schaffen, eine Drohung. Die Drohung nämlich, die Demokratie abzuschaffen. In einer Diktatur gibt es keine Diskussion, keinen Streit, jedenfalls nicht auf öffentlicher Bühne. Wer anderer Meinung ist, wer die Meinung der Herrschenden und ihren Herrschaftsanspruch be*streitet*, hat plötzlich Ermittlungen wegen »Steuerhinterziehung« am Hals. Oder verliert seinen Job. Oder wird eingelocht. Auch solche Länder schmücken sich mit Parlamenten, doch sie tragen den Namen zu Unrecht. So wie Chinas Nationaler Volkskongress mit seinen 3000 Abnickern. Da gibt es keinen Streit, sondern einstimmige Beschlüsse und viel, viel Applaus, ganz, ganz harmonisch.

Doch bei uns ist die Gefahr eine andere. Der demokratische Lebenssaft droht weniger autoritär abgedreht zu werden als vielmehr einzutrocknen. Diskussionsverweigerung statt Diskussionsverbot. Wie das? Zum Beispiel wenn wir so tun, als wäre Dissens etwas Unanständiges. Wenn Journalisten »Streit!« kreischen, sobald eine innerparteiliche Diskussion läuft. Wenn Abgeordnete sich vorschnell der Fraktionsdisziplin unterwerfen, statt die Auseinandersetzung mit den Kollegen zu suchen. Wenn Politiker ihre Handlungen nicht erklären, sondern nur mit schaumigen Schlagworten etikettieren. Wenn sie sich der Diskussion mit dem politischen Gegner nicht stellen oder auf den Sankt-Nimmerleinstag verschieben. Wenn sie ihre Entscheidungen als alternativlos bezeichnen statt als das, was sie sind: eine Alternative unter anderen, über deren Vorzüge man streiten kann. Wenn sie einen Konsens behaupten, wo keiner ist. Konsens ist gut, aber nur als Ergebnis einer Diskussion. Warum? Ist doch schön, wenn man sich gleich einig ist, oder? Ja, aber meist entpuppt sich der angebliche Konsens als Pseudo-Konsens, als bloß behaupteter Konsens. Nur wenn der Konsens aus einer Diskussion hervorgeht, wenn jeder zu Wort gekommen ist, können wir sicher sein, dass jeder berücksichtigt wurde, dass es also ein wirklicher Konsens ist. Pseudo-Konsense schließen aus. Und das ist ja der letzte Sinn des demokratischen Streitens und Diskutierens: dass jeder mit seinen Belangen Gehör findet.

## Wie miteinander streiten?
### Die Kunst der Toleranz

Demokratischer Streit muss also sein, doch wie soll er aussehen? Wie sollen wir auf dem schmalen Grat zwischen Eintracht und Hass wandern, ohne abzurutschen? Bei allen Unterschieden von Land zu Land, ein paar Dinge gehören zu jeder demokratischen Ausrüstung. Dazu gehört an vorderster Stelle: Toleranz.

Ach, die Toleranz, dieser gute, alte Leitstern. Wie ein Ehering, der seit einer halben Ewigkeit an unserem Finger hängt. Trägt man, klar, wir sind ja schließlich tolerant. Müssen wir darüber überhaupt ein Wort verlieren?

Anderen erscheint die Toleranz eher wie eine olle, ausgebeulte Lederjacke mit Stickern dran, irgendwie 80er-mäßig. Sieht nicht mehr cool aus, trägt man nicht mehr. Wir sind viel zu tolerant, denken sie.

Während die einen sich für die wandelnde Toleranz halten, finden die anderen, es gibt schon zu viel davon. Wer hat recht? Wahrscheinlich keiner von beiden.

Also ganz von vorn: Warum ist Toleranz in der Demokratie ein Muss? Um Konflikte zu entschärfen? Damit kein Blut fließt? Ja, auch deshalb, und das ist schon viel wert. Es ist allemal besser, einander zu dulden, als sich die Köpfe einzuschlagen. Aber diese Toleranz steht auf schwachen Füßen. Sie ist nur eine eigennützige Strategie und könnte jederzeit verworfen werden, wenn es den Tolerierenden in den Kram passt, wenn sie den Moment gekommen sehen, in dem sie den anderen überlegen sind. Diese Toleranz auf Abruf wäre auch nichts, worauf jemand einen Anspruch erheben könnte: Seid tolerant!

Der eigentliche Grund für Toleranz ist, natürlich, die Freiheit. Tolerieren bedeutet ja nichts anderes, als den anderen ihre Freiheit zu lassen, zu tun, zu sagen und zu glauben, was sie für richtig halten. Gibt es ein Recht auf Freiheit, so gibt es auch ein Recht darauf, in der Ausübung dieser Freiheit toleriert zu werden. Sonst hätte das Recht auf Freiheit gar keinen Sinn. Freiheit und Toleranz gehören so untrennbar zusammen wie Blitz und Donner. Das Recht auf Toleranz gilt für jeden Einzelnen und für jede Gemeinschaft, sei sie noch so klein oder befremdlich. Genauso verhält es sich mit der Pflicht, die anderen zu tolerieren: Auch sie gilt für jeden. Toleranz ist keine Einbahnstraße, sie ist Recht und Pflicht zugleich. Die Forderung nach Toleranz ist also nicht Ausdruck von Verweichlichung, sondern die knallharte Konsequenz aus dem gleichen Recht auf Freiheit. Deshalb ist Toleranz eine der obersten demokratischen Tugenden. An ihr erkennen wir die Einstellung zur Demokratie überhaupt.

Wer Demokratie will, aber nicht zur Toleranz bereit ist, will eigentlich keine Demokratie. Freiheit ja, aber nicht für die Muslime, sagen die einen, nicht für die Gottlosen, sagen die anderen, nicht für die Schiiten, sagen die einen, nicht für die Sunniten, sagen die anderen, nicht für die Frommen, sagen die einen, nicht für die Säkularen, sagen die anderen. So funktioniert das nicht. Wer eine stabile Demokratie will, muss diesen entscheidenden Schritt gehen: den anderen ihre Freiheit zugestehen. Toleranz eben.

Und wie sieht es bei uns aus? Wir sind doch super-super-tolerant, oder? Wir finden auch die Parade am Christopher Street Day echt toll, und die Ehe für alle sowieso. Sorry, aber das ist ein Missverständnis. Wenn wir nichts gegen eine Lebensweise oder eine Ansicht haben, ist das keine Toleranz, sondern Unparteilichkeit oder sogar Wertschätzung. Ist auch gut, nur eben keine Toleranz. Tolerieren heißt nicht Tollfinden. Wir sind nicht schon tolerant, wenn wir diejenigen wertschätzen, die einst diskriminiert wurden oder heute noch woanders diskriminiert werden. Toleranz heißt dulden und aushalten. Man muss also erst mal etwas ablehnen, um es tolerieren zu können. Tolerieren muss weh tun, sonst ist es keine Toleranz.

Ob jemand tolerant oder intolerant ist, zeigt sich erst dann, wenn es um etwas geht, was er wirklich missbilligt. Das ist für jeden etwas anderes. Für manche vielleicht tatsächlich aufgetakelte Dragqueens, die powackelnd durch die Straßen ziehen. Für andere dürfte es eher der Schützenkönig aus Hintertupfingen sein, bei dem das Hirschgeweih überm Sofa hängt. Aber ihnen steht Toleranz genauso zu wie schrägen Vögeln und sexuellen Minderheiten. Den Zeugen Jehovas mit ihren biederen Straßenständchen steht sie ebenso zu wie Ganzkörpertätowierten mit 100 Piercings im Gesicht. Der Kettenraucherin, die ihren Lungenkrebs züchtet, ebenso wie dem Mann, der eine lebensgroße Silikon-Frauenpuppe seine Partnerin nennt. Den absichtlich Kinderlosen mit brennend ehrgeizigen Karriereplänen. Den Kinderreichen mit ihrer rotznasigen Dauerüberforderung. Den Katholiken mit ihrer Anbetung heiliger Knöchelchen. Den Protestanten mit ihren blutleeren Wortgottesdiensten. Den Atheisten mit ihrem sinnentleerten Universum.

Toleranz ist eine Kunst, die niemandem in die Wiege gelegt ist. Wir müssen sie lernen. Jugendliche haben manchmal sehr enge Vorstellungen davon, was in Ordnung ist und was nicht. Altersgenossen mit der falschen Meinung lehnen sie mit Inbrunst ab, auf dem Schulhof haust die Intoleranz. Die meisten werden toleranter, wenn sie erwachsen werden. Auch insofern ist Demokrat werden wie erwachsen werden: Man lernt den anderen zu akzeptieren, obwohl man ihn nicht schätzt. Wer nicht demokratisch-tolerant denkt, ist im Grunde nie richtig erwachsen geworden.

Ein Zweifel bleibt: Ist Toleranz nicht ein Schritt auf dem Weg zu Relativismus und Beliebigkeit? Ein schleichender Verrat an dem, was wir für richtig, wichtig und wertvoll halten? Die Antwort ist ein entschiedenes Nein. Unsere Wertungen sind es, die Toleranz nicht nur nötig, sondern überhaupt erst möglich machen. Wäre alles beliebig, bräuchten wir keine Toleranz. Noch einmal: Tolerieren bedeutet, etwas zu dulden, *obwohl* man es für falsch hält. Und es heißt auch keineswegs, dass das, was man toleriert, nicht mehr kritisierbar ist. Tolerieren ist nicht dasselbe wie Klappe halten. Im Gegenteil, Toleranz ermöglicht erst den zivilisierten Streit über das, was umstritten ist. Erst wenn wir dem anderen das Recht zustehen, zu leben wie er will, können wir darüber auf Augenhöhe reden.

Auch *in* diesem Streit muss Toleranz regieren. Denn es geht ja nicht darum, den anderen nur zu dulden, solange er schweigt, sondern auch das zu ertragen, was er selbst an Kritik äußert – gerade dann, wenn sie scharf ist oder mit Spott, Satire und Karikaturen um sich wirft. Tolerant sein bedeutet, die Bereitschaft zum Beleidigtsein herunterzufahren. Nötig ist eine kräftige Portion Selbstbeherrschung und Gelassenheit. Toleranz ist die Coolness der Demokraten.

133

Es dürfte kein Zufall sein, dass manche der heutigen politischen Führer, die in ihren Ländern die Demokratie zerstören oder mit ihr fremdeln, ausgesprochen dünnhäutig sind und sich unentwegt angegriffen fühlen. Beleidigte Leberwürste geben keine guten Demokraten ab.

Aber ist Toleranz immer richtig? Müssen wir die ewiggleiche Toleranzsoße wirklich ohne Unterschied über alles und jeden gießen? Hoppla, nein, das hat auch niemand behauptet. Selbstverständlich hat Toleranz Grenzen, *muss* welche haben. Und wenn Toleranz eine Soße ist, dann eine, die zu manchen Gerichten nicht passt – und bei uns auch kaum dazu serviert wird. Toleranz muss nicht nur Grenzen haben, sondern sie sind von Anfang an Teil von ihr. Das Gerede von Soße ist dümmlich, aber wenn es unbedingt sein muss, dann sind die Grenzen fester Bestandteil des Soßen-Rezepts. Denn etwas zu tolerieren ergibt nur Sinn, wenn man sich über einige übergeordnete Regeln einig ist. Anders gesagt: Toleranz steht unter der Bedingung, dass bestimmte Grenzen beachtet werden. Gewiss, diese Grenzen werden zuweilen übersehen, Toleranz wird manchmal an der falschen Stelle geübt. Doch das spricht lediglich gegen die Klarsicht der Beteiligten, nicht gegen die Toleranz selbst. Echte Toleranz kommt nicht aus ohne die Bereitschaft zur Intoleranz – an den richtigen Stellen.

Gut, soweit zum Grundsätzlichen. Aber die brennende Frage ist natürlich: Wo verlaufen die Grenzen der Toleranz? Ganz einfach: Wenn Toleranz auf dem Respekt vor der gleichen Freiheit aller fußt, muss die Toleranz natürlich dort enden, wo diese Freiheit verletzt und bedroht wird. Dann zum Beispiel, wenn Leute ihre Nachbarn mit lauter Musik terrorisieren. Oder, schlimmer, wenn sie andere Menschen bedrohen, schlagen oder einschüchtern. Wenn sie Rache und Selbstjustiz üben oder auch nur androhen. Wenn Eltern ihre Kinder vernachlässigen oder sie im Namen der Familienehre drangsalieren oder gar ermorden. Wenn das Recht missachtet wird oder wenn jemand meint, die freiheitliche Rechtsordnung durch die Scharia ersetzen zu dürfen. Wenn Frauen nicht das Vertrauen haben können, sich sicher im öffentlichen Raum bewegen zu können. Wenn Symbole des Hasses in der Öffentlichkeit gezeigt werden und die wechselseitige Toleranz untergraben, wie das Hakenkreuz oder die IS-Flagge. Wenn Leute

134

ihre persönlichen Vorstellungen des guten Lebens anderen Menschen aufdrücken wollen, seien es Angehörige der gesellschaftlichen Mehrheit oder einer Minderheit.

Also keine Sorge, für berechtigte Intoleranz bleibt genügend Platz. Dennoch haben wir im Großen und Ganzen nicht zu viel, sondern zu wenig Toleranz. Denn intolerant sein ist einfach, tolerant sein schwer. Toleranz verlangt Selbstüberwindung und Augenmaß, einen eigenen Standpunkt und die Anerkennung des Gegenübers. Man muss etwas falsch finden und genau dieses dulden. Und es braucht die Kraft, diese Spannung auszuhalten. Toleranz ist eine Art mentaler Triathlon. Die blinde Intoleranz dagegen ist so anstrengend wie Minigolf. Im Zeitalter der Selbstoptimierung redet man gerne von Arbeit an sich selbst, die treibt manchmal seltsame Blüten, aber bei der Arbeit an der eigenen Toleranz haben wir wirklich noch eine Menge zu tun.

Zur Toleranz gehört auch das: es aushalten, wenn die bisherigen Grenzen der Toleranz in Frage gestellt werden. Denn so klar die Grenze im Grundsätzlichen ist, so sehr müssen wir sie im Einzelnen immer wieder neu bestimmen und neu diskutieren. Wo genau die Grenzpflöcke einzuschlagen sind, steht nicht von vorn herein fest. Sondern das hängt auch von Interpretationen ab, von gesellschaftlichen Erfahrungen und Lernprozessen. Dürfen muslimische Mädchen vom gemeinsamen Sportunterricht befreit werden? Gehört es zur Toleranz, Gebetsräume einzurichten und Gebetszeiten zu gewähren? Wer ist dazu berechtigt? Wo endet die Satire, wo beginnt die Beleidigung? Dürfen wir Burka oder Niqab in der Öffentlichkeit verbieten? Was müssen wir aushalten, was nicht? Welche Freiheit soll mehr Gewicht haben? Um die richtigen Grenzen der Toleranz zu streiten, gehört zu einer lebendigen Demokratie wie der Wellenschlag zum Meer. Mal sanfter, mal wilder, aber stets wird die Scheidelinie zwischen Wasser und Land gesucht.

Ähm, und das Kopftuch? Das Ding, bei dem noch jede Toleranzdebatte irgendwann anlangt? Zeigt sich nicht spätestens hier, dass wir zu tolerant sind? Denn ist die muslimische Haarbedeckung nicht Zeichen für eine Diskriminierung der Frauen? Oder für eine Missionierungsabsicht? Oder wenigstens für eine fragwürdige kultu-

135

relle Abgrenzung? Müssen wir es nicht wenigstens aus den Schulen verbannen oder am besten gleich ganz aus der Öffentlichkeit? Nein, müssen wir nicht und dürfen wir nicht. Wenn das Kopftuch eindeutig ein Symbol wäre, das mit demokratischen Prinzipien unvereinbar ist, dürften wir es verbieten. Aber so eindeutig ist es bei weitem nicht. Manche muslimische Frau trägt ein Kopftuch tatsächlich, weil ihr Mann es verlangt. Andere tragen es aus freiem Willen, aus ihrem Verständnis von Frömmigkeit. Wieder andere schlichtweg aus Tradition und Gewohnheit. Da hilft nur die gute alte abendländische Devise: im Zweifelsfall für die Freiheit des Einzelnen. Dass Menschen religiöse Symbole zeigen, auch in der Öffentlichkeit, müssen die Mitmenschen aushalten.

Unbequem? Mag sein. Aber so ist Toleranz nun mal – unbequem. Und noch einmal: Toleranz schließt Kritik nicht aus. Wer will, kann das Kopftuch kritisieren. Die Auffassung etwa, es gebe eine religiöse Pflicht dazu. Die seltsame Ungleichheit, dass Frauen sich zu verhüllen haben, während die Männer herumlaufen können, wie sie wollen. Man kann es als Ausdruck von Rückständigkeit tadeln. Man kann die Annahme für abstrus halten, dass der Schöpfer des Weltalls, der allumfassende, allwissende und barmherzige Gott sich um einen Fetzen Stoff schert. Man kann zum Ausdruck bringen, dass es schwerfällt, das Kopftuch, egal mit welcher Motivation getragen, nicht *auch* mit einem Islamverständnis in Verbindung zu bringen, das Intoleranz, Hass, Unterdrückung, Terrorismus und unsägliche Grausamkeiten gebiert. All das kann man sagen – auf anständige Weise und zum richtigen Zeitpunkt. Aber das ist etwas anderes, als jemandem vorschreiben zu können, wie er sich kleidet. Das zu akzeptieren fällt manchmal schwer. Doch Toleranz ist eben harte Arbeit. Die muss auf sich nehmen, wer in einer Demokratie leben will.

**136**

# Was darf man sagen?
## Meinungsfreiheit und politische Korrektheit

Meinungsfreiheit findet jeder gut. Jedenfalls dann, wenn es um die eigene Meinung geht. Bei den Meinungen anderer ist das schon schwieriger. Vor allem dann, wenn sie weit von der eigenen entfernt liegen, wenn sie falsch sind, dumm oder gar böse. Und in der Welt wimmelt es ja von falschen, dummen und bösen Meinungen. Die soll man alle ungehemmt zum Besten geben dürfen? Na, so ganz das Wahre scheint diese Meinungsfreiheit wohl doch nicht zu sein, oder?

Anderen geht die Meinungsfreiheit nicht zu weit, sondern nicht weit genug. Sie leiden unter dem Gefühl, nicht offen sagen zu dürfen, was sie denken. Sie meinen, in einer ungeheuerlichen Meinungsdiktatur gefangen zu sein, in der eine allgegenwärtige Sprachpolizei herumschleicht, die peinlichst auf die Einhaltung politischer Korrektheit achtet. Entsetzlich.

Scheint also kompliziert zu sein. Die Meinungsfreiheit ist, wie die Toleranz, ein demokratischer Zankapfel. Was darf man sagen? Was muss man sagen dürfen? Wo verlaufen die Grenzen? Sollte es überhaupt welche geben?

Nur ein Punkt scheint klar zu sein: Meinungsfreiheit ist für die Demokratie zentral. Warum? Weil es ohne sie keine Demokratie gibt. Wenn Demokratie vom Streit um die richtige Meinung lebt, müssen wir unsere Meinungen aussprechen dürfen. Nur mit freier Meinungsäußerung gibt es einen freien Diskurs, aus dem der demokratische Wille hervorgeht. Die Stimme erheben und Abstimmen gehören zusammen wie Säen und Ernten. Auseinandersetzung, Verständigung, Einigung, aber auch Kritik und Zurückweisung – all das geht nur, wenn wir die Freiheit haben zu sagen, was wir denken. Und zwar alle. Nicht nur die Vorlauten und Schreihälse, die Mächtigen und rhetorisch Gewieften, sondern jeder.

Die Begründung für die Meinungsfreiheit geht noch eine Etage tiefer. Sie ist nämlich untrennbares Element der menschlichen Handlungsfreiheit. Handeln besteht ja nicht nur aus Schaffen, Shoppen und Spielen, sondern vor allem auch aus Sprechen. Menschen sind nicht nur mit Fressen und Werkeln beschäftigt wie die unentwegt rackernden Ameisen, sondern sie sind sprechende und denkende Wesen. Selbst das schlichteste Gemüt hat bestimmte Ansichten, die zu ihm gehören wie seine Freunde. Vielleicht wechselt er mal seine Freunde, aber so lange er sie hat, sind sie ihm wichtig, sind ein Teil von ihm. Diese mentalen Freundschaften muss er pflegen und entwickeln dürfen, indem er sie ausspricht. Wir wären nicht frei, ja nicht einmal ganz wir selbst, wenn wir nicht frei reden könnten.

Meinungsfreiheit ist also nichts, was zur Freiheit hinzukommt als Extra-Bonbon, sondern sie ist ihr unmittelbarer Ausdruck. Freiheit ohne Meinungsfreiheit gibt es genauso wenig wie einen Wald ohne Bäume. Und deshalb ist auch eine Demokratie ohne Meinungsfreiheit ein Unding, ein Nonsens à la »Dunkel wars, der Mond schien helle«. Wem die Freiheit heilig ist, dem ist auch die Meinungsfreiheit heilig.

Dieses weltliche Heiligtum sollten wir mit aller Kraft verteidigen. Auch gerade dann, wenn die Meinungen alles andere als heilig sind. Wenn sie unsympathisch, schräg und abseitig sind, ja wenn es sich um ideologischen Unfug handelt.

Himmel Herrgott, und wo endet das? Spätestens dann, wenn Meinungen die Demokratie selbst in Frage stellen, wenn sie die Werte der Verfassung ablehnen, muss doch mal Schluss mit lustig sein!

Nein, Irrtum, auch dann nicht. Das würde die Meinungsfreiheit ihres Sinns berauben. Sie ist gerade auch das Recht, radikal vom Mainstream abzuweichen. Dazu gehört, die Grundlagen unseres demokratischen Zusammenlebens ablehnen zu dürfen. Wäre das allgemein Akzeptierte der Maßstab für die Zulässigkeit einer Meinungsäußerung, wäre die Meinungsfreiheit am Ende. Auch anstößige und extreme Meinungen müssen erlaubt sein. Gedanken verletzen keine Rechte, auch keine ausgesprochenen. Meinungsfreiheit ist Geistesfreiheit, und in den Geist des einzelnen Menschen darf der demokratische Staat nicht eingreifen.

Erst dann, wenn eine Äußerung die Sphäre des Meinens verlässt und die Schwelle zur Tat betritt, dürfen wir Schranken errichten. Etwa dort, wo der Zweifel an der freiheitlichen Ordnung umschlägt in den Versuch, sie zu beseitigen. Dann, wenn Leute nicht nur das Recht verneinen, sondern zum Rechtsbruch aufrufen. Wenn sie andere Menschen nicht bloß ablehnen, sondern beleidigen. Wenn sie sich nicht nur kritisch äußern, sondern mit Hass und Hetze das friedliche Zusammenleben bedrohen. Wenn sie Gewalt nicht nur theoretisch befürworten, sondern androhen. Immer dann ist Schluss mit der Freiheit des Sprechens, denn hier werden die Freiheiten anderer angegriffen. In diesem Sinne entscheidet auch das Bundesverfassungsgericht stets aufs Neue.

Caramba, das ist verdammt locker! Vielleicht *zu* locker? Hauen wir uns damit nicht den Boden unter unseren demokratischen Füßen weg, wenn wir die gedankliche Attacke gegen Freiheit und Gleichheit hinnehmen? Ist es nicht gefährlich, wenn wir erst die reale Faust verbieten und nicht schon die gedachte?

Ja, das ist nicht ohne Risiko. Doch es gehört zur Größe der Demokratie, auch ihre eigene Infragestellung zu ertragen – wohlgemerkt: solange es bei der bloßen Meinung bleibt. Wenn alles Meinen erlaubt ist, auch die radikale Infragestellung des Üblichen und Anerkannten, öffnet das zwar den Raum für geistigen Unrat, doch ebenso für innovative Ideen, für Neubesinnung und Weiterdenken. Radikale Meinungsfreiheit ermöglicht gesellschaftlichen und politischen Fortschritt. Diese Offenheit mag für den einen oder anderen unbehaglich sein, aber Demokratie ist nun mal kein Sanatorium. Die Demokratie setzt auf das Vertrauen in die Freiheit. Das Vertrauen, dass sich im freien Ringen der Denkweisen auf lange Sicht das Wahre und das Gute durchsetzen.

Bei all dem geht es um das *Grundrecht* auf Meinungsfreiheit. Es ist ein Recht gegenüber dem *Staat*. Doch genügt es, wenn uns der Staat nicht hineinredet? Natürlich nicht. Die Freiheit der Meinungsäußerung muss auch zwischen den Bürgern leben. Nur wenn die Meinungsfreiheit tief im gesellschaftlichen Erdreich wurzelt, kann eine demokratische politische Kultur blühen. Diese Dimension der Meinungsfreiheit ist es, auf die sich die Sorgen heute richten. Hier geht das Gespenst der politischen Korrektheit um. Wer es erblickt, sieht allerorten moralische Zeigefinger in die Höhe ragen und ungeschriebene Sprechverbote die Freiheit ersticken. Was einst gedacht war, um Diskriminierung zu verhindern und Respekt zu stärken, ist demnach umgeschlagen in Tugendwahn und die Meinungsherrschaft des Mainstreams.

Und tatsächlich: Umstrittene Redner werden unter öffentlichem Druck wieder ausgeladen, Veranstaltungen politischer Gegner werden gesprengt und belagert, Reden niedergeschrien. Insbesondere an Universitäten führt das Bemühen um politische Korrektheit zu absurden Auswüchsen. Professoren erfahren wegen konservativer Positionen massive Anfeindungen und Verleumdungen, oder sogar nur aufgrund ihrer Themenauswahl. Das Bemühen um Respekt wird hier fanatisch und übergriffig und verkehrt sich in sein Gegenteil. Moralischer Eifer ersetzt die Auseinandersetzung mit Argumenten. Der Versuch, Angehörige von Minderheiten nicht in Schubladen zu stecken, verwandelt sich selbst zur allzu engen Schublade. Korrekt ist daran gar nichts. Es ist die alte, hässliche Verwehrung der Freiheit Andersdenkender – nur jetzt im seidenen Gewand von Anerkennung und Gleichheit. Hier brauchen wir eine kräftige Portion Voltaire. Dem französischen Philosophen aus dem 18. Jahrhundert werden die Worte nachgesagt: »Ich lehne ab, was Sie sagen, aber ich werde bis auf den Tod Ihr Recht verteidigen, es zu sagen.« Echte Meinungsfreiheit bewährt sich immer erst bei Meinungen, die man aus tiefstem Herzen ablehnt. Obwohl der Voltaire-Satz landauf, landab zitiert wird, haben ihn viele immer noch nicht ganz erfasst.

Und was ist mit der Sprachpolitik? Mit der strengen Aussortierung altvertrauter Wörter, die man plötzlich nicht mehr aussprechen darf, ohne eins auf den Deckel zu kriegen? Ist es nicht sogar eine Verletzung des freien demokratischen Diskurses, wenn man nicht mehr »Neger« sagen darf? Nein, ist es nicht. Genauso wenig, wie es den Diskurs verletzt, dass man jemanden nicht »Idiot« oder »Hure« nennen darf. Das Gegenteil ist der Fall: Der Diskurs ist darauf angewiesen, dass wir uns Herabsetzungen versagen. Was ist eigentlich so schwer daran, auf ein paar Ausdrücke zu verzichten, die andere Menschen mit guten Gründen als verletzend empfinden? Wenn Uschi nicht mehr Uschi genannt werden will, sondern Ursula, quälen wir sie doch auch nicht immer weiter mit ihrem alten Spitznamen. Und Uschi ist nicht mal negativ gemeint, in dem Wort »Neger« aber steckt seit langem eine dicker Brocken Geringschätzung.

Aber heißt »Neger« nicht einfach »schwarz«? Daran kann doch nichts problematisch sein. Einspruch, der Hinweis auf die Herkunft der Wörter bringt nichts. Ihre Bedeutungen verändern sich. Was ursprünglich harmlos gemeint gewesen sein mag, kann heute herabsetzend sein. »Idiot« kommt aus dem Griechischen und bezeichnet eigentlich jemanden, der sich nur um seine privaten Dinge kümmert. Dürfen wir also Idiot zueinander sagen, wenn wir unseren Rasen mähen und uns von politischen Dingen fernhalten? Nein, denn heute bedeutet es Schwachkopf und ist eine Beleidigung.

Andererseits brauchen wir auch nicht immer gleich vor Schreck aus den Latschen zu kippen, wenn ein Wort wie »Neger« in einem historischen Zusammenhang auftaucht. Oder in einem satirischen. Rassismus lässt sich weder durch Umschreiben der Vergangenheit noch durch Humorlosigkeit zum Verschwinden bringen. Wir schreiben ja auch nicht die alten Briefe von Ursula um, in denen sie mit Uschi unterschrieb. Einfach mal ein bisschen auf den Kontext achten, das würde schon enorm helfen.

Und wir können auch nicht auf jede Mimose Rücksicht nehmen. Doch wie unterscheiden wir zwischen berechtigter und übertriebener Forderung? Wie stellen wir fest, was harmlose und was demütigende Sprache ist? Natürlich, durch öffentliche Diskussion, in der sich die verschiedenen Perspektiven einbringen – wie sonst? Wir müssen darüber sprechen, welche Wörter ausrangiert gehören und welche nicht.

Ich weiß das auch ohne Diskussion, wird mancher seufzen. Nein, du weißt es nicht, denn die Sprache gehört keinem allein. Wir müssen gemeinsam immer wieder neu die Grenzen des Angemessenen bestimmen. Und es aushalten, dass diese Grenzen in Frage gestellt und diskutiert werden. Dass dabei auch hanebüchene Forderungen laut werden, dass sich Wortextremisten und Korinthenkacker unter die Diskussion mischen, dass einige Leute ihre persönliche Empfindlichkeit für allgemeingültig halten – das bleibt nicht aus. Einfach tief durchatmen, das schont die Nerven und die Streitkultur. Doch Diskussion heißt eben auch, dass wir verfehlte Ansprüche zurückweisen dürfen. Verkehrt allerdings ist es, bereits die Diskussion darüber für verfehlt zu halten. Denn wie sollen wir sonst entscheiden, wie wir sprechen wollen?

Es gibt also eine überzogene politische Korrektheit, das steht außer Frage. Aber ... Meinungsdiktatur? Zensur? Sprachpolizei? Tugendterror? Hallo? Geht's nicht ein paar Nummern kleiner? Aus der Tatsache, dass einige wenige die gleiche Freiheit für alle mit der Freiheit nur für Gleichdenkende verwechseln, lässt sich nicht ableiten, dass die Meinungsfreiheit bei uns insgesamt ernsthaft gefährdet ist – oder gar bereits abgeschafft. Die Rede von Meinungsdiktatur mag ja mal als satirische Zuspitzung willkommen sein. Doch wer diese bombastischen Worte dauernd im Munde führt, glaubt irgendwann wirklich, unter einem solchen Regime zu leben. Wer ernsthaft von Meinungsdiktatur und Tugendterror redet, verwechselt extreme Milieus mit der gesamten Gesellschaft.

Man dürfe nicht offen behaupten, dass der Islam ein massives Gewaltproblem hat? Dass Islam und Islamismus zusammenhängen? Dass die Integration von hunderttausenden Flüchtlingen extrem schwierig ist? Dass nicht alle kulturellen Erscheinungsformen gleichwertig sind? Dass gendergerechte Sprache autoritär und hässlich ist? Dass die Nation sich keinesfalls überlebt hat, sondern ein wichtiger Bezugsrahmen ist und bleibt? So ein Humbug. Selbstverständlich kann man das alles sagen, und noch viel mehr, und es wird allerorten gesagt. Unentwegt und so laut, dass einem die Ohren klingeln.

Überhaupt entlarvt sich das Geschrei über die angebliche Meinungsdiktatur selbst. Wer überall gegen die Einschränkung der Meinungsfreiheit protestieren kann, scheint nicht sehr eingeschränkt zu sein. Die Klage über die fehlende Meinungsfreiheit ist ein Widerspruch in sich selbst. Indem sie öffentlich ertönt, widerlegt sie das, was sie behauptet. Wie jemand, der zweifelt, dass er zweifeln kann. Oder jemand, der an die Wahrheit glaubt, dass es keine Wahrheit gebe. Wer ungestört ein Meinungsdiktat in allen öffentlichen Diskursen behauptet, weiß nicht, wovon er spricht oder was er tut – und verdirbt nebenbei das politische Klima.

Und dennoch reißt das Gejammer nicht ab. Kein Wunder, ist es

142

doch äußerst komfortabel, sich in die Vorstellung einer Meinungsdiktatur hineinzufantasieren, unter deren Joch man leide. Man kann den Heiligen-Schein eines Märtyrers erwerben, ohne Opfer bringen zu müssen. Sich wie Sophie Scholl fühlen, ohne je das kalte Eisen der Guillotine am eigenen Hals spüren zu müssen. Das ist nicht nur angenehm, sondern auch für den Diskurs ungemein praktisch. Der größte Blödsinn lässt sich im stolzen Bewusstsein verbreiten, man sei einer der wenigen Aufrechten. Und die Kritik daran kann man getrost ignorieren, denn sie ist ja von vornherein unglaubwürdig, weil sie von jenen stammt, die durch die Ideologie der politischen Korrektheit ferngesteuert sind. Quatschen, ohne seine Gegner ernstnehmen zu müssen – herrlich!

Der Vorwurf der Meinungsdiktatur dient also gar nicht der Förderung eines freien Diskurses, sondern seiner Beseitigung. Damit ist er nicht nur sachlich falsch, sondern undemokratisch. Genauso undemokratisch wie die tatsächlichen Meinungsverhinderer, gegen die sie sich auflehnen. Die wirklichen Würger der Meinungsfreiheit und diejenigen, die sich überall abgewürgt glauben – sie machen auf verquere Weise gemeinsame Sache.

Wahrscheinlich ist mit »Meinungsdiktatur« von Anfang an etwas ganz anderes gemeint. Nämlich die Erfahrung, für seine Meinungsäußerungen Kritik einstecken zu müssen. Immer diese Gegenargumente. Kaum sagt man was, ertönt prompt der Widerspruch. Das ist natürlich unschön. Kann man nicht mal eine These raushusten, ohne Widerspruch zu ernten? Doch, selbstverständlich kann man das: zu Hause, in den eigenen vier Wänden, allein. In der Öffentlichkeit können wir diesen Wunsch leider nicht erfüllen. Wer sich öffentlich äußert, muss in der Demokratie damit rechnen, auf Einwände zu stoßen. Dazu gehören übrigens auch die sozialen Medien. Ein Facebook-Account ist nicht mit dem heimischen Sofa zu verwechseln. Wer Kritik nicht erträgt, soll es lassen, aber bitte nicht sein Mimosentum mit fehlender Meinungsfreiheit verwechseln. Freiheit der Rede ist nicht Freiheit von Widerrede.

Schön, die Meinungsfreiheit ist nicht ernsthaft eingeschränkt. **143** Doch vielleicht *sollten* wir sie einschränken? Ein bisschen wenigstens?

Nicht unbedingt mit rechtlichen Mitteln, aber mit allen anderen, vom Pfeifkonzert bis zur Sitzblockade? Schließlich sind manche Meinungen eine Zumutung, auch wenn sie vom Grundrecht auf freie Meinungsäußerung abgedeckt sind. – Nein, nein und nochmals nein, Demokratie lässt sich nicht mit undemokratischen Mitteln kultivieren. Meinungsfreiheit tut nun mal weh. Wir sollten es tapfer ertragen und der autoritären Versuchung widerstehen, egal von welcher Seite sie uns anlächelt.

Und noch einmal: Meinungsfreiheit für jeden bedeutet nicht Anerkennung jeder Meinung. Im Gegenteil, erst wer frei sprechen kann, kann auch kritisiert, ja zurechtgewiesen werden. Außerdem schafft kein wutschnaubend blockiertes Diskussionspodium, keine erzwungene Ausladung eines missliebigen Redners mehr Freiheit und Gleichheit. Dafür aber eine Menge an Feindseligkeit. Wer antiliberale Auffassungen mundtot machen will, spielt nur den antiliberalen Kräften in die Hände. Die Unterdrückung unerwünschter Meinungen geht nach hinten los. Einen Pickel soll man nicht in die Haut drücken. Bleiben sonst schlimme Narben zurück.

## Aufbruch ins Unbekannte
### Verstehen, Denken, Lernen

Die Demokratie verlangt also, dass wir die anderen machen lassen und reden lassen, selbst wenn es verdammt schwerfällt. Eine Zumutung. Doch aufgepasst, es kommt noch dicker: Wir müssen die anderen auch *verstehen*.

Jetzt schlägt's aber Dreizehn. Demokratie ist doch kein Stuhlkreis. Müssen wir uns am Ende womöglich alle anfassen und Bussi geben? Nein, kein Grund zur Panik. Aber keine Diskussion – sei sie auch noch so scharf – kommt ohne Verstehen aus, wenn sie mehr sein soll als ein verbaler Gladiatorenkampf. Dieses Mehr ist die Auseinandersetzung mit der gegnerischen Position. Wir können uns nicht mit ihr auseinandersetzen, wenn wir sie nicht verstehen. Und wir verstehen sie besser, wenn wir die Gründe und Motive verstehen, aus denen sie sich speist. Wenn wir nicht nur verstehen, *was* gesagt wird, sondern auch

144

*warum* es gesagt wird. Politische Überzeugungen sind ja keine Jonglierbälle, mit denen man leichthändig spielt, sondern sie sind verankert in Lebensweisen und Erfahrungen, in der Persönlichkeit.

Aber kommt hier nicht die Kritik zu kurz? Geht sie nicht unter im Morast weichgespülter Einfühlsamkeit? Keine Sorge, das tut sie nicht. Wir dürfen, ja wir müssen diejenigen kritisieren, die aus unserer Sicht falsch liegen. Das Problem nur ist: In den Augen der jeweils anderen liegen *wir* falsch. Kritik ist keine Einbahnstraße. Streit bedeutet auch, sich selbst kritisieren zu lassen. Und wenn das nicht nur heißen soll, den Redeschwall des Gegenübers über sich ergehen zu lassen wie einen kalten Herbstregen, dann geht es darum, die Kritik zu verstehen. Nur so ist eine Auseinandersetzung mit ihr möglich. Und die Kritik des anderen zu verstehen, heißt – genau: ihn selbst zu verstehen, jedenfalls ein Stück weit.

Die richtig verstandene Demokratie kommt also ohne Verstehen nicht aus. Natürlich können wir das Verstehen-wollen nicht einfordern wie Toleranz zu üben und Meinungsfreiheit zu gewähren. Zur Freiheit gehört auch die Freiheit, nicht verstehen zu wollen und nicht verstanden werden zu wollen. Doch wenn zu viele dieses Verstehen-Fasten dauerhaft betreiben, wird die Demokratie magersüchtig. Das ist eine der seltsamen Spannungen der Demokratie: Sie erlaubt uns wie keine andere politische Ordnung, so zu leben, wie wir wollen. Und zugleich ist sie wie keine andere darauf angewiesen, dass wir nicht gänzlich nebeneinanderher leben. Völlig isolierte Parallelgesellschaften vertragen sich nicht mit der Demokratie.

Wer sich also in seinem Schneckenhaus verkriechen will und nur herauskommt, wenn eine gleichgesinnte Schnecke vorbeigekrochen kommt, der darf das tun. Demokratie allerdings lässt sich mit solchen Weichtieren schlecht machen. Ebenso wenig wie mit menschlichen Maschinengewehren, die ihre Meinungssalven rausballern, wie es nur geht, und für die Zuhören bloß bedeutet, auf die nächste Lücke im Redestrom des anderen zu warten, um selbst wieder zu feuern.

Gewiss, eine Meinung zu haben und zu vertreten, ist wichtig. Aber die meisten von uns können das ziemlich gut. Schon im Kindergarten lernen wir es. Anna ist blöd, die spielt nicht mit mir. Was viele weniger gut können, ist zuzuhören. Das müssen wir aber, denn nur so gelingt die demokratische Verständigung. Nicht mehr Sendungsbewusstsein brauchen wir, sondern mehr Empfangsbewusstsein.

Wieso eigentlich »wir«? Können das nicht die Politiker machen? Doch wie sollten Politiker die Kunst des Verstehens und Zuhörens beherrschen, wenn die Bürger es nicht tun? Politik ist die Fortsetzung des gesellschaftlichen Umgangs mit anderen Mitteln. Aus einem Teich voller Piranhas gehen keine Goldfische hervor. Normale Bürger sind zum Verstehen sogar eher in der Lage als der durchschnittliche Spitzenpolitiker. Denn der steht fortwährend im demokratischen Wettkampf, der ihm die Ohren verstopft. Alles ist Bühne, jedes Gespräch droht unter einer Wachsschicht von Selbstdarstellung zu ersticken. Die Verständigung der Gesellschaft kann daher nur eingeschränkt von ihren Vertretern bewerkstelligt werden. Das müssen wir schon selbst machen.

Dennoch: Ist das nicht alles eine Spur zu gefühlig? Verstehen, Verständigung, Zuhören – warmherzige Worte, aber sie stammen aus der Psychokiste. Passend für die Telefonseelsorge, aber nicht für harte Politik und eine unpersönliche Gesellschaft.

Wer das denkt, vergisst, dass Demokratie mehr ist, als den anderen ihre persönliche Freiheit zu lassen. Sie ist die gemeinsame Regelung gemeinsamer Angelegenheiten unter sehr vielen sehr verschiedenen Menschen. Demokratie ist nicht nur ein Nebeneinander freier Menschen, sondern ein Miteinander freier Bürger, die sich jedoch fremd sind. Wir sind nicht auf Verstehen angewiesen, weil wir uns alle so furchtbar gerne haben, sondern weil wir gerade das *nicht* tun und trotzdem miteinander auskommen müssen. Das demokratische Miteinander gibt es nicht im Großen, wenn es nicht im Kleinen und Konkreten verankert ist. Demokratische Politik lebt von mentalen und sozialen Voraussetzungen, die auf der molekularen Ebene menschlicher Beziehungen geschaffen werden. Wenn Verstehen Psychokram ist, dann kommt Demokratie nicht ohne Psychokram aus.

146    Das Verstehen zwischen Fremden stärkt die Demokratie, auch wenn es gar nicht um politische Fragen geht. Selbst dann, wenn sich

Gespräche um den Weihnachtsbaumschmuck, das Ende des Ramadan, Lady Gaga oder, na schön, das Wetter drehen, können sie zur Verständigung zwischen unterschiedlichen Lebenswelten, Subkulturen und Weltanschauungen beitragen. Jedes Verstehen, ja jedes ehrliche Bemühen darum schult die Fähigkeit, mit Andersartigkeit umzugehen. Ist ein Beitrag gegen die Zersplitterung der Gesellschaft. Trägt ein Körnchen zum Bau einer gelingenden Demokratie bei.

Keine Frage, eine Demokratie kann lange Zeit mit tiefen gesellschaftlichen Gräben, mit Unversöhnlichkeit zurechtkommen. Sie hält eine Menge aus. Doch irgendwann kann der Moment kommen, an dem sie entlang dieser Gräben zerbricht. Deshalb kommt es heute schon darauf an, sie zumindest nicht tiefer werden zu lassen.

Wir brauchen uns keine Illusion zu machen. Das Bemühen um die mitmenschlich-gesellschaftliche Verständigung ist anstrengend und mit Enttäuschungen gespickt. Man stößt auf Leute mit dem Charme einer Mistgabel und auf Ansichten, für die eine solche Gabel geschaffen ist. Natürlich ist es leichter, »Arschloch!« zu rufen, als Verständnis aufzubringen. Ist ja auch befreiend, und manchmal geht es nicht anders. Aber Arschloch-Rufe sind nicht der Stoff, aus dem eine Demokratie gebaut wird.

Auch das ernsthafteste Bemühen um Verstehen ist keineswegs immer erfolgreich. Und selbst wenn es gelingt, bringt es nicht alle Fremdheit zum Verschwinden. Diese Fremdheit aber entsteht von ganz allein, Verständigung jedoch nicht. Wir müssen sie also leisten, stets aufs Neue. Jeder Einzelne muss seine instinktive Neigung austricksen, sich nur Leuten zuzuwenden, die ihm ähnlich sind. Jeder muss den festsitzenden Gewohnheiten des bequemen Anschweigens und vorschnellen Verurteilens entgegenarbeiten.

Schwierig war das schon immer. Heute ist es noch schwieriger. Und zugleich nötiger denn je. Nötiger, weil gesellschaftliche Vielfalt und Zerklüftung zunehmen. Schwieriger, weil die zähen Gewohnheiten mit den sozialen Medien mächtige Verbündete bekommen haben. Nie war Ignorieren und Weghören leichter. Ein Klick genügt, und lästige Meinungen verschwinden von der Bildfläche. Die Algorithmen sorgen dafür, dass wir nur mit Nachrichten versorgt werden, die unser Weltbild streicheln. Das Internet, das uns die weite Welt erschließen sollte, verschließt sie uns, ohne dass wir es merken.

Was tun, um die Filterblase zum Platzen zu bringen? Zum Beispiel nervige Meinungen nicht ausblenden, unbequeme Leute auf Facebook nicht entfreunden. Und das beste Mittel: Smartphone weglegen, Laptop zuklappen, rausgehen und die reale Begegnung von Angesicht zu Angesicht suchen. Sie ist und bleibt die beste Gelegenheit fürs Verstehen.

Wem dieses Verstehen der anderen dennoch so hip erscheint wie die schwäbische Kehrwoche, dem sei versichert: Es tut nicht nur not, sondern auch gut. Es ist nicht nur mühevoll und barrierenreich, sondern kann auch bereichernd sein, weil es den eigenen Horizont erweitert. Reisen in exotische Länder findet jeder spannend, aber vor Reisen in die mentalen Welten ihrer Mitmenschen zucken viele zurück. Doch es muss nicht immer Bali oder Bora Bora sein. Warum nicht mal Berta Neumann aus der Erdgeschosswohnung?

Oft gibt es noch ein geistiges Schmankerl dazu: Man versteht nicht nur den anderen besser, sondern auch sich selbst. Denn wir begreifen uns selbst im Kontrast zu anderen. Warum man dies so und so denkt, was man überhaupt genau denkt, wie stark oder schwach die eigene Position ist, warum man so ist, wie man ist – bei all diesen Fragen kann uns die Begegnung mit anderen auf die Sprünge helfen.

Auch dieses Selbstverstehen ist keineswegs nur ein Privatvergnügen, sondern kommt dem demokratischen Miteinander zugute. Denn der Einzelne versteht seine Position damit als eine Möglichkeit unter anderen. Er sieht, dass es mehr auf der Welt gibt als die eigene kleine Meinungskammer mit ihren liebgewonnenen Fensterausblicken. Er erkennt, dass er nicht das Zentrum des gedanklichen Sonnensystems ist. Das muss nicht heißen, dass er seine Position nun für falsch hält. Aber es schafft eine geistige Beweglichkeit, die zu den demokratischen Tugenden zählt.

Doch manchmal geschieht beim Verstehen auch dies: ein Umdenken. Dass man seine bisherige Position aufgibt, weil man einsieht, dass sie nicht haltbar ist. Das hat noch niemandem geschadet, also kein Grund zum Grämen. Im Gegenteil, herzlichen Glückwunsch, ein

Grund zum Feiern. Denn Selbstkorrektur ist Zeichen eines lebendigen Geistes. Und die Demokratie braucht solche Geister, sie lebt vom Umdenken, Neudenken und Andersdenken.

Selbst wenn wir den letzten Schritt des Umdenkens nicht gehen, allein schon unsere Bereitschaft dafür ist wesentlich für das Leben der Demokratie. Dieser Schritt zurück, dieses Abstand-nehmen-können von der eigenen Überzeugung, die Bereitschaft, versuchsweise mit den Augen der anderen zu sehen – darauf kommt es an.

Hilfe, Relativismus! Wie bitte? Wer offenes Denken für Relativismus hält, hat wohl was geraucht. Und ist wahrscheinlich noch nie aus seiner Meinungshöhle herausgekrochen, lebt in der politischen Steinzeit. Denn wenn die Demokratie ein lernendes System sein soll, müssen ihre Mitglieder lernbereit sein. Wenn die demokratische Willensbildung vernünftig sein soll, müssen die Bürger von ihrer Vernunft Gebrauch machen. Demokratie und Denken haben nicht nur denselben Anfangsbuchstaben gemein. Und Denken heißt eben nicht, die eigene Überzeugung zum Panzer zu machen, sondern zum Labor, zur Forschungsstation. Auf dieser Forschungsstation geht es darum, die Argumente des anderen ernst zu nehmen und nicht nur als Schlag des Gegners zu betrachten, der möglichst flott zu parieren ist. Es geht um die Offenheit für Selbstkritik, um eine Prise Skepsis dem eigenen Urteil gegenüber. Mit anderen Worten, es geht darum, den unerhörten Gedanken zu denken, zumindest im Hinterstübchen mitzudenken: Der andere könnte recht haben.

Diese geistige Mobilität ist übrigens auch hilfreich beim Kompromisseschließen. Natürlich muss man für einen Kompromiss nicht seine Überzeugung über Bord werfen. Im Gegenteil, man behält sie, sonst wäre ja kein Kompromiss mehr nötig. Aber zum Kompromiss gehört die Bereitschaft, über den eigenen Schatten zu springen. Die Fähigkeit, sich von der Unbedingtheit mancher Forderungen zu verabschieden.

Deshalb ist Bildung so wichtig für eine Demokratie. Na, was haben denn das Einmaleins und die Grammatik mit Kompromissen und Demokratie zu tun? Nun, demokratischer Bildung sollte es nicht nur um Wissen gehen, nicht nur um Lesen, Schreiben und Rechnen, sondern auch um die höheren Kulturtechniken des Denkens, Fragens und Verstehens. Demokratisch gebildet ist, wer nicht nur andere Positionen in Frage stellen kann, sondern auch die eigene. Wer nicht nur seine Perspektive kennt, sondern auch die des Gegenübers einnehmen kann. Wer nicht nur meckern kann, sondern sich der Kritik aussetzen kann, ohne aus der Haut zu fahren.

Diese Fähigkeiten werden uns nicht in die Wiege gelegt. Sie sind zivilisatorische Errungenschaften, die wir in jeder Generation neu erringen müssen. Ein autoritäres Regime ist auch mit Dumpfbacken zu machen, eine Demokratie nicht.

## Jenseits von Weltraumschrott und Geschwafel
### Warum wir Wahrheit brauchen

Welchen Platz hat Wahrheit in der Demokratie? Hat sie überhaupt einen? Verhält sich die Demokratie zur Wahrheit nicht wie Talkshowgeschnatter zur *Kritik der reinen Vernunft*? Ist die Demokratie nicht ein großer Marktplatz, auf dem alles Verhandlungssache ist und das strenge Richtmaß der Wahrheit nichts zu suchen hat?

Mehr noch, ist der Glaube an die Wahrheit nicht eine Gefahr für die Demokratie? Geht mit ihm nicht all das einher, was wir verabscheuen: Intoleranz, Fanatismus, Feindschaft bis aufs Blut?

Nein, der Wille zur Wahrheit ist in der Demokratie keineswegs fehl am Platz. Im Gegenteil, er ist unverzichtbar. Ohne einen robusten Wahrheitsanspruch kommt die Demokratie nicht aus, also ohne die Annahme, dass es Wahrheit gibt und wir sie erkennen können. Denn eine demokratische Gesellschaft lebt – ja, wir müssen es noch mal sagen – von der Verständigung, vom Gespräch, vom Streit. Streit um was? Um das, was richtig ist. Wenn es aber keinen verbindlichen Maßstab des Wahren und Richtigen gäbe, wäre aller Streit vergeblich wie ein Fußballspiel ohne Fußballregeln. Denn ohne den Maßstab der Regeln ist ein Tor kein Tor und ein Foul kein Foul. So auch ohne den Maßstab der Wahrheit: Statt um das bessere Argument zu ringen, um den richtigen Blick zu kämpfen, gäbe es nur leeres Aufeinandereinquatschen. Wir hätten keine Richtschnur dafür, was ein Argument gut und einen Blick richtig macht. Ohne die Gravitationskraft der Idee der Wahrheit würden alle Ansichten und Urteile im leeren Raum umherkreiseln, sie hätten kein Gewicht, keine Bedeutung, keine Geltung.

Nur wenn wir eine Idee von Wahrheit haben, können wir Behauptungen überprüfen, nämlich auf ihren Wirklichkeitsgehalt hin. Nur dann können wir Argumente hinterfragen, nämlich hinsichtlich ihrer Angemessenheit. Nur dann können wir Urteile und Meinungen kritisieren, nämlich wegen ihrer Falschheit. Nur dann können wir einen Irrtum eingestehen und uns selbst korrigieren, denn wir können nur irren, wenn es Wahrheit gibt. Erst die Orientierung an der Wahrheit ermöglicht einen demokratischen Diskurs, der seinen Namen verdient. Und so schließt das demokratische Wahrheitsverständnis Menschen nicht aus, sondern ein. Denn grundsätzlich kann jeder dazu beitragen, ein Problem aufzuklären und das Richtige zu finden, also etwas zur Wahrheitsfindung beisteuern.

Gefährlich ist nicht der Glaube, dass es Wahrheit gibt, sondern der Glaube an eine unfehlbare Wahrheit: eine Wahrheit, die von vornherein feststeht und durch nichts und niemand erschüttert werden kann. Denn eine solche titanbeschichtete Wahrheit macht die Verständigung unmöglich. Wer meint, sich nicht irren zu können, wird durch Kritik nicht erreicht. Der hat es nicht nötig, andere zu fragen, sich auszutauschen, seinen Standpunkt zu überdenken. Die unfehlbare Wahrheit ist der Tod des Diskurses.

Daher ist es so wichtig, dass zwischen Staat und Religion ein breiter Graben verläuft. Und dass die Religion in der Gesellschaft kein Monopol auf die Wahrheit gepachtet hat. Das heißt nicht, dass Religionen in der demokratischen Öffentlichkeit keine Rolle spielen dürften. Das dürfen sie, sollten sie sogar, denn sie sind ja wichtig für das Selbstverständnis vieler Menschen. Aber sie können eben nur als *eine* Stimme unter anderen mitreden, als *ein* mögliches Verständnis der Wahrheit unter anderen.

Übrigens sind deshalb auch Verschwörungstheorien ein Problem für die Demokratie. Denn sie sind keiner Kritik zugänglich, nicht korrekturbereit, nicht an der Wahrheit interessiert, sondern nur an ihrer eigenen Bestätigung. Hermetisch abgeschlossene Überzeugungen, erstarrt und abgekapselt wie tote Mücken im Bernstein. Wenn sich Verschwörungstheorien darauf beschränken, die Mondlandung für einen großen Bluff zu halten, mag das noch als Privatvergnügen durchgehen wie der Glaube an die unbefleckte Empfängnis oder an ein göttliches Schnitzelverbot. Doch wenn Verschwörungstheorien sich auf politische Fragen richten, wird es haarig. Wenn Leute etwa ihre Unzufriedenheit mit einer Flüchtlingspolitik in das Glaubenspaket verschnüren, es gebe einen geheimen Masterplan zur Ausrottung des eigenen Volkes, der von höchster Stelle aus verfolgt wird, und wenn dieser Glaube sich durch keine noch so offensichtlichen Tatsachen mehr beirren lässt, dann klinkt er sich aus der Suche nach der Wahrheit aus und zieht Weltraumschrott gleich seine unbeirrbaren Bahnen durch den Raum des politischen Diskurses. Und wenn der Diskurs bedroht ist, ist die Demokratie bedroht.

Nicht nur der demokratische Streit braucht die Idee der Wahrheit. Auch der Staat kommt nicht ohne aus. Oder was würden wir sagen, wenn es einem Strafrichter gar nicht darum ginge, welche Zeugenaussage wahr ist, was tatsächlich geschehen ist, wer wirklich schuldig ist? Genau, wir würden uns darüber empören. Denn Rechtsprechung ist auf die Idee der Wahrheit angewiesen. Auch wenn Grundrechte zu interpretieren sind, geht es um die Frage: Was bedeuten sie genau? Welche Interpretation ist die richtige? Was, zum Beispiel, ist eine Ungleichbehandlung und was nicht? Sind Embryonen Träger der Menschenwürde oder sind sie es nicht? Auch das sind Fragen nach dem Wahren und Unwahren.

Dennoch ist der Trank des Wahrheitsanspruchs für den demokratischen Staat nur in geringen Mengen bekömmlich. Gefährlich wird er dann, wenn es nicht um einzelne Tatsachenwahrheiten geht, auch nicht um den Wahrheitsgehalt dieser oder jener Norm, sondern um umfassende Wahrheiten. Jeder Einzelne darf sagen: Ich habe die tiefste Wahrheit gefunden, ich kenne die Welt bis auf den Grundgehalt. Der demokratische Staat darf es nicht. Denn was hieße, der Staat denkt dies, er glaubt jenes? Es hieße, eine bestimmte philosophische, weltanschauliche oder religiöse Wahrheit mit seinen Machtmitteln durchzusetzen. Und das wäre das Ende der gleichen Freiheit. Es gäbe keine Pressefreiheit, keine Religionsfreiheit, und die Freiheit der Wissenschaft würde ebenfalls leiden. Autoritäre Regime tun genau dies: Sie meinen, die Wahrheit gepachtet zu haben. Sie gängeln die Wissenschaft, sie knebeln die Presse, sie kontrollieren die Kultur, sie ersticken den politischen Diskurs – all die Orte, an denen Menschen Wahrheit suchen und um sie streiten.

Deshalb enthält sich der demokratische Staat von umfassenden Wahrheitsansprüchen. Er verzichtet auf eine Meinung dazu und einen Glauben daran um des freien Meinens und Glaubens aller Einzelnen willen. Die demokratischen Institutionen haben nicht eine festgelegte Wahrheit zu sichern, sondern die Möglichkeit der Wahrheitssuche. Sie müssen den Rahmen bieten und sichern, in dem jeder ungestört die Wahrheit erkunden, hinterfragen, diskutieren kann und seine Überzeugung aussprechen darf. Der Staat ist im Spiel der Wahrheitssuche kein Spieler, der für eine bestimmte Mannschaft kämpft, sondern ... ja was? Der neutrale Schiedsrichter? Ja, aber einer mit beschränkter Autorität. Er erkennt keine Tore an, sondern wacht nur darüber, dass die Spieler spielen können und nicht übereinander herfallen.

Aber hat die Demokratie nicht auch ihre unumstößlichen Wahrheiten? Freiheit, Grundrechte, das darf man doch auch nicht in Frage stellen? – Doch, darf man. Nur stellt man damit die Grundlage dessen in Frage, was man gerade tut: das Recht des Infragestellens. Die »Wahrheit« der Demokratie, die gleiche Freiheit aller, ist nicht eine Wahrheit unter anderen. Sie schränkt die offene, gemeinsame Wahrheitssuche nicht ein, sondern ermöglicht sie erst. Vor allem aber ist das gar keine Wahrheit, sondern ein *Recht*. Die rechtsstaatliche Demokratie fordert nicht die Anerkennung einer Wahrheit ein, sie zwingt uns nicht zum »Freiheitsglauben«. Eingefordert wird allein die Achtung des Rechts im Handeln: des Rechts jedes Einzelnen auf gleiche Freiheit.

Gefahr droht nicht allein von den Verbohrten und Verstockten mit ihren absoluten Gewissheiten, sondern mehr noch von den Verächtern der Wahrheit. Von denjenigen, die sich vom Wahrheitsanspruch verabschieden. Wer tut so etwas? Diejenigen, die sich nicht um Fakten scheren. Denen nur wichtig ist, was sie gerade fühlen oder was sie auf Facebook liken. Die Wahrheit nicht als Wahrheit und die Lüge nicht als Lüge erkennen wollen. Diejenigen, die Bullshit reden und Fake News für Nachrichten halten. Wenn ein solcher Bullshitter Regierungschef eines mächtigen demokratischen Landes wird, kann man das irre finden oder witzig oder lächerlich. Vor allem jedoch ist es eine Gefahr. Denn ein solcher Mann an der Spitze eines demokratischen Gemeinwesens untergräbt dessen Grundlagen. Wem die Kategorien von wahr und falsch gleichgültig sind, dem ist auch die demokratische Verständigung piepegal. Demokrat sein heißt, der Wahrheit verpflichtet zu sein.

Die *Idee* der Wahrheit ist also für die Demokratie unverzichtbar. Doch wie sieht es mit der Wahrheit selbst aus? Und mit ihrem Gegenteil, der *Lüge?* Zerstört die Lüge in der Politik nicht die Demokratie?

Wenn es so wäre, gäbe es keine Demokratie. Denn Menschen lügen. Nicht immer, aber immer wieder. Das ist auch in der Demokratie nicht anders. Demokratische Politiker machen da keine Ausnahme. Mehr noch, demokratische Politik ist wie jede Politik für das Lügen besonders anfällig. Warum? Weil es hier nicht mehr allein um den gesellschaftlichen Diskurs geht, sondern darum, Macht zu erwerben und zu bewahren. Und spätestens dann beginnen Menschen strategisch zu kommunizieren. Denn wer Macht will, muss andere für sich gewinnen und sich gegen andere durchsetzen. Und versucht deshalb zu überreden und zu umgarnen, zu schweigen und zu schummeln, zu übertreiben und zu relativieren, Schwierigkeiten herunterzuspielen und Chancen aufzubauschen, Stärke vorzutäuschen und über die eigenen Absichten im Unklaren zu lassen, Kenntnisse vorzugaukeln und Wissen zu leugnen. Ein Dienst an der Wahrheit sieht anders aus. Der Wettbewerb um die Macht zieht die Lüge an wie der Komposthaufen die Fruchtfliegen.

Igitt? Vorsicht, wir sollten die angewiderte Miene nicht zu schnell aufziehen und uns vor allzu hohen Anforderungen an Wahrhaftigkeit hüten. Wer es doch tut, fasse sich zunächst mal an die eigene pinocchiolange Nase. Niemand ist stets hundertprozentig ehrlich. Niemand sagt immer alles, was er weiß. Wer betont nicht eher seine Leistungen als seine Misserfolge? Wer rundet nicht ab statt auf, wenn es nützt? Wer lässt Peinliches nicht lieber aus? Wie war das beim letzten Familientreffen? Oder beim letzten Autokauf? Bei der Gehaltsverhandlung? Beim Bewerbungsgespräch? Beim Unterhaltsstreit? Auf dem Flohmarkt? Übersteigerte Reinheitsfantasien sollten im Badezimmer ausgelebt werden, aber nicht in menschlichen Angelegenheiten. Und somit auch nicht in der Politik.

Die größten Wahrhaftigkeitsapostel haben sich oft als die größten Lügner und Heuchler erwiesen. Daher sind Zweifel angebracht, wenn Politiker behaupten, immer ehrlich zu sein. Wer verspricht, dem Volk stets reinen Wein einzuschenken, ist meist der größte politische Weinpanscher oder hat nur billigen Traubensaft von Lidl im Gepäck. Wir sollten nicht dem Trugbild einer moralisch reinen Politik nachjagen. Wir verfallen sonst einer Heuchelei à la Bildzeitung: erst romantische Erwartungen an moralische Helden heranzüchten, denen wir selbst nie genügen, und dann im unvermeidlichen Fall der Enttäuschung sich naserümpfend abwenden und die Politik als garstiges Geschäft verunglimpfen.

Was dann? Ein realistischer Blick auf die Politik. Dazu gehören saubere Unterscheidungen. Denn nicht alles ist Lüge, was als solche diffamiert wird. Es gibt ebenso den schlichten Irrtum, die mangelnde Informiertheit, die verdeckte Ahnungslosigkeit. Nebenan wohnen Selbstüberschätzung und Selbstbetrug. Auch Schönrednerei, Inszenierung und rhetorisches Aufhübschen sind da. Ist alles nicht gerade eine Kollektion von Tugend und Weisheit, in der Tat, aber eben auch keine Lüge, also das absichtliche Sagen der Unwahrheit mit der Absicht, im Eigeninteresse zu täuschen. Darüber hinaus gibt es Dinge, die manchen verlogen erscheinen, es aber nicht sind, sondern notwendiger Teil demokratischer Entscheidungsfindung. Zum Beispiel die Aufgabe von Maximalpositionen und der Kompromiss. Vorsicht also mit dem Vorwurf der Lüge. Doch natürlich gibt es auch dies: die eindeutige, glatte, dreiste Lüge.

Der realistische Blick sieht noch etwas: Lüge und verwandte Strategien mögen in der Politik angelegt sein, aber die Demokratie verträgt nur ein begrenztes Maß davon. Denn zur Demokratie gehört zwar der Wettbewerb um Macht, allerdings handeln die Wettbewer-

155

ber ja nicht auf eigene Rechnung, sondern im Auftrag des Volkes. Sie sind seine Beauftragten, seine Repräsentanten. Und diese spezielle Beziehung zwischen Repräsentanten und Repräsentierten funktioniert nicht ohne Vertrauen. Die gemeinsamen Belange werden den Parlamentariern und den Regierenden anvertraut. Vertrauen aber braucht Glaubwürdigkeit. Nicht umsonst sehen die Bürger Glaubwürdigkeit als wichtigste Eigenschaft von Politikern an, noch weit vor anderen Eigenschaften wie Sachverstand, Bürgernähe oder Tatkraft. Glaubwürdigkeit jedoch wird durch Lügen zerstört.

Politisches Lügen ist also ungesund für die Demokratie. Einzelne Lügen hält sie zwar aus, und seien sie auch ungeheuerlich groß. Aber wenn eine Kultur der Lüge um sich greift, wenn die Lüge dauerhaft in der Demokratie nistet, bildet sich eine Art moralische Karies. Die nagt an der Substanz der Demokratie.

Es ist ein Dilemma. Sofern demokratische Politik in strategischer Kommunikation besteht, drängt sich das Lügen auf. Sofern Demokratie jedoch auf das Vertrauen der Bürger angewiesen ist, schadet Lügen.

Das Gute ist, dass es einen Ausweg gibt. Zwei sogar. Der eine besteht in der Freiheit, und zwar der Politiker. Denn die Politik ist eben doch kein passiver Komposthaufen, der die Lüge anzieht wie die Fliegen, sondern sie besteht aus handelnden Menschen. Menschen, die sich entscheiden können. Für die Wahrheit zum Beispiel. Für Ehrlichkeit. Dass die Politik zur Lüge neigt, heißt also nicht, dass sie dieser Neigung nachgeben muss.

Der zweite Ausweg ist wichtiger, weil er nicht auf die wackelige Redlichkeit einzelner Menschen baut, sondern auf stabile Institutionen. Institutionen der Kontrolle und Aufdeckung. Denn in der demokratischen Öffentlichkeit können wir Behauptungen überprüfen und kritisch diskutieren. Investigative Journalisten einer freien Presse können Lügner entlarven. Die konkurrierenden Parteien behalten sich gegenseitig im Auge. Politiker haben Berichtspflichten, Parlamente Rechte der Akteneinsicht, der Untersuchung und Kontrolle. Und wenn es um strafrechtlich relevanten Betrug geht, stehen Polizei, Staatsanwaltschaft und Gerichte bereit, Lügen aufzudecken.

Also: Auch wenn gelogen wird, sind die Überlebenschancen der Lüge in der Demokratie geringer als anderswo. Die Demokratie ist, wenn sie funktioniert, ein Lügendetektor. Und weil das so ist, stehen Politiker stets unter dem Druck zur Ehrlichkeit.

Das ist in autoritären und mehr noch totalitären Regimen anders. Keine kritische Öffentlichkeit, keine Offenlegungspflichten, keine Kontrolle, kein Rechtsstaat: Da fühlt sich die Lüge pudelwohl. In der Demokratie dagegen besteht immer die Gefahr, dass die Scheinwerfer der Öffentlichkeit, der politischen Konkurrenz und des Rechts ins Dunkel leuchten und die Lügen wie Spinnen hinterm Regal aufscheuchen.

Die Wahrhaftigkeit in der Politik hängt also weniger vom einzelnen Politiker ab als vielmehr von den demokratischen Institutionen. Wenn wir uns (mehr) Ehrlichkeit in der Politik wünschen, sollten wir daher nicht dem Hirngespinst eines neuen Typus des edelmütigen Politikers nachjagen, sondern die Institutionen der Demokratie anerkennen und stärken statt sie geringzuschätzen. Wir sollten weder einem naiven Glauben an die Rechtschaffenheit verfallen noch der verhärmten Miesmacherei, der Neigung, in jedem das Schlechteste zu vermuten. Beides ist der Demokratie nicht zuträglich. Und macht auch keinen Spaß.

Noch etwas sollte uns klar sein: Die Lüge ist nicht der größte Feind der Wahrheit. Denn sie setzt ja immer noch ein Verständnis von Wahrheit voraus. Sonst wäre sie keine Lüge, sonst müsste der Lügner nicht täuschen. Der größte Feind ist die Gleichgültigkeit gegenüber der Wahrheit, das großtönende Herumlabern, das Bullshitten, das hohle Gerede, bei dem es egal ist, ob und wieviel man lügt, weil eh alles Wurst ist. Man gibt sich keine Mühe mehr, die Lüge zu verstecken, man beschuldigt einfach diejenigen der Lüge, die die Unwahrheit aufdecken. Ob das Gesagte mit den Tatsachen übereinstimmt, wird so unwichtig wie die Frage, ob man zuerst den linken oder den rechten Schnürsenkel zubindet. Alles ist irgendwie wahr, wenn es nur vehement behauptet wird, aber vielleicht ist auch alles nur Fake. Hauptsache, es nützt den eigenen Interessen.

Warum das so gefährlich ist? Weil es die Demokratie zerstört. **157** Denn die Gleichgültigkeit gegenüber der Wahrheit zerstört die gemeinsame Wirklichkeit. Wo es aber keine gemeinsame Wirklichkeit mehr gibt, lässt sie sich auch nicht mehr gemeinsam gestalten. Wo Wahrheit nichts zählt, ist aller demokratischer Streit bloßes Gebrabbel, alle Berufung auf Fakten aussichtlos, jeder Versuch, einem Sachverhalt gerecht zu werden, vergebens. Wo Tatsachen keine Rolle mehr spielen, lässt sich nicht sinnvoll sagen, ob ein Gesetz richtig ist und eine gewählte Regierung gut regiert.

Oft heißt es, dass wir im postfaktischen Zeitalter leben. Das sagt sich so leicht, als würde man feststellen, dass gerade Winter ist. Tatsächlich aber kann sich kein Demokrat mit der Einordnung in diesen Winter der Wahrheit abfinden. Denn postfaktisch heißt postdemokratisch. Mit dem Zeitalter der Wahrheit wäre auch das Zeitalter von Freiheit und Gleichheit zu Ende. Früher war der Spruch gängig: egal, illegal, scheißegal. Die geheime Devise des Bullshitters lautet: egal, scheißegal, illiberal.

Ein Bullshitter allein macht noch kein postfaktisches Zeitalter, selbst wenn er im Regierungssessel sitzt. Ein solches Zeitalter beginnt erst, wenn ein großer Teil von uns auf Wahrheit keinen Wert mehr legt. Ob und wie es mit der Demokratie weitergeht, hängt daher auch in diesem Punkt von jedem Einzelnen ab, von uns. Davon, ob wir leichtfertig fingierte Geschichten glauben oder ob wir sie hinterfragen. Davon, ob wir Tatsachen Tatsachen sein lassen, auch wenn sie uns nicht gefallen. Davon, ob wir verstehen, dass es keine »alternativen Fakten« gibt, sondern nur alternative Sichtweisen auf Fakten. Davon, ob wir uns bei Gerüchteschleudern »informieren« oder bei professionellen Anbietern von Informationen. Kurzum, die Zukunft der Demokratie hängt auch davon ab, was wir ernster nehmen: Schwätzerei oder Wahrheit.

## Lügen, Lücken, Labern?
### Medien in der Demokratie

Wir brauchen also Wahrheit. Doch woher erfahren wir, was wahr ist? Woher wissen wir, was wirklich geschieht? Sitzen wir alle im Bundestag? In den Ausschüssen? Auf Parteitagen? Sprechen wir alle mit den Entscheidungsträgern in Politik und Wirtschaft? Sitzen wir auf jeder Podiumsdiskussion des Landes, marschieren wir auf sämtlichen Demonstrationen mit?

Wir brauchen eine Diskussion, die die ganze Gesellschaft umspannt. Doch wo ist die Gesellschaft? Niemand hat sie je gesehen. Wo ist der Ort für Debatten, die alle angehen? Wo ist der Marktplatz, auf dem wir uns alle versammeln können? Wer schafft die Öffentlichkeit, die wir brauchen?

Wir müssen die Mächtigen kontrollieren. Doch woher wissen wir überhaupt, was sie tun? Wer schaut ihnen auf die Finger? Wer stellt ihnen kritische Fragen? Wer konfrontiert sie mit ihren Aussagen aus vom letzten Jahr? Wer interviewt die Konzernlenker? Wer schaut hinter jede Ecke, vor allem die dunklen, schlecht ausgeleuchteten?

Nicht alle können das alles tun. Auf Lummerland kann jeder mit jedem sprechen, auch mit König Alfons dem Viertelvorzwölften, denn auf dem Inselchen leben nur vier Leute. Wir aber sind 20 Millionen mal mehr. Deshalb brauchen wir eine Vermittlung, etwas, das in der Mitte steht zwischen den vielen Mitgliedern der Gesellschaft, in der Mitte auch zwischen Politikern und Bürgern, zwischen Regierung und Regierten, zwischen Gewählten und Wählern. Ein anderes Wort für Mitte ist Medium.

Die Medien also sind es, die die Informationen vermitteln, die wir brauchen. Sie schaffen überhaupt erst die Öffentlichkeit, die eine Demokratie ausmacht. Erst mit Medien wird das private Meinen zu einer öffentlichen, gemeinsamen, gesellschaftlichen Meinungsbildung. Erst durch Medien sind wir in der Lage, die staatliche Macht und andere Mächtige mit kritischem Blick zu verfolgen. Erst mit Medien kann jeder Einzelne mit dem großen Ganzen verbunden sein. Medien sind Augen und Mund der Gesellschaft, ohne sie ist sie blind und stumm. Kurz, ohne Medien keine Demokratie.

Natürlich braucht es nicht irgendwelche Medien – auch Nordkoreaner lesen Zeitung –, sondern *freie* Medien. Pressefreiheit: auch so etwas, das wir selbstverständlich hinnehmen wie den Asphalt unter unseren Füßen. Dabei ist sie aus dem Blut und Angstschweiß unserer Vorfahren geronnen, und niemals ganz sicher vor Eingriffen. Am

159

sichersten jedoch ist die Pressefreiheit in der Demokratie, und nur mit Pressefreiheit ist die Demokratie sicher. Denn Pressefreiheit ist der Stoff, der Medien zu demokratischen Medien macht. Nur wenn Journalisten keine Angst vor Zensur haben müssen, sind sie frei, stachelige Fragen zu stellen und unbequeme Kritik zu formulieren. Nur dann können sie offizielle Behauptungen hartnäckig hinterfragen und versuchen, der Wahrheit auf die Spur zu kommen. Nur so können sie gesellschaftliche Missstände lautstark anprangern, so dass es auch im Parlament zu hören ist. Nur wenn Medien fragen, schreiben und senden können, was sie wollen, kann sich die Gesellschaft darin wiederfinden. Nur so steht die Meinungsfreiheit auf sicherem Boden. Nur dann kann jede Stimme zu Wort kommen.

Können wir also zufrieden sein? Mit unserer Pressefreiheit, unseren freien Zeitungen und Zeitschriften, unseren Fernseh- und Radiosendern, die zuverlässig ihren demokratischen Aufgaben nachkommen: Öffentlichkeit herstellen, Information bereitstellen, Meinungsbildung organisieren, Kontrolle der Macht ausüben? Alles paletti?

Von wegen, empören sich manche, nix paletti. Ist es nicht vielmehr so, dass die Medien zwar informieren, aber so einseitig, dass sich die Balken biegen? Dass sie zwar Meinungen widerspiegeln, aber vor allem ihre eigenen? Dass sie nicht neutral sind, sondern parteiisch bis über beide Ohren? Dass sie zwar Kritik üben, aber vor allem an politischen Richtungen, die ihnen nicht passen? Dass sie zwar Vielfalt abbilden, doch nur die überschaubare, minikleine, die in ihren Redaktionsstuben herrscht?

Für viele ist die Antwort auf all diese Fragen ein kräftiges, eindeutiges Ja. In ihren Augen sind die Medien voreingenommen, einseitig, abgehoben, intolerant und regierungshörig. Der Groll gebiert böse Worte: Systemmedien, Propaganda, Gleichschaltung, Lügenpresse.

Ein harter Vorwurf. Was ist an ihm dran? Wenn er stimmt, hat unsere Demokratie ein Problem. Wenn er nicht stimmt und dennoch erhoben wird, ebenso. Wie so oft klebt hier Richtiges und Falsches zusammen wie nasses Zeitungspapier. Ziehen wir die Seiten vorsichtig auseinander.

Zunächst einmal: Wenn sich eine große Zahl von Bürgern mit

ihren Meinungen in den Medien nicht wiederfindet, lässt sich das schlecht beiseitewischen. Das wäre so ähnlich, als würde man sagen: Irrtum, ihr habt keine Schmerzen. Die Schmerzen sind trotzdem da. Die Vielfalt des gesellschaftlichen Meinens sollte sich ungefähr auch in der Presselandschaft wiederfinden. Warum? Weil der demokratische Diskurs alle einbeziehen sollte. Weil Demokratie heißt, dass jeder hörbar und sichtbar ist, zumindest seine Anliegen und Standpunkte. Wenn das nicht geschieht, wenn also das gedruckte und gesendete Meinungsspektrum enger ist als das gesellschaftliche, gibt es Stauungen im demokratischen Diskussionsstrom. Die gestauten Meinungen können sich nicht mehr vorwärtsbewegen, sie beginnen Strudel in Seitenarmen zu bilden, kreisen um sich selbst. Und wenn Meinungen dauerhaft gestaut werden, können sie irgendwann die Diskussionslandschaft überfluten.

Wichtiger ist aber etwas anderes: dass nämlich Meinen auch als Meinen erkennbar ist und sich nicht als neutrale Darstellung tarnt. Dass also Beurteilung klar von Bericht unterschieden ist, Standpunkt von Sachlage. Und an dieser Klarheit hapert es tatsächlich in manchen Medien, wie zum Beispiel beim *Spiegel*, dem »Nachrichtenmagazin«. Scheinbar unparteiische Artikel und Sendungen sind nicht selten getränkt von den Urteilen der Autoren, mal mehr, mal weniger offensichtlich. Geringschätzung und Anerkennung, Herablassung und Bewunderung seitens der Journalisten machen sich breit, wo sie nichts zu suchen haben. Warum nicht? Warum ist Neutralität so wichtig? Weil Demokratie auf der Selbständigkeit der Bürger beruht. Gerade auch auf der Selbständigkeit des Denkens und Urteilens. Und wenn die Bürger das vermehrt wollen, wenn sie sich an vorgegebenen Bewertungen stören und nicht mehr am Händchen der Meinungsmacher geführt werden wollen, stellt das nichts Bedrohliches dar, sondern ein Stück Demokratisierung.

Ist die Kritik an den Medien also berechtigt? Ja, wenn sie darauf zielt, die Medien demokratietauglicher zu machen. Demokratietauglicher sind sie, wenn sie weniger selbstgerecht sind, weniger glauben, schon zu wissen, was wahr und unwahr ist, und mehr noch, was gut und böse ist. Wenn sie weniger Gewissheit ausstrahlen, auf der richtigen Seite zu kämpfen. Zu demokratischen Medien gehört selbstverständlich auch die Vermittlung von Meinungen, aber transparent und vielfältig. Die Orientierung an der Wahrheit gehört dazu, doch ebenso das Bewusstsein, dass andere anderes für wahr halten. Demokratischer Journalist zu sein bedeutet deshalb, immer ein selbstkritisches Fragezeichen im Hinterkopf zu haben. Sich nicht beirren zu lassen, mit angelegten Ohren weiterzumarschieren, macht keinen guten demokratischen Journalisten aus. Sondern sich beirren lassen, auf Einspruch reagieren, Denkschablonen hinterfragen, gerade auch wenn es die eigenen sind. Den Lesern, Zuschauern und Zuhörern die Augen öffnen zu wollen, ist gut, aber noch besser ist es, selbst mit offenen Augen durch die Welt zu gehen.

Demokratische Journalisten sind keine Hohepriester des Guten und Richtigen, auch keine Professoren, die Noten vergeben, und ebenso wenig Therapeuten, die ihre Klienten unter ihre Fittiche nehmen. Sondern sie sind eher wie Reiseleiter, die durch das eigene Land und die Welt führen. Mediatoren, die neutral zwischen den Kontrahenten sitzen und der einen Seite die Position der anderen erklären. Übersetzer für Lebenswelten und Weltanschauungen. Profis für Unvoreingenommenheit.

Unvoreingenommen gegenüber Fremdem zu sein fällt schwer, wenn alle Kollegen ähnlich ticken. Dass die meisten Journalisten demselben bildungsbürgerlichen Milieu entstammen, ist deshalb eine mentale Fessel für demokratische Medien. Die Vielfalt der Gesellschaft würde sich in ihrer Arbeit eher widerspiegeln, wenn sie selbst diese Vielfalt widerspiegeln würden. Natürlich kann man als westdeutsches, studiertes Akademikerkind aus Stuttgart über Langzeitarbeitslose im ländlichen Vorpommern schreiben. Doch muss man sich nicht wundern, wenn die Reportage wie der Besuch eines Marsmännchens auf der Erde wirkt.

Anderswo ist nicht zu viel Ferne das Problem, sondern zu viel Nähe. Die Nähe nämlich zwischen politischen Journalisten und Politikern. Nicht nur entstammen sie oft demselben sozialen Stall, sondern die Arbeit bringt sie zwangsläufig immer wieder zusammen. Und eine gewisse Nähe ist ja auch wünschenswert, denn nur so lässt sich Interes-

162

santes erfahren, was über offizielle Verlautbarungen hinausgeht. Nur so lässt sich der Mensch hinter der Politmaske ein wenig sichtbar machen. Doch genau diese Nähe ist heikel. Denn Bekanntschaft bringt nicht nur tiefere Einblicke, sondern macht auch befangen. Wer sagt schon etwas Hartes über jemandem, dem man sich verbunden fühlt? Wer geht streng mit jemandem ins Gericht, den man demnächst wieder treffen will? Der nüchterne, kritische Blick auf die Politiker ist jedoch Aufgabe von Journalisten. So ist professioneller demokratischer Polit-Journalismus eine dauernde Gratwanderung zwischen Nähe und Ferne. Dass Bürger den Medien dabei auf die Füße schauen, darauf also, dass sie auf dieser Gratwanderung nicht zu weit abkommen und abstürzen, ist ganz richtig. Denn so kontrollieren sie die Kontrolleure.

Kritik *an* Medien ist also für die Demokratie so wichtig wie Kritik *durch* Medien. Und wenn die Kritik an den Medien dazu führt, dass sie repräsentativer, vielfältiger, transparenter, diskursiver, selbstreflektierter und offener werden, dann ist das gut. So ziehen demokratische Prinzipien stärker in die Medien ein. Demokratisierung der Demokratie heißt auch Demokratisierung der Medien. Klar, dass das nicht jedem alten Medien-Hasen gefällt, der bisher von seinem Lehnsessel aus genüsslich das Weltgeschehen zu kommentieren pflegte, über alles Bescheid wusste, auch ganz viel vorhersehen konnte und den Rest in Ironie ertränkte. Aber so ist das immer mit der Demokratisierung: Sie ist unbequem. Jedenfalls für die, die es bisher bequem hatten.

Ist es also angemessen, auf die Medien einzuprügeln, dass es kracht? Ist der Vorwurf der Lügenpresse richtig? Nein, er ist maßlos und abwegig. Einseitigkeiten ja, blinde Flecken ja, Voreingenommenheit ja. Aber hallo, Lügen sind etwas anderes. Für ein absichtliches und systematisches Verdrehen in den etablierten Medien bei uns gibt es keinen Beleg. Ebenso wenig für eine Lenkung durch die Regierung. Die Medien sind ungefähr so verlogen und von oben gelenkt wie Türken stets nach Knoblauch stinken und Juden gerne Christenkinder fressen. Wer die Medien im demokratischen Deutschland als »Lügenpresse« abtut, dem hilft vielleicht ein Praktikum. Wie wäre es zum Beispiel mit dem *Rundfunk der Islamischen Republik Iran?* Oder mit der ägyptischen Zeitung *al-Ahram?* Oder mit *Vietnam TV?* Es gibt so viele Medien auf der Welt, in denen sich lernen lässt, was eine staatlich gelenkte Lügenpresse wirklich ist. Aber nicht zu kritisch sein! Könnte nämlich gefährlich werden.

Ach nee, so ein Praktikum ist dann doch nichts, oder? Zu ernst, zu riskant. Das Schöne an der pauschalen Verunglimpfung der Medien ist ja schließlich, dass sie wie ein Abenteuerspielplatz ist: spannend, aber ungefährlich. »Lügenpresse« zu rufen, verleiht dem Rufer einen Hauch Revoluzzer-Feeling. Man darf sich als kleiner, schlauer David fühlen, der dem Staats-Goliath gegenübersteht, ohne dass einem Schlimmes passieren kann. Das macht Spaß. Eine Bastille zum Stürmen gibt's ja nicht mehr, die Berliner Mauer ist auch weg, dann eben »Lügenpresse« rufen.

Doch Irrtum, die pauschale Verdammung unserer Medien atmet keinen demokratischen Geist. Im Gegenteil, der Hass auf die freie Presse ist seit jeher die Passion der Freiheitsfeinde. Und der Vorwurf der Lügenpresse beschädigt die Demokratie mehr, als es einzelne Fehler und Einseitigkeiten in Medien je tun können. Fehler kann man richtigstellen, Einseitigkeiten ausgleichen, aber das durch den Vorwurf der Lügenpresse zerstörte Vertrauen in eine freie Presse lässt sich nicht so leicht zurückgewinnen. Auf dieses Vertrauen jedoch sind Medien wie alle demokratischen Institutionen angewiesen.

Aber es werden ja gar nicht alle Medien Lügenpresse genannt, sondern nur die meisten? Genau. Ein paar finden die Lügenpresserufer doch gut. Nämlich diejenigen, die ihrer eigenen Meinung entsprechen. Und das zeigt: Hinter dem revolutionären Gestus grinst abermals der alte Affe Intoleranz. Die Feindschaft gegenüber der Vielfalt. Freiheit für mich und meinesgleichen, Verachtung für die anderen. Wenn du schreibst, was mir behagt, bist du ein ehrliches Medium. Wenn nicht, bist du Lügenpresse. Da haben wir es wieder: Freiheit fordern fällt nicht schwer, Freiheit anerkennen dagegen sehr.

Im Übrigen zeichnet es demokratische Medien nicht aus, stets vollkommen ausgewogen zu sein. Denn das ist gar nicht möglich. Und ebenso wenig ist es ihr Kennzeichen, sich nicht zu irren. Ist auch nicht möglich. Eine demokratische Presse zu sein bedeutet vielmehr, Irrtü-

mer einzugestehen und erkannte Einseitigkeiten überwinden zu können. Und genau das geschieht ja auch. Nicht die Wahrheit zu pachten,
sondern sie zu achten, ist das Wesen demokratischer Medien. Nicht
sie prophetenhaft zu verkünden, sondern sie umsichtig zu erkunden.

Mit der Neutralität der Medien verhält es sich ohnehin nicht so
eindeutig, wie sich das mancher vorstellt. Nicht allein, weil Meinungsbildung zu ihrem Auftrag gehört. Sondern auch, weil Tatsache und
Meinung keineswegs immer sauber zu trennen sind. Denn bereits
die Auswahl der Themen stellt eine Entscheidung dar. Eine Entscheidung dafür, was wichtig und was weniger wichtig ist. Journalisten
sind keine Yogis der Neutralität, die über dem Boden der Tatsachen
schweben und in direkter Verbindung mit dem ganzen Kosmos stehen. Sondern sie stehen hier und jetzt, mittendrin, und können lediglich mit ihren medialen Teleskopen die Galaxie der gesellschaftlichen Handlungen und Beziehungen, der politischen Entscheidungen
und Entscheider abtasten. Das kann ungenau oder genau geschehen,
gewissenhaft oder schlampig, doch in jedem Fall ist es punktförmig,
ausschnittsweise, unvollkommen. Der lebensfremde Glaube an die
Unmittelbarkeit, die Reinheitsphantasien: Auch hier sind sie fehl am
Platze. Eine unmittelbare Darstellung der Wirklichkeit gibt es nicht,
eine reine Neutralität auch nicht. Nur die guten alten demokratischen
Hausmittel taugen etwas: Transparenz, also den eigenen Standpunkt,
die eigene Entscheidung deutlich machen und zeigen, wie man arbeitet. Umsicht, also möglichst aufmerksam zu sein, immer wieder genau hinschauen, lieber dreimal als zweimal. Und Selbstkritik, also das
Eingeständnis, wir haben uns geirrt, wir haben Dinge übersehen.

Und was ist mit den sozialen Medien? Sind sie nicht viel demokratischer, weil hier wirklich jeder teilnehmen kann, nicht bloß als
passiver Zuschauer und Leser, sondern aktiv? Wird nicht erst durch
die digitalen Netzwerke ein demokratischer Diskurs möglich, der alle
Bürger umfasst? Sind sie nicht die endgültige Einlösung des demokratischen Gleichheitsversprechens? Vor dem Bildschirm und dem
Smartphone-Display sind alle gleich?

Naja. Die Zeiten, in denen die sozialen Medien als nächste Evo-
lutionsstufe der Demokratie gefeiert wurden, sind passé. Tatsächlich

sind sie von allein genauso wenig demokratisch wie eine Fußgänger-
zone schon demokratisch ist, nur weil da jeder herumlaufen kann.

Besonders aberwitzig ist die Demokratie-Hoffnung bei Twitter:
Damit kann man sich zur Revolution verabreden, eine Demo ankün-
digen, so wie beim Arabischen Frühling. Aber eine Demokratie gestalten lässt sich damit nicht. »Tod dem Diktator« passt locker in einen
Tweet, doch für das mühsame Geschäft des Argumentierens und Be-
gründens, des Einerseits und Andererseits, für Grau- und Zwischen-
töne ist kein Platz. Bestenfalls ist Twitter ein zusätzlicher Weg, Be-
kanntmachungen zu verbreiten und politische Anhängerschaften zu
mobilisieren. Das ist nützlich, aber nicht nur für Demokraten. Ansonsten dient der Kurz»nachrichten«dienst als nimmermüde Mei-
nungsschleuder, als Empörungsverstärker, als globale Motz- und Me-
cker-Maschine, als Plattform für Plattitüden und als Häcksler für Kon-
zentration und Aufmerksamkeit. Nichts davon bringt die Demokratie
voran. Im Gegenteil. So wie aus dem Arabischen Frühling kein Arabi-
scher Sommer hervorging, so erwächst aus Twitter gewiss keine neue
Blüte der Demokratie.

Und Facebook? Bietet mehr Platz. Für Austausch und Diskussion,
für Informationen und Inhalte, die über Schlagzeilen hinausgehen.
Aber auch für einen Ozean von Belanglosigkeiten. Und für viel Irr-
sinn, Schrott und Hass. Facebook ist wie die Wand eines Schulklos.
Mit einem Unterschied: Während die Pimmelwitzchen und gehässi-
gen Kommentare über Mitschüler nur für die Besucher des stillen Ört-
chens sichtbar sind, werden die Hass-Postings auf Facebook poten-
tiell in die ganze Welt gespült. Eine Fäkalisierung der öffentlichen
Kommunikation ist aber keine Demokratisierung. Was früher im
Dunkel des eigenen Schädels verborgen blieb, allenfalls mal im Knei-
pengespräch aufblitzte, wird auf Facebook ausgebreitet. Engstirnig-
keit und Vorurteile, ungezähmte Wut und Hetze, Böswilligkeit und
Feindseligkeit treten aus dem muffigen Keller der Emotionen. All die
hässlichen Tiefseefische des Seelenlebens glotzen plötzlich im hellen
Scheinwerferlicht der Öffentlichkeit. Das ist kein Gewinn für die Demokratie, sondern eine Bedrohung.

Auch hier gilt wieder: Unmittelbarer heißt nicht demokratischer.

Demokratische Kommunikation ist nicht unvermitteltes Ausrülpsen von allem, was in einem blubbert. Demokratie braucht Vermittlung, ist vermittelte Kommunikation. Sonst verkommt sie bestenfalls zum Gequatsche, schlimmstenfalls zur Hetze. Deshalb sind die klassischen Medien so wichtig für eine Demokratie: Sie vermitteln, sie filtern auch. Aber ist das nicht gerade das Undemokratische, dieses Filtern? Nein, es ist Voraussetzung der Demokratie. *»Ich bin dafür, dass wir die Gaskammern wieder öffnen und die ganze Brut da reinstecken.«* *»Du gehörst vergast.«* *»Ich würde dich vergewaltigen, aber du bist zu alt dafür.«* *»Ich wünsche Ihnen eine Vergewaltigung an den Hals, und das täglich.«* – Solche Hasskommentare, Beleidigungen und Gewaltandrohungen sind nicht nur verboten, sondern sie haben in der demokratischen Öffentlichkeit auch einfach nichts zu suchen. Wegen altbackener Vorstellungen von Sitte und Manieren? Nein, sondern weil diese verbale Höllenbrut die Öffentlichkeit zerstört, in der sich die Bürger gegenseitig als Gleiche anerkennen. Wer sein Gegenüber Schlampe, Wixer, Drecksau, Hurensohn und dergleichen nennt, zerreißt das demokratische Tischtuch.

Nicht nur die demokratische Gleichheit verliert durch das, was vielfach auf Facebook geschieht. Auch die Freiheit geht leer aus. Wer sich auf Facebook besonders frei und unabhängig fühlt, hat nicht durchschaut, von was er regiert wird: von den Algorithmen, die ihn von einem Post zum nächsten, von einem Video zum nächsten leiten. Und diese Algorithmen sind nicht neutral. Sie haben zwar kein inhaltliches Interesse wie klassische Medien, kein Interesse an Erklärung und Verstehen oder an einer bestimmten Position. Dennoch haben Sie ein Interesse, und das ist money, money, money. Die Aufmerksamkeit soll auf die Werbung gelenkt werden, denn allein darum geht es: Werbung verkaufen. Damit macht das Unternehmen Milliarden Dollar Gewinn. Und wenn Werbung sich gut durch Wahnwitz und Schwachsinn, durch reißerische, gewaltverherrlichende, verschwörungstheoretische Posts und Videos verkauft, dann ist es ihnen recht.

Nicht einmal Offenheit und Austausch gewinnen durch Facebook. Seine Algorithmen lotsen uns zu dem, was wir immer schon dachten. Sie füttern uns mit dem Bekannten, bestätigen uns in unserer Welt-

167

sicht, führen uns in eintönige Meinungswüsten. Es ist verrückt: Das Netz, das uns mit einer Vielfalt wie nie zuvor verbinden könnte, sorgt bei vielen für Einengung und Abschottung. Auch von daher ist guter, professioneller Journalismus nötiger denn je: ein Journalismus, der neue Sichtweisen eröffnet und mit dem Unvertrauten vertraut macht.

Aber ist das nicht ein bestimmtes Verständnis von Demokratie, das gar nicht zwingend ist? Demokratie als kreischend bunte Veranstaltung wie der Berliner Karneval der Kulturen? Vielleicht wollen manche das gar nicht? Vielleicht schätzen manche die Eintönigkeit so wie ihre dunkelbraune Schrankwand aus den 70er Jahren? Kann sein. Nur sind das keine alternativen Verständnisse von Demokratie, die sich gleichberechtigt gegenüberstehen. Schon vergessen? Demokratie heißt wesentlich Freiheit, und Freiheit führt zu Vielfalt. Die Vielfalt gehört zum unabänderlichen Wesen der Demokratie. Wer sich in der Demokratie bewegen will, sich an ihr beteiligen will, muss mit Vielfalt zurechtkommen, ob er sie mag oder nicht. Wer sich einigelt, klinkt sich aus dem demokratischen Geschehen aus.

Mit der Abspaltung von der Vielfalt geht die Abspaltung von der Realität einher. Denn wie stellen wir fest, was wahr ist? Wie unterscheiden wir Faktum von Fake? Indem wir uns umschauen, überprüfen, unsere Ansichten abgleichen, uns von anderen korrigieren lassen. Wer sich abschottet, wer das Gespräch mit Andersdenkenden und Anderssehenden verweigert, verliert das Gespür dafür, was in Politik und Gesellschaft wahr und unwahr ist. Wer zu lange in seiner lichtlosen Meinungshöhle verharrt, entwickelt politische Halluzinationen. Kein Wunder, dass Facebook wie kein anderes Medium als Hort von Fake News dient, als Katapult von Vorverurteilungen, als Agentur für Verdächtigungen und Verschwörungstheorien.

Eine der größten Bedrohungen der Demokratie kommt also auf digitalen Pfoten geschlichen. Ach, was heißt geschlichen – dahergetrampelt kommt sie wie eine Horde aggressiver Nashörner. Denn nicht nur die geteilte Annahme, dass es eine Wahrheit gibt, ist wichtig für die Demokratie, sondern auch gemeinsame grundlegende Annahmen über das, was wahr ist. Als Demokraten kommen wir nicht ohne gemeinsame Faktenbasis aus. Denn wenn nicht einmal geklärt ist, was Fakt und was Lüge ist, können wir nicht über die Fakten reden. Auch deswegen hat der klassische Journalismus für die Demokratie keineswegs ausgedient. Im Gegenteil, er ist wichtiger als je zuvor. Denn ihm fällt die Aufgabe zu, noch mehr Behauptungen zu prüfen und einzuordnen. Die *Formate* des Journalismus wandeln sich, vielleicht gibt es in 20 Jahren keine gedruckte Tageszeitung mehr. Doch auf das *Wesen* des freien Journalismus können wir in der Demokratie nicht verzichten.

Bietet Facebook denn keinen Vorteil für die Demokratie? Gute politische Diskussionen mit Andersdenkenden, frei, fair und selbstorganisiert? Ein engagierter Bürgerjournalismus, sachlich, informativ und abwechslungsreich? Doch, auch das gibt es, aber der Regelfall ist es nicht. Und es entsteht nicht von allein. Nie war der Spruch wahrer als bei Facebook: Es gibt nichts Gutes, außer man tut es. Und wer soll es tun? Wir, jeder einzelne Nutzer. Die Verantwortung, die einst nur auf den Schultern der etablierten Medienmacher lag, liegt jetzt auf unser aller Schultern. Es hängt von uns ab, ob Facebook und andere soziale Medien der Zersetzung oder der Weiterentwicklung demokratischer Streitkultur dienen. Ob sie das Bild der Wirklichkeit vervollständigen oder verzerren. Ob wir digitale Netzwerke oder Hetzwerke haben.

Das Bewusstsein für diese Verantwortung ist noch unterentwickelt. Wir befinden uns in der medialen Pubertät. Ist bekanntlich nicht der höchste Reifegrad menschlicher Entwicklung. Ein Stadium, in dem man viel fordert, aber wenig zu leisten bereit ist. Große Klappe, aber nix dahinter. Wie kommen wir da raus? Zum Glück müssen wir das Rad nicht neu erfinden. Es gelten dieselben Regeln, die auch die Ethik des demokratischen Redens und des seriösen Journalismus ausmachen: skeptisch sein. Das scheinbar Eindeutige hinterfragen. Nichts gedankenlos weiterleiten. Erst denken, dann schreiben. Verschiedene Seiten hören, verschiedene Quellen nutzen. Jeder muss sich die Fragen stellen: Was weiß ich wirklich? Was habe ich nur gehört? Was ist ein begründetes Urteil? Was ist wirklich wert, veröffentlicht zu werden? Welche Absicht steckt hinter einer Meldung, einem Post? Was tue ich mit meinem Beitrag für unsere Demokratie? Das hat jeder einzelne Nutzer in der Hand.

**169**

# Hintern hoch

*Warum die Verantwortung in der Demokratie zu Hause ist*

Hat Verantwortung grundsätzlich etwas mit Demokratie zu tun? Ja, sehr viel. Verantwortung zu übernehmen heißt, für sein Handeln einzustehen. Und erkennen, dass man zuständig ist. Genau darum geht es ja in der Demokratie: zuständig zu sein für die eigenen und die gemeinsamen Angelegenheiten. Nicht darauf zu warten, dass etwas geschieht, sondern selbst in das Geschehen eingreifen. Sich nicht nur um seinen Kram zu kümmern, sondern sich auch die Anliegen anderer zu eigen zu machen. Und für das einstehen, was man dank demokratisch errungener Macht tut.

Verantwortung hat viele Widersacher. Einer ist die Das-geht-mich-nichts-an-Einstellung. Ist nicht mein Bier. Interessiert mich nicht. Wer so denkt, macht es sich einfach. Und versteht nicht, dass er Teil des Ganzen ist, dass das Gesellschaftliche immer auch das Eigene ist und das Eigene gesellschaftlich. Und dass seine Freiheit letztlich von der Freiheit der anderen abhängt. Ein anderes Wort für die Das-geht-mich-nichts-an-Einstellung ist Bequemlichkeit. Oder Faulheit. Oder Gleichgültigkeit.

Die Gleichgültigkeit ist ein Nervengift für die Demokratie. Autoritäre Präsidenten, Möchtegern-Diktatoren, fanatische Bewegungen – sie alle können aufgehalten werden bei ihrem Versuch, eine Demokratie auszuhöhlen und zum Einsturz zu bringen. Dann nämlich, wenn die Bürger Verantwortung übernehmen für ihre Ordnung der gleichen Freiheit, für ihre Demokratie, und sich den Autoritären entgegenstellen. Wenn aber Gleichgültigkeit herrscht, haben die Feinde der Freiheit schon gewonnen. An der Gleichgültigkeit geht die Demokratie zugrunde.

Ein anderer Gegner der Verantwortung ist die Opfer-Haltung. Ich bin nicht verantwortlich, die anderen sind schuld, die Politiker, die Parteien, die Mehrheit, der Chef, die Kollegen, das Schicksal, Gott oder weiß der Teufel wer. Das tut gut, denn es befreit von der Last der Zuständigkeit. Rechte sehen sich als Opfer der bösen Gutmenschen, Linke als Opfer der bösen Bösemenschen, Muslime als Opfer von Anti-Islamismus, Islam-Skeptiker als Opfer der Muslime, Schüler als Opfer der schlechten Lehrer, Lehrer als Opfer der schlechten Schüler und so weiter und so fort. Wer sich in erster Linie als Opfer sieht, kriegt den Hintern nicht hoch. Demokratie jedoch lebt vom Hintern-Hochkriegen. Davon, selbst aktiv zu werden und für die Sache einzustehen, die einem wichtig ist, im Kleinen wie im Großen. Ein Volk von Menschen mit Opfer-Haltung bringt keine dauerhafte Demokratie zustande.

Natürlich gibt es echte Opfer. Opfer von Unrecht oder schlechten Startchancen, Einzelne und auch Gruppen. Doch so hart das Schicksal auch zugeschlagen hat, es entschuldigt nicht alles. Vor allem enthebt es einen nicht der Verantwortung, das Beste aus diesem Schicksal zu machen. So wie der Einzelne für sein Leben verantwortlich ist, ist es auch ein Volk für sein Gedeihen. Die Form, die diese Verantwortung annimmt, ist die Demokratie. Die Demokratie ist eine Verantwortungsgemeinschaft.

Anders in undemokratischen Staaten. Da ist es üblich, Verantwortung abzuschieben. Es geht mit der Wirtschaft bergab? Der Westen ist schuld! Unzufriedene protestieren auf der Straße? Von ausländischen Geheimdiensten gesteuert! Die Währung stürzt ab, die Inflation galoppiert? Feindliche Mächte! Egal welches Übel, verantwortlich sind immer die anderen. Wäre es nicht so traurig, handelte es sich nicht um verbrecherische Regime, könnte man schmunzeln wie bei kleinen Kindern, die den Stuhl treten, an dem sie sich stoßen. Aber die staatlich verkörperte Verantwortungslosigkeit ist nicht lustig.

Doch bei uns geht es auch nicht immer lustig zu. Die Übernahme von Verantwortung ist selbst in der Demokratie kein Selbstläufer. Verantwortung für politisch verursachte Fehlentwicklungen abzustreiten, ist für jede Regierung eine Versuchung. Niemand ist gerne der Schuldige, das ist menschlich und fängt schon im Sandkasten an: Tim hat angefangen, der hat mir die Schaufel geklaut! Von dieser Neigung sind Demokraten nicht frei. Und der Versuchung sind nicht nur Politiker ausgesetzt, sondern auch Unternehmen, die etwa von ihnen verursachte Umweltschäden auf die Gemeinschaft abwälzen. Und eben auch der einzelne Bürger, der meint: Da kann ich doch nichts machen.

171

Also doch dasselbe Schlamassel wie bei den autokratischen Regimen? Nein, denn eine funktionierende Demokratie hat Institutionen, die Verantwortlichkeiten zuweist. Sie hat die Transparenz, die Verantwortung sichtbar macht. Sie hat eine Justiz, die Missetäter zur Verantwortung zieht. Sie hat Möglichkeiten, Verantwortliche durch Abwahl aus dem Verkehr zu ziehen. Und sie hat eine wache Zivilgesellschaft, die die Übernahme von Verantwortung einfordert. Unter ihrem kritischen Blick droht sich jeder Entscheidungsträger lächerlich zu machen, der so tut, als trage er keine Verantwortung. Und letztlich macht sich auch jeder Bürger lächerlich, der beklagt, dass die Übernahme politischer Verantwortung ihm leider verschlossen ist, während er vor dem offenen Tor der politischen Beteiligungsmöglichkeiten steht. Einmal mehr wird sichtbar: Volksentscheide sind kein kauziger Sonderweg der Demokratie, sondern ihre angemessene Vervollständigung. Denn erst sie verwirklichen die Bürgerverantwortung in vollem Umfang. Erst sie geben der Demokratie als Verantwortungsgemeinschaft angemessene Gestalt.

Gut, Demokratie und Verantwortung gehören eng zusammen. Eine Macke allerdings hat die Demokratie in Sachen Verantwortung, jedenfalls die Demokratie, so wie wir sie heute kennen. Es ist eine zeitliche Schlagseite: die Neigung, Verantwortung nur für die Gegenwart zu übernehmen und für die weitere Zukunft aus dem Blick zu verlieren. Warum? Weil demokratische Entscheidungsträger wiedergewählt werden wollen, und zwar nicht in 50 Jahren, sondern sehr bald. Ihr Planungszeitraum umfasst nicht Jahrzehnte, sondern Wahlperioden von vier oder fünf Jahren. Allzu leicht geht es um den augenblicklichen Beifall, um die Wählerstimmen am nächsten Wahltag, um die Sicherung von Amt und Mandat jetzt und morgen, um kurzlebige Stimmungen. Das Übermorgen ist weit weg, die Ungeborenen stimmen nicht ab. Langfristige Lösungen für Bildung, Umwelt, Landwirtschaft und vieles andere brauchen jedoch einen langen Atem. Solche Lösungen, die vielleicht sogar erst mal Verzicht mit sich bringen, fallen im demokratischen Wettbewerb um Zustimmung leicht unter den Tisch.

Kleiner Trost: Autoritäre Regime sind bei der Zukunftsverantwortung auch nicht besser aufgestellt. In Russland sind Bildung und Wissenschaft marode, in Peking ist der Smog legendär und tödlich, in Venezuela hungern die Menschen trotz gigantischer Ölvorkommen. Gegen die Gegenwartsversessenheit und Zukunftsvergessenheit gibt es keinen einfachen Trick, schon gar nicht aus dem autoritären Zauberkasten. Auch hier müssen wir zum demokratischen Werkzeugschrank greifen: der zivilgesellschaftliche Widerstand, das beharrliche Einwirken auf Parteien und Politiker. Volksentscheide und andere Formen einer stärkeren Bürgerbeteiligung können auch hier wirksame Gegengewichte sein. Nicht etwa, weil normale Bürger grundsätzlich weitsichtiger sind als Politiker. Nicht weil sie weniger für momentane Stimmungen empfänglich sind. Sondern weil kurzsichtige Lobbyinteressen auf diese Weise nicht so leicht eine Mehrheit finden. Und weil damit die Gefahr wegfällt, dass die Bürger eine zukunftsorientierte Entscheidung als Bevormundung auffassen. Wem ein Veggy-Day von oben verordnet wird, fühlt sich um seine Bratwurst betrogen. Wer selbst darüber abstimmt, kann die Vorteile eines geringeren Fleischkonsums eher einsehen.

Egal ob nahe oder ferne Zukunft, in manchen Ohren hat das Wort Verantwortung einen harten Klang. Bedeutet es nicht letztlich, dass jeder sich allein um sich selbst kümmern muss? Ist es nicht das verbale Vehikel, mit dem ein kaltherziger Neoliberalismus Einzug hält, der die Solidarität zerreißt? Nur ich, ich, ich – statt du, ihr und wir?

Nein. Verantwortung bedeutet nicht nur Eigenverantwortung. Genauso wenig wie Liebe nur Selbstliebe ist. Oder Blutspende nur Eigenblutspende. Manch einer mag das so verstehen. Doch dann ist es ein grobes Missverständnis. Natürlich, für sich selbst sorgen, für die eigenen Interessen einstehen, das gehört dazu. Aber es ist nicht alles. Denn viele können das gar nicht. Kinder, Schwerkranke, Demenzpatienten, Menschen mit schweren geistigen Behinderungen – sie alle brauchen Menschen, die an ihrer Stelle handeln und für sie ihre Stimme erheben. Demokratische Verantwortung heißt immer auch Verantwortung für andere, für Schwächere. Und das sind nicht nur diejenigen, die ihre Interessen überhaupt nicht verfolgen können, sondern auch die, die das weniger gut können. Die rhetorisch Unbegabten, die wenig Gebildeten, die Mittellosen. Hieße Verantwortung nur Eigenverantwortung, wäre Demokratie bloß die Herrschaft der Stärkeren. Es gibt kein demokratisches Miteinander ohne Füreinander.

Und das haben wir ja auch. In großer Zahl helfen Menschen anderen Menschen. Zig Verbände und Vereine kümmern sich. Sie versuchen, Analphabeten schreiben zu lehren, benachteiligte Kinder zu fördern, Einsame einzubinden, Sterbenden beizustehen, Armen unter die Arme zu greifen und vieles mehr. Dass das oft nicht reicht – geschenkt. Dass hier tiefere Ungerechtigkeiten am Werk sind – ebenfalls. Dass es massive Schlagseiten des Einflusses gibt – nochmals geschenkt. Aber es gibt Füreinander, und zwar sehr viel. Ein generelles Gemecker über fehlende gesellschaftliche Solidarität bei uns ist Stuss.

Verantwortung für andere ist nichts, was für die Demokratie reserviert ist, auch wenn sie es viel leichter macht, diese Verantwortung zu übernehmen. Was die Demokratie jedoch auszeichnet, ist, dass wir Verantwortung nicht nur für einige andere haben, sondern für alle, für das große Ganze, für das Gemeinwesen. Bereits wenn wir uns an Wahlen beteiligen, tun wir genau dies: Wir nehmen unsere Verantwortung für das Gemeinwesen wahr, wir bringen unsere Vorstellung vom Gemeinwohl ein. Erst recht, wenn wir uns politisch engagieren. Der Sinn für diese Verantwortung heißt Gemeinsinn.

Wieviel von diesem Gemeinsinn nötig ist, darüber lässt sich streiten. Doch ohne ein Mindestmaß davon funktioniert Demokratie nicht. Wir wissen ja: Die Freiheit der Demokratie erlaubt zwar, sich ins traute Heim zu verziehen, sich auf das Kleine und Kuschelige zu beschränken, auf den Achtsamkeitskurs am Donnerstagabend und die Lektüre der *Landlust*. Erlaubt ist das, davon leben kann die Demokratie nicht. Sie wird nur überleben, wenn genügend Menschen Verantwortung für das Gemeinwesen übernehmen. Jeder Einzelne trägt einen Teil dieser Verantwortung. Ob er sie wahrnimmt, liegt – in seiner Verantwortung.

# 5

# ÜBER DAS, WAS DIE
# DEMOKRATIE ZUSAMMENHÄLT

## Wer sind wir?
### Über den Träger der Demokratie

Selbstbestimmung, Gleichberechtigung, Meinungsfreiheit, Religionsfreiheit, Vereinigungsfreiheit – Demokratie ist die Verwirklichung
von Menschenrechten. Sie gelten für alle Menschen, auch wenn sie
mit Füßen getreten werden. Die Demokratie fußt also auf *universalen* Prinzipien. Aber ist eine Demokratie deshalb auch eine universale
Gemeinschaft? Nein. Sie ist immer die Selbstherrschaft einer konkreten, *begrenzten* Gemeinschaft. Die Prinzipien der Demokratie gelten
für alle Menschen, aber die Mitglieder einer Demokratie sind nicht
alle Menschen, sondern die Bürger dieses oder jenes Staates.

Alle anderen sind keine Mitglieder dieser Gemeinschaft. Demokratie kommt also nicht aus ohne die Unterscheidung zwischen Innen und Außen, zwischen uns und den anderen. Klingt das nach
Abschottung, Abwertung, Feindschaft? Liegt in der Demokratie etwa
der Keim zu Hass und Krieg? Nein, falsch. Mit einem Freund-Feind-
Schema hat das nichts zu tun. Das Ziehen einer Grenze sagt nichts
darüber, wie man mit dieser Grenze umgeht. Mit seiner Nachbarin
kann man sich wegen der wild wachsenden Heckenbüsche beharken,

oder man kann mit ihr nette Schwätzchen am Gartenzaun halten. Wie ein demokratischer Staat mit seinen Nachbarn lebt, wie sehr er Einwanderung zulässt, wie Ausländer zu Staatsbürgern werden können, wie also das Verhältnis zwischen Innen und Außen gestaltet wird – all das ist Gegenstand demokratischer Entscheidungen, die so oder anders ausfallen können. Aber nicht, *dass* es ein Innen und Außen gibt. Wenn die Grenze zwischen Innen und Außen aufgehoben würde, wäre das die letzte Entscheidung dieser Gemeinschaft. Sie würde sich auflösen. Denn wenn es eine Gemeinschaft der gleichen Freien geben soll, die gemeinsam über sich selbst entscheiden, muss klar sein, wer dieses gemeinsame Selbst ist, wer also zu den gleichen Freien gehört und wer nicht, wer mitentscheiden darf und wer nicht. Mit anderen Worten: Eine Demokratie kommt nicht ohne die Unterscheidung zwischen Wir und nicht-Wir aus. Ja, sie bildet ein Wir, *ist* ein Wir.

Natürlich, vom »Wir« ist auch in autoritären Regimen die Rede, und das nicht zu knapp. Die Autoritären und Unterdrücker brauchen die Beschwörung der Gemeinschaft, um ihre Herrschaft zu rechtfertigen. Je unfreier ein Land, desto mehr Gemeinschaftsgetöse. Aber dieses Wir ist ein vorgeschobenes, ein bloß behauptetes. Gerade weil die Menschen dieser Länder nichts zu melden haben, muss die Staatsführung die angebliche Gemeinschaft betonen. Doch diese Gemeinschaft kann sich nicht artikulieren. Ja, es ist gar keine Gemeinschaft, sondern nur eine Masse von Untertanen. Nur in der Demokratie formt und artikuliert sich ein echtes Wir.

Ein Unbehagen bleibt. Ist diese Rede von Gemeinschaft, vom Wir nicht, hm, ein bisschen romantisch? Klingt sie nicht arg nach Lagerfeuer, Händchenhalten und Friede, Freude, Eierkuchen? Oder schlimmer, nach Volksgemeinschaft, Gehorsam und Strammstehen? Nein, stopp, auch das wäre ein Missverständnis. Es geht ja um die *demokratische* Gemeinschaft. Und die verlangt weder Liebe noch Unterwerfung. Die Mitglieder der demokratischen Gemeinschaft müssen nicht zu einer Ganzheit verschmelzen, sie müssen sich nur als gleichermaßen Freie anerkennen. Die demokratische Gemeinschaft ist keine Familie, keine Ehe, keine Kirche, auch keine Beziehung zwischen Chef und Untergebenem, sie ist – man kann es sich gar nicht oft genug in Erinnerung rufen – die Gemeinschaft der Freien und Gleichen.

Und wie heißt dieses Wir? Wie nennen wir diese Gemeinschaft in der deutschen Sprache? Volk? Nation? Gesellschaft? Nichts davon will hundertprozentig passen. »Volk« klingt organisch, ist biologisch gefärbt, hängt an Blut und Abstammung. Aber die demokratische Gemeinschaft hat nichts mit einem Bienenvolk gemein, sie ist keine natürliche Sippe, keine Herde, kein Schwarm, kein Rudel. Überhaupt, ist vom Volk die Rede, scheint im Hintergrund stets der Volksempfänger zu knarzen: ein Volk, ein Reich, ein Führer. Diese blutig-braunen Schmutzflecken, die wird das Wort nicht ganz los.

Auch »Nation« trägt eine historische Last, nur sieben Buchstaben vom Nationalismus entfernt, dieser unseligen kollektiven Selbstüberhöhung. Im deutschen Ohr schmettert die Marschmusik, Pickelhauben ziehen vor dem geistigen Auge vorbei, und der Kaiser winkt gnädig vom Schlossbalkon herab. Also auch nicht so geeignet.

»Gesellschaft«? Das Wort ist harmloser, an ihm klebt kein Blut, aber kann es für das demokratische Wir stehen? Wohl kaum. Die Gesellschaft lässt sich untersuchen und zergliedern, sie ist Gegenstand kritischer Analysen und statistischer Erhebungen. Aber wir, die Gesellschaft? Klingt seltsam. Das Wort ist eher im Soziologie-Institut zu Hause als auf dem Versammlungsplatz.

Andererseits: Demokratie heißt Volksherrschaft. Die ostdeutschen Revolutionäre haben 1989 das DDR-Regime mit dem Ruf »Wir sind das Volk« zum Einsturz gebracht, nicht mit »Wir sind die Gesellschaft«. Und in unserer Verfassung steht: »Alle Staatsgewalt geht vom Volke aus.« Auf die Rede vom Volk können wir also nicht verzichten. Auch der Begriff der Nation ermöglicht die Wir-Perspektive. Er betont stärker eine nationale Kultur, aber auch die staatlich verfasste Gemeinschaft, den Nationalstaat, mit einem nationalen Parlament, einer Nationalhymne usw. Wer von Nation spricht, ist noch nicht nationalistisch. Wer ein Ego hat, muss ja auch nicht egoistisch sein. Aber weil die Worte Volk und Nation so leicht trompetenhaft laut werden, so vereinnahmend sind, so leicht die Unterschiede zwischen den Bürgern zertrampeln, dient die Rede von der Gesellschaft schließlich als pluralistisches Gegengewicht. Sie betont die Verschiedenheit der Einzelnen und den Abstand zwischen ihnen. Der Begriff Gesellschaft ist die semantische Pille gegen die nationale Wir-Besoffenheit. Und nicht zuletzt umfasst er auch diejenigen Menschen, die unter uns leben, ohne als Staatsbürger zur demokratischen Gemeinschaft zu gehören. – Das demokratische Wir geht also nicht in einem Begriff auf. Es liegt irgendwo zwischen diesen drei. Und das ist auch ganz gut so.

Natürlich ist das noch nicht die ganze Geschichte. Zwar bilden Völker oder Nationen bislang die maßgeblichen demokratischen Gemeinwesen, aber Demokratie findet nicht nur auf der nationalen Bühne statt, sondern auch auf Provinzbühnen. Bundesländer und Kommunen sind ebenfalls demokratische Gemeinschaften, auch wenn wir bei der Rede von Demokratie meist nicht daran denken.

Das demokratische Wir ist auch nichts Statisches. Die demokratischen Gemeinschaften waren ja nicht schon immer da, und sie müssen nicht für immer bestehen. Eine demokratische Gemeinschaft kann sich aufteilen, aus einem Wir können zwei werden. Und mehrere Gemeinschaften können zu einem Wir zusammenwachsen. So wie die 13 amerikanischen Staaten, die sich im 18. Jahrhundert zu den USA zusammengeschlossen haben.

Sicher ist das demokratische Wir nicht das einzige Wir. Für die meisten von uns ist es nicht einmal das wichtigste Wir. Familien und Facebook-Freunde, Kollegen und Kumpel – es gibt viele andere Wirs, die enger, vertrauter, lustiger oder nützlicher sind. Doch für die Freiheit ist das demokratische Wir ausschlaggebend. In ihm zeigt, verwirklicht und bewährt sie sich in besonderer Weise. Vor allem entscheidet sich hier die Freiheit, die wir in allen anderen Wirs mehr oder weniger genießen.

Mit alledem jedoch ist etwas Entscheidendes noch gar nicht geklärt: Denn *dass* es ein Wir geben muss und wie man es nennt, beantwortet nicht die Frage, *was* dieses Wir ist. Sind »wir« einfach nur die Summe der Staatsbürger? Steht das Wort bloß für die Tatsache, dass wir die gleichen Personalausweise bei uns tragen und dasselbe Staatsgebiet bewohnen? So wie die Kieselsteine im Container eine Containerladung ergeben? Nein, das wäre zu wenig.

Warum zu wenig? Ist das nicht genau das richtige Verständnis für eine Gesellschaft der Freien, in der jeder sein eigenes Ding macht? Nein, denn Demokratie heißt nicht nur, jeder macht seins, sondern auch: Wir machen etwas zusammen. Nämlich unsere gemeinsamen Angelegenheiten gemeinsam regeln. Demokratie existiert durch die Beteiligung der Bürger, und sei es lediglich bei Wahlen. Wenn nur wenige Menschen wählen gehen, ist die Demokratie bedroht. Wenn keiner mehr wählt, ist sie am Ende. Warum sollte man sich an etwas beteiligen, mit dem man nichts anfangen kann? Oder das man sogar ablehnt? Wir brauchen also nicht nur eine Staatsbürgerschaft, sondern wir müssen uns auch mit ihr identifizieren. Die Demokratie braucht die Unterstützung durch die Bürger, ihre Zustimmung, ihre Mitwirkung. Nötig ist eine Art Zugehörigkeitsgefühl: zu diesem Gemeinwesen und damit auch zu seinen Mitgliedern. Das demokratische Wir ist keine Container-Gruppe, sondern ein echtes Wir.

In einer Despotie ist das anders. Ihre Untertanen müssen nichts für- und miteinander haben. Sie können sich egal sein und so verbunden sein wie Findlinge in der Lüneburger Heide, nämlich gar nicht. Denn wer nichts gemeinsam schafft, braucht nichts miteinander zu schaffen haben. Wie der Einzelne zum Staat und zu allen anderen steht, ist letztlich unwichtig, so lange er nicht aufmuckt. Der Demokratie aber kann das nicht egal sein. Autoritäre Staaten werden durch Zwang und Unterwerfung zusammengehalten, demokratische Staaten sind auf die Bejahung durch die Bürger angewiesen. Sofern auch Demokratien Zwang anwenden, muss es letztlich ein selbst auferlegter, bejahter Zwang sein. Damit unsere demokratische Gemeinschaft funktioniert, müssen wir uns als Teil von ihr verstehen. Wir brauchen ein positives Zugehörigkeitsgefühl.

Das kann man Patriotismus nennen. Brrrr, bei dem Wort schüttelt es so manchen. Kein Wunder, wurde es doch nationalistisch verseucht. Das hat sich seit geraumer Zeit geändert, doch für manche ist die Halbwertszeit gerade mal um, für sie strahlt das Wort noch immer, während andere es unbefangen in einem demokratischen Sinne benutzen. Es gibt ja auch keine gute Alternative. Wie wäre es mit demokratischer Identifikation? Demokratieliebe? Mutterlandsliebe? Republikliebe? Bürgersolidarität? Demokratische Bindung? Landesbejahung? Naja, das zündet alles noch nicht richtig. Egal. Wie auch immer wir diese Bejahung und Unterstützung nennen, es geht nicht ohne.

Merkwürdigerweise gibt es Leute, die einerseits überzeugte Demokraten sein wollen und andererseits eine ausdrückliche Antihaltung gegenüber ihrem Staat, ihrem Land an den Tag legen. Demokratie ja, aber Deutschland nein danke – das passt nicht zusammen. Betrifft nur ein paar schwarz vermummte Antifas? Weit gefehlt, das unausgereifte Demokratieverständnis tritt auch in frisch geputzten schwarzen Lackschuhen auf. Oder bei schwerreichen Fußballmanagern. Demokratie ja, aber bloß keine Steuern zahlen – klingt anders, ist dennoch dasselbe: Demokratie wollen, ohne die demokratische Gemeinschaft zu wollen. Doch das geht nicht. Wer Demokratie will, muss sich dem demokratischen Wir verpflichtet fühlen.

Dieser Wir-Zusammenhalt ist für die Demokratie auch deshalb wichtig, weil zwar jeder Einzelne mitbestimmen kann, aber sich faktisch oft nicht durchsetzt. Zwar hat jeder die Chance, zur Mehrheit zu gehören, aber tatsächlich sind manche viel häufiger in der Minderheit als andere. Nur wer die anderen Bürger als irgendwie zu sich gehörig versteht, nur wer sich als Teil einer demokratischen Gemeinschaft sieht, kann die demokratischen Verfahren auch dann als gemeinsame Selbstbestimmung verstehen, wenn er überstimmt wird.

Das Gemeinschaftliche ist also kein Kitt, der nachträglich auf eine Gesellschaft auseinanderstrebender Einzelner geschmiert wird, auf dass er die Fliehkräfte des Individualismus ein wenig dämpft. Die Demokratie verlangt das Wir, ja sie besteht darin.

Wie jedoch ist dieses Wir beschaffen? Was hält das demokratische Gebäude zusammen? Wie entsteht der gesellschaftliche Zusammenhalt, die Solidarität untereinander, die Loyalität zur demokratischen Gemeinschaft? Schwierige Frage. Nur eins ist von vornherein klar: Das Gemeinsame darf nicht auf Kosten des Pluralismus gehen. Denn den Pluralismus zu stutzen, hieße, die Freiheit empfindlich zu beschneiden. Das aber ist für die Demokratie nicht annehmbar. Also geht es nur so, dass die gemeinsame Identifikation zum Pluralismus *hinzukommt.* Nicht die Vielfalt muss kleiner werden, sondern die vielfältigen Einzelnen müssen etwas Gemeinsames haben. Aber was?

# Blut als sozialer Klebstoff?
## *Das demokratische Wir und die Abstammung*

Besteht der soziale Klebstoff einer Demokratie in der ethnischen Zugehörigkeit, in der gemeinsamen Abstammung? Im »Blut«, wie man früher sagte? Die Idee müffelt sehr verdächtig nach alter Naziblutwurst, ja, ja, aber ist das vielleicht nur ein Vorurteil? Man braucht ja nicht gleich Schädelformen zu vermessen und Rassengesetze zu erlassen, und mal ehrlich: Schafft eine gemeinsame Hautfarbe nicht Nähe und Vertrautheit?

Müssen wir uns wirklich damit beschäftigen? Ja, müssen wir. Denn die Vorstellung spukt noch immer in vielen Köpfen herum. Fangen wir an: Was soll die biologische Einheit denn ausmachen? Das Aussehen? Die Abstammungslinien? Die Gene? Das ist nicht klar, und damit gehen die Probleme schon los. Denn je nachdem kommt ganz Unterschiedliches heraus. Zwei Menschen können sich ähneln, aber ganz unterschiedlicher Abstammung sein und in ihrer genetischen Ausstattung stark voneinander abweichen. Oder sie können unterschiedlich aussehen, obwohl sie eng verwandt sind.

Welches Kriterium wir auch anlegen, in jedem Fall bekämen wir Ergebnisse, die nicht mit dem Zuschnitt der existierenden demokratischen Staaten übereinstimmen. Eine blonde Flensburgerin mit ihren Wikingergenen ist mit Menschen in Kopenhagen wahrscheinlich näher verwandt als mit einer Oberbayerin, deren bajuwarische Stammesverwandtschaft wiederum eher in Südtirol haust als in Schleswig-Holstein. Von den Nachkommen der assimilierten slawischen Bevölkerung in Ostdeutschland ganz zu schweigen, ebenso wie von den hunderttausenden polnischen Zuwanderern vor dem Ersten Weltkrieg oder von den Kindern der sogenannten Gastarbeiter oder der Flüchtlinge des Bosnienkriegs, die längst hier heimisch sind und zu uns gehören. Letztlich sind wir alle Hybride. Das zeigt: Das demokratische Wir speist sich nicht aus biologischen Quellen. Die

Biologie gehört ins Gemüsebeet oder ins Labor, aber nicht in die Demokratie.

Das Band der Gemeinsamkeit ist also *faktisch* nicht aus Stammbaumlinien geflochten. Entscheidend ist allerdings: Es *darf* auch nicht daraus geflochten sein. Natürlich *könnte* eine demokratische Gemeinschaft versuchen, ihre Einheit anhand biologischer Linien zu suchen. Doch damit würde sie dem Prinzip der Demokratie widersprechen. Denn die Demokratie ist eine Gemeinschaft der Freien, aber in unserer Biologie sind wir unfrei. Wir können unsere Urteile korrigieren, unser Denken ändern, unsere Gefühle bändigen, unser Handeln steuern, unsere kulturellen Prägungen hinterfragen, doch unsere Hautfarbe und unsere Abstammung haben wir nicht in der Hand. Eine Demokratie darf nicht dasjenige zum Kriterium der Zugehörigkeit machen, bei dem Menschen am wenigsten frei sind. Sie würde damit ihren Sinn untergraben. Außerdem lieben sich Menschen nicht unbedingt entlang ethnischer Grenzen. Eine Ordnung der Freiheit kann ihren Bürgern nicht vorschreiben, mit wem sie sich verbinden und Kinder bekommen.

Eine ethnische Demokratie würde nicht nur die Freiheit untergraben, sondern auch die Gleichheit. Denn körperliche Eigenschaften, ob Hautfarben oder Nasenformen, sind nicht gleich, es gibt sie nur in unterschiedlichen Graden. Eine Gemeinschaft der Ebenbürtigen lässt sich damit nicht begründen. Wer völkische Gleichförmigkeit will, verfehlt die Gleichheit, um die es der Demokratie geht, und unterscheidet zwangsläufig zwischen »reinen« und »weniger reinen« Volksgenossen. An die Stelle bedingungsloser Gleichheit der Bürger träte die Überprüfung der Abstammung. Die »Ariernachweise« der Nazis waren kein absonderlicher Exzess, sondern die konsequente Durchführung der biologischen Denkweise. Wer das Volk biologisch versteht, wer vor »Mischvölkern« warnt und Nachbarn mit dunkler Hautfarbe *wegen* dieser Hautfarbe ablehnt, bewegt sich bereits, ob er will oder nicht, in der Logik des Rassismus – und damit außerhalb des demokratischen Denkens.

**182**   Schafft also eine gemeinsame Hautfarbe keine Nähe? Das mag sich durchaus für den einen oder anderen so anfühlen. Zumindest auf den ersten Blick. So wie junge Leute sich jungen Leuten näher fühlen, und Alte den Alten. Oder Frauen anderen Frauen, oder Männer Männern. Das Problem ist nur: Diese scheinbare Nähe wird auf den zweiten Blick ziemlich oft enttäuscht. Eine tragfähige Gemeinschaft lässt sich darauf jedenfalls nicht bauen. Schon gar keine demokratische Gemeinschaft. So ist es auch mit einer gemeinsamen Abstammung, mit Hautfarben oder Nasenformen. Sie mögen uns ins Auge fallen, doch Demokratie heißt eben auch, dem Augenschein zu misstrauen und nicht an der Oberfläche hängen zu bleiben.

Noch mal nachgehakt: Ist die Abstammung nicht doch für uns relevant? Schließlich sind die meisten von uns Bürger dieser demokratischen Gemeinschaft, weil sie in sie hineingeboren wurden. Deutsche Staatsbürger, weil die Eltern deutsche Staatsbürger sind. Stimmt. Aber das ist es nicht, was uns verbindet. Die Abstammung ist insofern wichtig, als sie in den meisten Fällen dazu führt, dass wir hier aufwachsen und in diese demokratische Gemeinschaft hineinwachsen. Doch dann ist eben nicht die Abstammung selbst wichtig, sondern das, was daraus folgt. Die Geburt als Kind unserer Eltern markiert nur den Startschuss für den langen Lauf, bei dem wir das entwickeln, was uns mit den anderen Bürgern verbindet. Woher unsere Eltern stammen, ist dabei unerheblich. Eine deutsche Abstammung ist also nicht notwendig. Sie ist nicht mal hinreichend. Wenn die Nachkommen von Menschen, die vor Jahrhunderten aus Deutschland nach Russland ausgewandert sind, allein wegen ihrer Abstammung als Deutsche gelten, ist das schon ein fragwürdiger Grenzfall. Etwas, das die Demokratie zusammenhält, entsteht daraus jedenfalls nicht.

Eine Sache ist also geklärt: Was immer die gemeinsame Basis der demokratischen Gemeinschaft ist, das »Blut« kann es nicht sein. Das Haus der Demokratie lässt sich nicht auf dem Boden unserer biologischen Natur bauen. Es würde zusammenbrechen.

Was aber stiftet dann den Zusammenhalt?

Blut als sozialer Klebstoff? – Das demokratische Wir und die Abstammung

## Eintracht in Zwietracht?

*Zusammenhalt durch Politik und Recht*

Demokratie heißt Freiheit, Freiheit heißt Pluralismus, und Pluralismus heißt Konflikt: Konflikte zwischen verschiedenen politischen Überzeugungen, zwischen unterschiedlichen Ideen von einer gerechten Gesellschaft, zwischen Weltanschauungen und Lebensstilen, zwischen gegensätzlichen Idealen und Interessen. Über alles wird gestritten. Vom Rüstungsexport bis zum Chlorhühnchenimport, von der Grunderwerbssteuer bis zum Grundeinkommen, vom Dieselverbot bis zum Burkaverbot, vom Mindestlohn bis zum BAföG-Höchstsatz. Die Konflikte sind Legion, die Uneinigkeit ist endlos, der Streit allgegenwärtig. Wo ist auf diesem Kampfplatz etwas Einigendes zu finden? Wo soll es in all dem Gegeneinander ein Miteinander geben?

Na, vielleicht genau da: im Streit. Natürlich nicht im Inhalt des Streits, der ist ja nichts, was verbindet, sondern in seiner Art und Weise. Denn Demokratie besteht ja nicht bloß im Konflikt, sondern vor allem in einem bestimmten Umgang mit ihm. Der gewaltfrei ausgetragene Konflikt, der Streit mit Argumenten, das Ringen um Kompromisse, die Einhegung durch Recht, Verfahren und Institutionen – das macht die demokratische Konfliktbewältigung aus. Diese Art und Weise des Streitens ist das, was alle demokratischen Streithähne eint.

Dabei wird Gegnerschaft nicht aufgehoben, aber wir sind gerade in unserer Gegnerschaft verbunden. Der andere ist nicht Feind, sondern Gegner, mit dem *zusammen* wir streiten. Und deshalb ist er nicht nur Gegner, sondern auch Partner. Als Mitglieder der demokratischen Gemeinschaft diskutieren wir um deren richtige Ausrichtung und werden eben dadurch Mitglieder dieser *einen* Gemeinschaft. Im gemeinsamen Umgang mit dem Nicht-Gemeinsamen entsteht die Gemeinsamkeit. Klingt widersprüchlich, ist es aber nicht. Vielmehr wird genau dasjenige zum einenden Element, was ohnehin Markenzeichen der Demokratie ist. Es ist wie beim Spiel: Ob Canasta, Skat oder World of Warcraft, jeder will gewinnen, doch der gemeinsame Kampf verbindet.

Das betrifft keineswegs nur die Politiker, die den Streit für alle sichtbar in der Öffentlichkeit führen. Sondern uns alle, sofern wir uns als Bürger an der Regelung gemeinsamer Angelegenheiten beteiligen. Zum Beispiel in Wahlen, durch die wir Gesetzgebung und Regierung legitimieren. Trotz aller Uneinigkeit können wir uns als Souverän vereinigt wissen. Aber auch in zivilgesellschaftlichem Engagement, bei dem wir den Andersmeinenden von Angesicht zu Angesicht gegenübersitzen und mit ihnen ringen müssen, in zähen Diskussionen, in Aktionen und Projekten, in Widerrede und Widerstand. Die Identifikation mit dem Gemeinwesen entsteht hier nicht durch etwas Vorgegebenes, sondern durch unsere Aktivität. Wir fühlen uns zusammengehörig, indem wir unsere gemeinsamen Belange gemeinsam organisieren.

Zweifellos, das *kann* die Bürger einer Demokratie verbinden. Und *nur* diese. Autoritäre Staaten sind dazu unfähig, denn sie bieten keinen Raum für offenen Streit und deshalb auch nicht für diese Art von Verbindung. Allein in der Demokratie kann es Eintracht durch Zwietracht geben. Die Frage ist nur: Reicht das?

Denn die Spielregeln des Wettkampfs sind ja etwas sehr Formales. Kein leuchtendes Ideal, kein gemeinsamer Lebensstil, keine ehrwürdige Tradition stiftet Beziehung, nur der Streit darum. Und der kann, auch wenn er mit Worten ausgefochten wird, scheußlich sein. Scharf wie ein Schlachtermesser oder nervig wie 100 km Stau auf der Autobahn. Oft verbindet das nicht, sondern trennt. Mit einem vertrauten Kontrahenten fühlt der Einzelne sich vielleicht trotzdem verbunden, und man kann einen Rotwein zusammen trinken, aber entsteht daraus eine Solidarität, die das ganze Land umspannt? Der Disput ist wichtig, aber er ist nichts, was die Herzen verbindet. Er ergibt kein harmonisches Konzert, in dem alle Musiker ihren abgestimmten Beitrag leisten, sondern eine Kakophonie der Stimmen, ein Tröten, Summen, Bellen und Quaken.

Zudem haben wir manchmal Meinungsverschiedenheiten, die einen so breiten Graben aufreißen, dass keine Diskussion ihn überbrücken kann. Da, wo Überzeugungen dermaßen tief in uns wurzeln, dass jede Abweichung wie Verrat an uns selbst erscheint. Wo es nicht um bloße Interessen geht, sondern um Moral und Werte. Wo es kein Mehr oder Weniger gibt, sondern nur alles oder nichts. Fragen der Identität, der Religion oder der Zulassung von Abtreibung etwa. Da führt der politische Streit nicht zusammen, sondern zu Entscheidungen, die nur Gewinner und Verlierer kennen. Dann bleibt es doch beim Container voller Kieselsteine. Die Steine stoßen hart gegeneinander, reiben sich aneinander, aber verbunden sind sie dadurch nicht.

Es scheint, dass wir mehr brauchen. Etwas Gehaltvolles, das in allen Streitereien unstrittig bleibt. Etwas, das echte Verbindung schafft. Ein Fels in der Brandung der Kontroversen.

Was liegt näher, diesen Fels in dem zu erblicken, auf dem die ganze staatliche Gemeinschaft gebaut ist: in der Verfassung? Natürlich ist darin nicht alles gleich wichtig. Wer wird schon Solidarität gegenüber seinen Mitbürgern etwa aus Artikel 108 des Grundgesetzes schöpfen? Da heißt es: »Zölle, Finanzmonopole, die bundesgesetzlich geregelten Verbrauchsteuern einschließlich der Einfuhrumsatzsteuer, die Kraftfahrzeugsteuer und sonstige auf motorisierte Verkehrsmittel bezogene Verkehrsteuern ab dem 1. Juli 2009 sowie die Abgaben im Rahmen der Europäischen Gemeinschaften werden durch Bundesfinanzbehörden verwaltet.« Selbstverständlich geht es um die *wesentlichen* Elemente der Verfassung. Um das, was das Grundgefüge unserer staatlichen Ordnung ausmacht: dass die Staatsgewalt vom Volk ausgeht, dass die Gewalten geteilt sind, dass das Recht herrscht. Ebenso die zentralen Institutionen, die diese freiheitliche Ordnung verkörpern. Ganz vorne natürlich die Grundrechte, die Garantie unserer Freiheiten. Und die Menschenwürde als Kern und Klammer von alledem.

Diese Prinzipien, diese Werte sind wirklich ein gemeinsamer Nenner, der etwas aushält. Wie immer auch der demokratische Streit wogt und tobt, die Grundwerte der Verfassung bleiben davon ausgenommen. Sie *können* nicht nur die Streitpartner einen, sondern sie tun es bei uns auch *tatsächlich*. Die Grundprinzipien unserer Verfassung sind in allen Debatten weitgehend unumstritten. Das Getöse der Meinungen wird, wenn die Verfassung als Partitur dient, fast zum symphonischen Konzert. Über einzelne Missklänge hören wir großzügig hinweg.

Spricht dieser Verfassungspatriotismus auch das Gefühl an? Natürlich, jedenfalls kann er das. Warum sollten Freiheit, Gleichheit, Respekt und Anerkennung nicht begeistern? Warum sollte man sich nicht mit dem demokratischen Wir verbunden fühlen, gerade weil es auf diesen Werten ruht? Und man muss schon ein Herz aus Stein haben, damit einen die ersten Sätze des Grundgesetzes nicht berühren: »Die Würde des Menschen ist unantastbar. Sie zu achten und zu schützen ist Verpflichtung aller staatlichen Gewalt.«

Moment mal, hieß es nicht, dass der demokratische Rechtsstaat keine bestimmten Einstellungen von uns verlangt? Dass also jeder denken und meinen kann, was ihm gefällt? Und jetzt sollen wir doch die Verfassung wertschätzen? Ist das nicht ein krasser Widerspruch? Nein, es bleibt dabei: Die Demokratie fordert keine bestimmten Überzeugungen ein. Aber sie *erfordert* sie. Sie versucht nicht, sie zu erzwingen, aber sie ist auf sie angewiesen. Wir *müssen* die Grundwerte der Verfassung nicht schätzen, aber wir *sollten* es. Es bleibt also bei der Freiheit des Geistes, aber die Demokratie ist nicht mit jedem Geist vereinbar. Aus dieser Spannung kommen wir nicht heraus.

Das Grundgesetz ist nicht nur Grundlage für Staat und Politik, sondern für unser gesamtes gesellschaftliches Zusammenleben. Es richtet sich indirekt an jeden Einzelnen, an uns alle. Es ist Leitbild, Maßstab und Wegweiser. Für die Achtung der Freiheit jedes Einzelnen. Für die Gleichberechtigung aller. Für die Toleranz gegenüber dem anderen und zugleich für die Grenze der Toleranz. Für freie Rede, freies Denken, freien Glauben. Das Grundgesetz ist das feierlich-nüchterne Manifest unserer demokratischen Gemeinschaft.

Konkrete Gestalt gewinnt dieses Manifest in unserer gesamten Rechtsordnung. Das sind die Regeln des Zusammenlebens, die für alle gelten. Das Recht gewährt eine weite Sphäre der Freiheit, aber es markiert auch deren Grenzen. Die Achtung dieser Grenzen können wir von jedem erwarten und einfordern. Von Einwanderern, die ihr eigenes Rechtssüppchen kochen wollen. Von internationalen Konzernen, die trickreich Steuer-Gesetze umgehen. Von Autoherstellern, die illegale Abgas-Software in ihre Wagen einbauen. Wer das Recht verletzt, muss die Folgen spüren.

Und dennoch macht sich ein Zweifel bemerkbar. Etwas sträubt sich gegen die Vorstellung, dass das alles sein soll. Freiheit, Gleichheit, Respekt, Toleranz – auf diesen Grundpfeilern unseres Zusammenlebens ruhen ja alle westlichen Demokratien. Es wird nicht verständlich, warum der Einzelne sich durch diese universellen Werte gerade mit einem bestimmten, nicht-universellen Wir verbunden fühlen soll. Die in der Verfassung festgeschriebenen Menschenrechte leuchten klar, ewig und schön wie der nächtliche Sternenhimmel, aber der leuchtet klar, ewig und schön für alle Menschen dieser Erde. Es fehlt etwas Spezifisches, Eigenes, Besonderes. Etwas, das Identifikation gerade mit *diesem* Gemeinwesen stiftet. Ein reiner Verfassungspatriotismus scheint nicht zu reichen.

Was dann? Um das zu finden, müssen wir uns nicht vom Verfassungspatriotismus abwenden, sondern ihm weiter auf den Grund gehen. Denn die Grundwerte der Verfassung sind ja nicht freischwebende Moleküle, die in jeder Demokratie die gleiche Ladung haben, sondern sie sind eingelagert in die tiefen kulturellen Flöze eines bestimmten Landes. Sie sind keine abstrakten Prinzipien, die in einer geistigen Welt wesen, sondern sie sind verankert in einer bestimmten politischen Kultur. Sie werden gelebt in einem besonderen Stil des Umgangs miteinander, der in jeder Demokratie etwas anders ist. Und dieser Stil, diese politische Kultur ist geprägt von der Geschichte des Landes, von seinem Selbstbild, vielleicht auch von Sprache und Traditionen. Bildet also die nationale Kultur die gesuchte Einheit?

## Leitkultur für alle?
### Nationale Identität, nationale Werte

Nationale Kultur – geht's noch? Ist das nicht hoffnungslos von gestern? Dasselbe wie Blut und Boden, nur in edlere Worte verpackt? Jedenfalls ein dumpfer Volksgemeinschaftsbrei, erdrückend und ausschließend, mit Freiheit und Demokratie unvereinbar?

So sorgen sich die einen. Andere frohlocken, und es wird ihnen ganz prickelig und stramm im Hintern: Endlich kommen wir zu des Pudels Kern. Endlich verlassen wir die Zone dürrer globaler Prinzipien und durchschreiten das Portal zum Eigenen, zu Größe, Stolz und Sitte.

Bei dem Thema geht es also drunter und drüber. Hehre Ideen reiten auf wilden Gefühlen oder umgekehrt, heftige Ablehnung kämpft mit Begeisterung, Vorwurf mit Vorwurf, Angst vor Gleichförmigkeit ringt mit der Sehnsucht nach Einheit. Es geht um Leitkultur und Parallelgesellschaften, um Weimar und Weißwurst, um Werte und Weihnachtsmärkte, um Goethe, Gott und Geschichte. Die Emotionen schäumen über.

Der Schaum entsteht auch dadurch, dass die Kontrahenten verschiedene Fragen miteinander verquirlen. Wir müssen sie auseinanderhalten. Erstens: *Kann* eine nationale Kultur in einer Demokratie gemeinschaftsstiftend sein? Zweitens: *Ist* eine nationale Kultur in unserer Demokratie faktisch gemeinschaftsstiftend? Drittens: Dürfen und sollten wir die Anerkennung einer solchen Kultur als gemeinschaftsstiftendes Element *einfordern*?

Zur Kann-Frage. Kann eine nationale Kultur die Menschen in einer Demokratie zusammenführen? Rückfrage: Warum denn nicht? Wenn sich alle im Currywurstessen vereinigt wissen, alle Lametta über den Weihnachtsbaum werfen und abends andächtig den Märchen der Gebrüder Grimm lauschen – wenn das Gemeinschaft stiftet, was sollte dagegensprechen?

Aber ist eine nationale Kulturgemeinschaft nicht von vornherein für die Demokratie verfehlt, wenn damit doch das Kollektiv an die Stelle des Einzelnen tritt? Nein, denn es muss nicht an seine Stelle treten. Das Gemeinschaftliche ist ja kein Gegensatz zum Individuellen. Der Einzelne ist kein Atömchen, das allein durch den Raum schaukelt. Sondern gemeinsame Lebensformen haben Bedeutung für den Einzelnen, sind ein Teil von ihm: Firmen und die Kollegen, Sportvereine und Nachbarschaften, politische Bewegungen, religiöse Gemeinschaften, aber auch Traditionen und Überlieferungen, gemeinsame Haltungen und Sitten. Zur Identität des Einzelnen gehört seine kulturelle Identität. Was ihn ausmacht, ist auch das, was ihn umgibt. Jeder ist Teil von etwas Größerem. Muss nicht *sehr* groß sein, siehe Currywurst.

189

Ein demokratisches Wir durch eine gemeinsame Kultur – möglich ist das also. Aber nicht wahrscheinlich. Jedenfalls dann nicht, wenn wir die Kultur als etwas Einheitliches verstehen, als ein Muster, das sich gleichförmig durch jede Seele zieht. Es ist unwahrscheinlich, dass sich alle mit demselben identifizieren, dass jeder Currywurst, Lametta und Märchen mag. Wenn eine nationale Kultur beschworen wird, die angeblich alle eint, sollten wir immer ein inneres Demoschild hochhalten: Wirklich *alle?* Ist jeder dabei? Oft entpuppt sich die angeblich allumfassende Kultur nur als Budenzauber einer Mehrheit. Außerdem garantiert die bloße Gleichförmigkeit noch keine Verbundenheit. Auch ein Volk der Currywurstesser und Lamettaliebhaber muss sich nicht als ein demokratisches Wir verstehen.

Damit sind wir schon bei der Ist-Frage. Verbindet eine nationale Kultur faktisch alle Bürger unserer Demokratie? Hm, sieht nicht so aus. Currywurst ist für die Vegetarier ein No-Go, Lametta kommt aus der Mode, und auch mit den Grimm'schen Märchen haben viele nichts am Hut. Vielleicht haben wir einfach noch nicht an der richtigen Stelle gesucht. Doch was sollte es sein, was alle Deutschen eint? Luther? Bloß nicht, denken die Katholiken. Kölner Dom, Dresdner Frauenkirche? O Gott, stöhnen die Atheisten. Deutsche Pünktlichkeit? Da macht nicht mal die Deutsche Bahn mit. Deutsches Bier, deutsche Autos? Interessiert viele nicht die Bohne. Bei Trachtenschau und Schützenfest winkt eine Mehrheit ab, und die sogenannte Hochkultur trennt ebenso. Fontane? Ist das nicht die Eisdiele? Novalis? Nie gehört, ich gucke Netflix.

Alle diese Versuche der Kulturdefinition gehen also schief. Sie platschen in Klischees und schließen stets einen Teil der Bürger aus. Da braucht man noch gar nicht an Einwanderer zu denken. Eine nationale Kultur zu bestimmen, die alle Deutschen gleichermaßen vereinigt, ist nicht nur so aussichtslos wie einen Pudding an die Wand zu nageln, sondern auch lächerlich wie der Schnauzer von Wilhelm II.

Gibt es also keine deutsche Kultur? Doch natürlich, nur ist sie kein geschlossenes Ganzes. Sie besteht eher in einem Netz von Familienähnlichkeiten. So wie Sohn und Mutter eine ähnliche Nase haben, aber die Mutter die Augen mit der Tochter teilt, die wiederum den gleichen Gang wie der Vater hat, und so weiter. Es gibt nichts, was alle eint, und dennoch ein Geflecht aus Gemeinsamkeiten. Außerdem ist Kultur im Fluss. Sie ist nicht ein für alle Mal klar konturiert wie ein Schiller-Denkmal auf dem Bahnhofsvorplatz, sondern hat amöbenhaft bewegliche Grenzen. Was heute neu und fremd erscheint, ist morgen vielleicht schon vielen wichtig. Und was heute noch gängig ist, kann morgen vergessen sein. Wer das Nationale festhalten will, hat es schon verloren.

In diesem Sinne kann es einen kulturellen Nationalstolz geben, der die demokratische Gemeinschaft zusammenhält. Nicht als schmieriges Pathos, das die Poren der Gesellschaft verklebt. Nicht als bulldozerhafter Hurra-Patriotismus, der die Unterschiede wegbrüllt. Sondern als reflektiertes Gefühl für ein Geflecht aus größeren und kleineren Gemeinsamkeiten. Als Sinn für Zusammengehörigkeit, der sich der Brüche und Brüchigkeit dieser Gemeinschaft bewusst ist. Als eine relative Nähe, die immer auch um die Entfernung der Menschen voneinander weiß. Als Verbundenheit, die sich falschen Eindeutigkeiten entzieht. Und in diesem Sinne *ist* eine nationale Kultur in unserer Demokratie tatsächlich gemeinschaftsstiftend. Zumindest ansatzweise. Denn das Netz der kulturellen Gemeinsamkeiten spannt sich nicht nur ungleichmäßig über alle Köpfe, hier enger, dort weiter, mal löchrig, mal sorgsam geflochten, sondern auch das dadurch gestiftete Zusammengehörigkeitsgefühl ist bei den Bürgern unterschiedlich stark ausgeprägt.

Damit liegt auch schon die Antwort auf die dritte Frage nahe. Die Frage nämlich, ob die gemeinsame Kultur nicht nur etwas Verbindendes ist, sondern auch etwas Verbindliches. Ob die Kultur nicht nur Gemeinschaft stiftet, sondern auch die *politische* Gemeinschaft prägen soll. Ob wir also die Anerkennung dieser nationalen Kultur einfordern dürfen. Nein, natürlich nicht. Wie sollten wir? Wer es versucht, verfehlt nicht nur diese Kultur, sondern auch den Einzelnen. Nicht etwa weil kulturelle Identität unwichtig wäre, sondern ganz im Gegenteil: Sie ist ungeheuer wichtig, aber sie ist eben für jeden eine etwas andere. Deshalb würde jeder Versuch einer Vereinheitlichung dem Einzelnen Gewalt antun. Ob Religion oder Weltanschauung, ob

Kunst oder Literatur, Bräuche oder Traditionen, Einstellungen oder Werte, die über das rechtlich Geforderte hinausgehen – all dieses *ist* verbindend, aber immer nur für so und so viele Menschen. Ihre kulturelle Identität kann wachsen, sich verändern und auch sich anpassen, aber nicht auf Kommando. Der demokratische Staat darf auch einen schulischen Bildungskanon formulieren, doch er kann dessen Wertschätzung durch den Einzelnen nicht verlangen. Er darf Kultur fördern, aber nicht einfordern. Die Mehrheitskultur ist unvermeidlich stärker präsent als die von Minderheiten, das darf so sein, allerdings nur solange die Freiheit der Einzelnen dadurch nicht verletzt wird. Eine vorgeschriebene Kultur gibt es nur um den Preis der Unfreiheit.

Ist das unpatriotisch? Nein, es ist patriotisch, weil es der reichen Vielfalt des eigenen Landes gerecht wird. Weil es die Landsleute nicht als Masse ansieht, die kulturell zurechtgebürstet werden muss, sondern als freie Bürger, die ihre je eigene kulturelle Identität leben. Die Identität des Einzelnen mag krumm und bruchstückhaft sein, aber es ist seine.

Und dennoch ist das noch nicht alles, was zur Rolle der Kultur in der Demokratie zu sagen ist. Denn manches an der Kultur ist nicht *nur* bestimmte Kultur, sondern auch Gefäß für das allgemein Verbindliche. Ein Beispiel ist die Geschichte.

Wir teilen eine Geschichte. Und das Grundgesetz mit seinen Grundrechten wurde nicht aus dem juristischen oder philosophischen Lehrbuch abgeschrieben, sondern es wurde der Geschichte abgerungen, *unserer* Geschichte. Wer genau hineinlauscht, kann die Stimmen der Vergangenheit vernehmen. Die Schmerzensschreie der Freiheitskämpfer etwa, die bei der Revolution 1848 von der Obrigkeit zusammengeschossen wurden. Die Worte von Philipp Scheidemann, mit denen er 1918 vom Balkon des Reichstages die Republik ausrief und die morsche Monarchie endgültig zum Einsturz brachte. Die knarrenden Tore der Konzentrationslager, die 1945 von den Alliierten geöffnet wurden und den Blick auf unsägliche Gräuel freigaben. All das und vieles mehr ist eingegangen in das Grundgesetz. Es ist geronnene Geschichte, gesetzgewordene Erfahrung.

In dieser geronnenen Form ist also ein Stück Kultur Bindeglied des demokratischen Wir. Unser Selbstverständnis als *diese* Gemeinschaft der Freien und Gleichen wurzelt in dieser bestimmten Geschichte.

Freilich ist Geschichte nicht einfach so zu »haben« und zu ergreifen, wie man Gänseblümchen auf der Wiese pflücken kann. Man muss sie interpretieren, verstehen, deuten. Und nicht jeder folgt demselben Verständnis. Nicht jeder etwa sieht den Sieg der westlichen Alliierten 1945 als eine Befreiung. Insofern umfasst auch diese Kultur nicht wirklich alle. Können wir eine solche Sichtweise einfordern, können wir eine Auseinandersetzung mit dieser Geschichte verlangen? Ja, das können wir, und wir sollten es sogar.

Oha, und das soll mit Freiheit vereinbar sein? Klingt es nicht eher bedenklich nach einer Variante politischer Korrektheit, nach Zwang? Alle antreten zum Niederknien vor dem Holocaust-Mahnmal? Nein. Einfordern bedeutet nicht erzwingen. Wer sein Leben fern von Politik und Öffentlichkeit verbringen will, wer der Geschichte nicht ins Auge blicken will oder gern törichten Theorien anhängt, kann das tun. Doch wer sich bewusst zur demokratischen Gemeinschaft der Freien und Gleichen zählt, sollte auch wissen, aus welchen Quellen sich diese Gemeinschaft speist. Aus welchem geschichtlichen Stoff die Grundregeln gewoben sind, die unsere Demokratie zusammenhält. Zugespitzt gesagt: Nur wer sich erinnert, gehört wirklich dazu.

Übrigens, da wir schon beim Thema Geschichte sind: Herrscht hier ein Ungleichgewicht? Kreisen wir geradezu besessen um die zwölfjährige Naziherrschaft? Gibt es nicht weitaus mehr in der deutschen Geschichte, was Beachtung verdient? Ist es nicht fatal, die demokratische Gemeinschaft auf einen so negativen Gründungsmythos zu bauen?

Wieso negativ? Es ist ein positiver Gründungsmythos: die radikale Abkehr vom radikal Bösen. Die Wende von Unfreiheit zur Freiheit, von Ungleichheit zur Gleichheit, von Terror, Unterdrückung und Massenmord zu Recht und Menschenwürde. Das Projekt unserer Demokratie ist der Gegenentwurf zu dieser unmittelbaren Vorgeschichte. Aus diesem Grund ist sie auch so präsent im öffentlichen Bewusstsein, darf es sein und sollte es sein. Das heißt nicht, dass anderes keine Rolle spielt. Das Kaiserreich und das Heilige Römische Reich, Kriege und Krönungen, Reformation und Revolutionen, all dessen wird ja gedacht. Ein Gedenkjahr folgt dem anderen, und niemand, der alle Tassen im Schrank hat, behauptet, es gebe nichts Erfreuliches, ja Großartiges in der deutschen Geschichte. Aber unsere politische, demokratische Gemeinschaft wurde auf den Trümmern des »Dritten Reiches« gebaut, und daher sind diese Trümmer für uns von besonderer Bedeutung. Das hat nichts mit einem »Schuldkult« zu tun, sondern mit nationalem Geschichtsbewusstsein.

Zurück zum Thema. Bietet die Kultur neben der Geschichte noch mehr, was einen höheren Grad an Verbindlichkeit hat? Ja, die Sprache. Nicht jede Demokratie hat eine einheitliche Sprache. Länder wie die Schweiz oder Kanada machen es vor. Doch zweifellos macht eine gemeinsame Sprache Demokratie leichter, denn Demokratie heißt Miteinandersprechen. Wer sich über die gemeinsamen Angelegenheiten verständigen will, muss sich verständigen können. Bei uns ist die Lage klar: Das Grundgesetz wurde auf Deutsch verfasst, Deutsch ist die Sprache des Rechts, der Politik, die öffentliche Sprache, die Sprache der Diskurse, die Sprache unserer demokratischen Gemeinschaft. In ihr begegnen wir uns als Freie und Gleiche. Auch in der Sprache lagern dicke Sedimente der Geschichte. Zahllose Sprechende, Schreibende, Dichtende und Denkende haben Jahrhunderte hindurch ihre Spuren in ihr hinterlassen. Sie ist Ergebnis, Ausdruck und Träger unserer Kultur. Also auch hier wieder: Ein kulturelles Element hält das demokratische Wir zusammen.

Selbstverständlich kann jeder die Sprache sprechen, in der er sich zu Hause fühlt. Doch als diese demokratische Gemeinschaft kennen wir nur diese eine Sprache. Auch ihre Verwendung können wir erwarten, sofern jemand dazugehören will. Wer die deutsche Sprache nicht spricht, steht draußen.

Und sonst? Gibt es darüber hinaus Elemente der Kultur, die für das demokratische Wir verbindlich sind? Bestimmte Geisteshaltungen und Einstellungen vielleicht? Nein, sofern sie nur im Inneren des Einzelnen liegen, gehen sie nur ihn etwas an. Gewiss, manche Einstellungen sind wünschenswert, aber einfordern lassen sie sich nicht. Demokratie organisiert Freiheit, nicht Gesinnungen. Zwingend für alle ist nur das Recht. Man muss es nicht lieben, sondern einhalten. Man muss Homosexualität nicht gut finden, doch man muss homosexuellen Menschen denselben Respekt erweisen. Man muss von der Gleichberechtigung der Geschlechter nicht überzeugt sein, aber gleichermaßen respektieren muss man sie.

Respekt allerdings ist kein unsichtbares Fluidum, das gestaltlos durch den Raum geistert. Sondern er nimmt bestimmte Formen an, nämlich Gesten und Worte. So wie Dankbarkeit nicht bloß ein Gedanke ist, sondern sich in dem Wörtchen Danke oder wenigstens einem Nicken ausdrückt. Nur in solchen Formen lässt sich Respekt erkennen. Diese Formen sind teilweise kulturell verankert und als solche halten sie die Gesellschaft zusammen. Wer etwa Angehörigen des anderen Geschlechts den Handschlag verweigert, verweigert sich dem kulturellen Ausdruck des gleichen Respekts und damit diesem Respekt selbst. Wer Frauen nicht als behandelnde Ärztinnen oder als Lehrerinnen seiner Kinder akzeptiert, verletzt für *dieses* demokratische Wir sichtbar die Gleichheit, die für jede Demokratie unabdingbar ist.

Eine demokratische Gemeinschaft *muss* solchen Ausdruck von Nicht-Respekt nicht tadeln, aber sie darf es. Denn er unterhöhlt das, was diese Gemeinschaft zusammenhält. Dasselbe gilt für die Verhüllung des Gesichts. Im Gesicht erkennen wir den Einzelnen als jemanden. Es zu zeigen, heißt, als individueller Mensch sichtbar zu sein. Dass alle ihr Gesicht offen zeigen, ist für uns Ausdruck einer Gesellschaft, in der der Einzelne zählt. Das Gesicht in der Öffentlichkeit zu verbergen, ist eine Missachtung dieser kulturellen Form unserer Demokratie, auch wenn das nicht die Absicht ist.

Was tun? Den Handschlag erzwingen? Dürfte schwierig werden. Niqab herunterreißen? Wohl kaum. Aber unmissverständlich einfordern und die Missbilligung zum Ausdruck bringen, das können wir mindestens. Und sollten wir.

Kultur ist also keineswegs ohne Bedeutung für das demokratische Miteinander. Als komplex verdrahtete Gemeinsamkeiten kann sie Identität verschaffen. Und immer dann, wenn Kultur nicht nur das Eigene und Charakteristische eines Landes ist, sondern Träger und Ausdruck des allgemein Verbindlichen, geht diese Verbindlichkeit auf das Kulturelle selbst über. Wie zum Beispiel beim historischen Bewusstsein, bei der Sprache oder bei den kulturellen Gehäusen des Respekts. Wo die kulturellen Drähte für den Strom verbindlicher Normen leitend werden, wird Kultur zur Leitkultur.

An welchen Stellen das stattfindet, wo also der Übergang von bloßer Kultur zu verbindlich leitender Kultur erfolgt, ist nicht für die Ewigkeit festgeschrieben. Das kann und muss Gegenstand demokratischer Diskurse sein. Aber sind solche Diskurse nicht Ausdruck eines bedauernswerten Mangels an nationalem Selbstvertrauen? Unfug, sie sind der für eine Demokratie einzig angemessene Umgang mit Fragen nach nationaler Identität. Die nationale Kultur muss durch das Nadelöhr des öffentlichen Diskurses gehen, um Verbindlichkeit für alle beanspruchen zu können.

Ein letzter Zweifel: Ist Kultur nicht letztlich so ausschließend wie die biologische Zugehörigkeit? Nein, denn unsere Abstammung ist unabänderliches Schicksal, dem wir ausgeliefert sind. Die einen gehören dazu, die anderen nicht, peng. Kultur hingegen ist der freien Entscheidung des Einzelnen zugänglich. Er kann sie sich aneignen, auch wenn er von außen kommt. Eine Sprache lässt sich lernen, mit Geschichte kann man sich vertraut machen, kulturell verankerte Respektformen können übernommen werden. Eine verbindliche nationale Kultur *muss* sich nicht mit der Freiheit des Einzelnen vertragen, aber sie kann es. Deshalb kann sie Zusammenhalt in einer *demokratischen* Gemeinschaft schaffen.

Trotzdem bleibt immer noch die Frage: Reicht das?

## Teilhabe durch Teilen?
### *Das Bindemittel der Gerechtigkeit*

Eine gemeinsame Kultur kann die demokratische Gemeinschaft zusammenhalten. Doch ein Garant dafür ist sie nicht. Selbst wenn alle Bürger derselben Kultur angehören und ihnen bei Wagners Nibelungenklängen die gleichen wohlig-nationalen Schauer über den Rücken laufen, könnte etwas anderes die kulturelle Eintracht durchkreuzen.

Was ist, wenn die einen Wagners Oper für 300 Euro bei den Bayreuther Festspielen in teurer Abendgarderobe genießen, während andere sich nur ältere Aufführungen als Youtube-Video ansehen können? Was, wenn die einen für die Fahrt nach Bayreuth zwischen drei eigenen Autos wählen können, während die anderen schon beim Aldi-Einkauf überlegen müssen, ob das Car-Sharing zu viel kostet? Was, wenn die einen am Bayreuth-Wochenende ihre drei Kinder zu Hause rund um die Uhr von der Nanny betreuen lassen, während die anderen Probleme mit ihrem Chef bekommen, weil die kommunale Ferienbetreuung schon um 15 Uhr endet? Was, wenn die einen nach den Wagner-Festspielen nicht zur Arbeit müssen, weil sie schon seit geraumer Zeit von ihren Kapitaleinnahmen leben, während die anderen noch einen dritten Job brauchen, um über die Runden zu kommen? Und was, wenn die einen schon vor 20 Jahren mit ihren Eltern nach Bayreuth gefahren sind, die ihnen auch die Immobilien und Aktienpakete vererbt haben, von denen sie heute leben, während die anderen schon seit Generationen im untersten Einkommenssegment verharren und nie eine Chance hatten, die fest zementierte soziale Schichtung zu durchbrechen? Dann droht die kulturelle Nähe von Ungerechtigkeit aufgefressen zu werden.

Wer den sozialen Zusammenhalt in der Demokratie sucht, kommt an der Gerechtigkeitsfrage nicht vorbei. Gerechtigkeit kann den gesellschaftlichen Zusammenhalt fördern, und Ungerechtigkeit kann ihn zerstören. Ist das eine Ausgeburt sozialistischer Neidhammel? Nein, es ist ein knallhartes Faktum. In Gesellschaften, die als ungerecht wahrgenommen werden, mangelt es nachweislich an Vertrauen in Mitmenschen und in Institutionen. Auch Hilfsbereitschaft und Solidarität sind schwächer, ebenso wie die Bereitschaft zur Anerkennung sozialer Regeln.

Doch was ist das eigentlich: Gerechtigkeit? Die Vorstellungen davon sind bunt wie das Leben. In jedem Fall aber heißt gerecht so viel wie angemessen, gebührend, richtig. Eine Ordnung ist gerecht, wenn jeder das bekommt, was ihm zusteht. Wenn alle denselben Status haben, steht allen grundsätzlich das gleiche zu. Gerechtigkeit hat also etwas mit *Gleichheit* zu tun. Bei dem Wörtchen sträuben sich manchem die Nackenhaare, und der Griff um den Maserati-Schlüssel in der Hosentasche wird unwillkürlich fester. Aber schön locker bleiben, die Gleichheit von Einkommen und Besitz ist nicht unbedingt gemeint.

Einigen wird dennoch mulmig, ganz grundsätzlich und ohne eigene Edelkarosse vor der Tür: Stehen die Ideen von Gerechtigkeit und sozialer Gleichheit nicht doch im Gegensatz zu Freiheit und Demokratie? Weht damit nicht eine kalte Brise von Kollektivismus durch das Denken? Tritt damit womöglich die Masse an die Stelle des Einzelnen? Nein, damit hat Gerechtigkeit so wenig zu tun wie Andrea Nahles mit Mao Zedong. Denn Gerechtigkeit heißt ja, dass jeder Einzelne das erhält, was ihm zusteht. Dass jeder gleich viel zählt. Insofern ist der Zusammenhalt durch Gerechtigkeit nichts Fremdes für die Demokratie. Im Gegenteil, er gehört zu ihren unentbehrlichen Elementen.

Um welche Gleichheit aber geht es? Die Gleichheit von Rechten? Selbstverständlich, ohne sie gibt es keine Demokratie. Doch die rechtliche Gleichheit ist nicht alles. Viele würden sagen, in einer demokratischen Gemeinschaft muss es noch eine andere Gleichheit geben. Nämlich Chancengleichheit. Also gleicher Zugang zu lebenswichtigen Gütern, gleicher Zugang zu Bildung, gleicher Zugang zu Lebenschancen. Und wenn die Menschen ihre Chancen unterschiedlich nutzen, wenn sie Unterschiedliches leisten, kommt für die meisten eine weitere Art der Gerechtigkeit zum Zuge: die Leistungsgerechtigkeit. Jeder erhält so viel, wie er leistet. Gleicher Lohn für gleiche Arbeit.

Mit diesen Schlagworten ist die wackelige Einigkeit jedoch schon erschöpft. Denn was ist jeweils ein angemessener Lohn? Wie ungleich darf die Bezahlung für ungleiche Arbeit sein? Wie weit dürfen die Einkommen auseinanderliegen? Auch die Chancengleichheit ist weniger klar, als es auf den ersten Blick scheint. Denn ab welchem Punkt können wir sagen, dass zwei Menschen die gleichen Chancen haben? Wann können wir es bei Millionen sagen? Wenn alle Kinder dieselbe Förderung bekommen? Oder wenn die weniger Begabten mehr Förderung erhalten? Wieviel mehr? Oder jeder die Förderung, die ihm angemessen ist? Doch was ist angemessen? Wäre schön, wenn man das auf Euro und Cent beziffern könnte, für alle verbindlich. Kann

198

man aber nicht. Verteilungsgerechtigkeit konkret zu fassen ist so schwer wie den Moment zu bestimmen, ab dem eine Ansammlung von einzelnen Sandkörnern zum Sandhaufen wird.

Heißt das, auf die Frage nach der Gerechtigkeit als Bindemittel einer demokratischen Gemeinschaft gibt es keine Antwort? Doch, aber die Antwort fällt je nach Gesellschaft unterschiedlich aus, zumindest teilweise. Gesellschaften unterscheiden sich in ihren Vorstellungen davon, was gerecht und was ungerecht ist. Ihre Toleranz gegenüber Ungleichheit ist ungleich ausgeprägt, ihre roten Linien verlaufen unterschiedlich. In manchen Gesellschaften, wie den skandinavischen, hat soziale Gleichheit einen hohen Stellenwert, in anderen weniger, wie in den USA. Deshalb können wir nicht am grünen Tisch entscheiden, wieviel wirtschaftliche Gleichheit für eine Demokratie nötig ist. Wie konzentriert das soziale Bindemittel der Gerechtigkeit sein muss oder wie stark es verdünnt sein darf, dafür hat jede demokratische Gemeinschaft ihre eigene Formel.

Und was bedeutet das nun für den Zusammenhalt unserer demokratischen Gemeinschaft? Können wir uns entspannt zurücklehnen, die Hände in den Schoß legen und abwarten, was demokratisch entschieden wird? Wird sich schon irgendwie regeln? Mitnichten. Denn in den Augen einer großen Mehrheit herrscht in unserem Land bereits heute zu viel Ungleichheit. Der Zusammenhalt ist durch ein Übermaß an Ungerechtigkeit bedroht. Ideologie? Nein, Realität. 80 % der Deutschen finden, dass die soziale Ungleichheit zu groß ist. Das ist auch kein Wunder, wenn die reichsten 5 % mehr besitzen als die ärmere Hälfte der Bevölkerung. Wenn ein großer Teil der Bevölkerung vom Wirtschaftswachstum nicht profitiert. Wenn mehrere Hunderttausende Rentner regelmäßig auf Tafeln für kostenlose Lebensmittel angewiesen sind. Wenn auf Kapitaleinkommen nur 25 % Steuern anfallen, während bei Arbeitseinkommen fette 40 % fällig werden. Wenn jedes fünfte Kind arm ist. Wenn Frauen für die gleiche Arbeit weniger Geld bekommen als Männer. Wenn die Wohnungsmieten so stark steigen, dass Menschen aus ihren Vierteln und Städten vertrieben werden. Wenn Bildungs- und Arbeitschancen so stark von der sozialen Herkunft abhängen wie in kaum einem anderen westlichen

Land. Wenn diejenigen, die am Boden der Gesellschaft sind, dort für immer kleben bleiben.

Wo immer genau die rote Linie der noch erträglichen Ungleichheit bei uns verläuft, wir haben sie mit Sicherheit längst überschritten. Gerechtigkeit gehört zum Kitt, der eine demokratische Gesellschaft zusammenhält, aber bei uns gibt es zu wenig von diesem Stoff. Das kann eine Weile gut gehen. Das gesellschaftliche Gebäude hält auch ohne diesen Kitt lange Zeit irgendwie zusammen. Doch irgendwann, im Sturm härterer Zeiten, fliegt es uns um die Ohren. Dann dürfte es zum Umsteuern zu spät sein.

Hui, klingt bedrohlich. Oder eher alarmistisch? Nein, denn die demokratische Gemeinschaft ist eine Gemeinschaft der Ebenbürtigen, und diese Ebenbürtigkeit wird durch extrem ungleiche Lebenschancen beschädigt. Wenn wir uns als Bürger nicht auf Augenhöhe begegnen können, verstehen wir uns kaum als Angehörige *eines* Gemeinwesens.

Zudem ist der Zusammenhalt durch Gerechtigkeit keineswegs nur eine Sache des kulturell bedingten Gerechtigkeitsgefühls. Es gibt durchaus eine objektive Grenze der Ungleichheit, die keine Demokratie außer Acht lassen darf. Die Grenze nämlich, an der soziale Ungleichheit in politische Ungleichheit umschlägt. Denn politische Gleichheit gehört zum innersten Kern der Demokratie. Sie ist nicht dasselbe wie soziale Gleichheit, aber setzt ein gewisses Maß davon voraus. Wer als alleinerziehende Mutter keine Unterstützung für das Baby erfährt, ist mit Möhrenbrei statt mit Meinungsfreiheit beschäftigt, mit Windeln statt Wahlen, mit Kacka statt Kapitalismuskritik. Wer keine Aufstiegschancen in der Gesellschaft sieht, identifiziert sich nicht mit ihr. Wer ganz unten ist, für den sind Politiker »die da oben«. Wer arm ist, ist meist auch arm an politischer Bildung. Wer abgehängt ist, hängt sich nicht ins politische Geschehen rein. Unter der Last der sozialen Ungleichheit wird die politische Gleichheit zerquetscht wie ein Glückskeks unterm SUV-Reifen. Und mit ihr die gleiche politische Freiheit.

Genau das passiert heute. Auch diese rote Linie haben wir längst hinter uns gelassen. Die Wahlbeteiligung sinkt nicht gleichmäßig in der gesamten Gesellschaft, sondern es sind die unteren Schichten, die den Wahlurnen fernbleiben. Ebenso beim Engagement in Parteien oder zivilgesellschaftlichen Organisationen: Wer fehlt? Die Angehörigen der unteren Schichten. Extreme Ungleichheit zersetzt den Zusammenhalt der demokratischen Gemeinschaft. Und extreme Ungleichheit fängt nicht erst da an, wo Menschen hungern oder kein Dach überm Kopf haben. Die politische Gleichheit steht dann zwar weiterhin in der Verfassung, aber sie ist dann nur noch so echt wie der routinierte Begrüßungskuss eines Ehepaars, das sich nichts mehr zu sagen hat.

Woanders ist die Ungleichheit noch viel extremer? In den USA zum Beispiel? Richtig, deshalb hat sich dort ein noch höherer Anteil der Bevölkerung von der politischen Teilhabe verabschiedet. Dass der amerikanischen Demokratie trotzdem ewiges Leben beschieden ist, steht nirgends geschrieben.

Wer sich liberal nennt und dabei nicht in voller Schärfe erkennt, dass es gleiche Freiheit nicht ohne ein gerüttelt Maß an sozialer Gleichheit gibt, erschummelt sich das liberale Etikett. Es muss kein überaus soziales Herz in unserer Brust schlagen – obwohl das gewiss nicht schadet –, es reicht das Interesse am langfristigen Fortbestehen der Demokratie, um einzusehen, dass wir mehr soziale Gleichheit benötigen.

Und was heißt das jetzt konkret? Mehr sozialer Wohnungsbau? Eine kräftige Anhebung des Mindestlohns? Die Wiedereinführung der Vermögenssteuer? Eine knallharte Deckelung der Miethöhe? Ein bedingungsloses Grundeinkommen? Kann alles sein. Oder etwas ganz anderes. Welches Maß an Ausgleich genau nötig ist, welche Maßnahmen wirkungsvoll, machbar und wünschenswert sind – wäre schön, wenn wir das alles aus der Idee der Demokratie herausdestillieren könnten. Können wir aber nicht. Das hängt vielmehr ab von der Einschätzung der langfristigen Wirkung einzelner Maßnahmen, von ihrer tatsächlichen Durchschlagskraft, ebenso wie von der Änderungsbereitschaft einer Gesellschaft. Letztlich hängt es vom Willen der demokratischen Gemeinschaft ab und ist vom demokratischen Gesetzgeber zu entscheiden. Wenn sich in der Theorie entscheiden ließe, was genau wir tun müssen, bräuchten wir keine Demokratie.

*Wie* die extreme Ungleichheit zu beheben ist, darüber ist also demokratisch zu entscheiden. *Dass* sie behoben werden muss, ist keine Sache demokratischer Entscheidung, sondern ein Auftrag, der der Demokratie von Anfang an mit auf den Weg gegeben ist.

So, und wie lautet jetzt die endgültige Antwort auf die Frage, was die demokratische Gemeinschaft zusammenhält? Die einen sagen, es ist der politische Streit. Andere schwören auf Recht und Verfassung. Die dritten widersprechen: Nein, es ist die Nation mit ihrer einzigartigen Kultur und Geschichte. Und nochmals andere setzen auf soziale Gerechtigkeit. Wer hat nun Recht? Keiner. Sie alle haben etwas Richtiges erkannt, aber machen denselben Fehler: Sie halten es für das *einzig* Richtige. Für etwas, das von vornherein das einigende Band einer jeden demokratischen Gemeinschaft ist. Das aber gibt es nicht.

Jedenfalls fast nicht. Denn manches ist mit Demokratie kaum vereinbar, wie die biologische Definition des Wir und ein allzu enges Verständnis kultureller Identität. Und manches ist dagegen für die Demokratie notwendig, wie ein gehöriges Maß an sozialer Gerechtigkeit und die Orientierung an grundlegenden Regeln. Doch alles andere ist nicht festgeschrieben. Von Land zu Land, von Demokratie zu Demokratie sind es unterschiedliche Dinge, in denen das demokratische Wir gründet. Manche fühlen sich mehr durch eine gemeinsame Kultur und Sprache verbunden. Andere verstehen sich stärker als politische Gemeinschaft, die durch gemeinsame Regeln zusammengehalten wird. Und für viele ist es von allem ein bisschen.

Das einigende Band *kann* nicht nur aus je unterschiedlichem Material geflochten sein. Das Material von der Kanzel der Demokratietheorie herab zu verkünden, wäre auch undemokratisch. Der Witz des demokratischen Zusammenhalts besteht ja darin, dass er selbst der demokratischen Selbstverständigung unterliegt: Was eint uns? Was soll uns einen? Was hält uns zusammen? Worin gründet unsere Solidarität und Loyalität zueinander? Was lässt uns Ja sagen zu *dieser* politischen Gemeinschaft? – Das *ist* vielleicht nicht immer Gegenstand des demokratischen Diskurses, aber es muss es sein *können*. Denn nur so ist der Zusammenhalt einer demokratischen Gemeinschaft ein *demokratischer* Zusammenhalt. Nur so ist das Gemeinsame offen und änderbar. Nur so lässt es Raum für ein eigenes Verständnis des Einzelnen, für Abweichung, Eigensinn und Neues. Nur so verträgt sich das Wir mit dem Ich.

# 6

# ÜBER DIE DEMOKRATIE
# IN DER WELT

## Horch, wer kommt von draußen rein?
*Migration und Demokratie*

Flüchtlinge. Sehr viele Flüchtlinge. Wir schaffen das. Offene Grenzen. Obergrenzen. Willkommenskultur. Deutsche Kultur. Wirtschaftsflüchtlinge. Asylmissbrauch. Tausende Ertrunkene im Mittelmeer. Sylvester in Köln. Islamisierung. Gewalt. Terroranschläge. Integration. Brennende Flüchtlingsheime.

Kein Thema hat Gesellschaft und Politik in den letzten Jahren so aufgewühlt wie die Einwanderung von vielen Hunderttausenden Flüchtlingen. Doch so wichtig das Thema ist, so sehr es auch unsere Demokratie verändert hat, lässt sich überhaupt etwas Allgemeingültiges zum Verhältnis zwischen Demokratie und Migration sagen? Demokratie und Migration – ist das nicht so ähnlich wie Demokratie und Milchproduktion? Oder wie Demokratie und Mutterschutz? Alles mehr oder weniger wichtige Dinge, aber sie müssen demokratisch diskutiert und entschieden werden, und die Entscheidungen hängen ab vom Diskurs, von den politischen Mehrheitsverhältnissen, von Zeit, Ort und Rechtslage. Nichts davon lässt sich aus der Idee der Demokratie ableiten, oder? Doch. Es ist mitnichten alles dem demokratischen

Streit überlassen. Denn Einwanderung und Flüchtlingspolitik betreffen die Demokratie im Innersten. Deshalb lassen sich durchaus einige ideelle Pflöcke einschlagen.

Und was sind das für Pflöcke? Die einen werden sagen: Demokratie ist Selbstbestimmung des Volkes. Heißt also auch, über die eigenen Grenzen zu bestimmen und nicht jeden hereinlassen zu müssen. Die anderen werden sagen: Demokratie ist Achtung der Menschenrechte. Heißt also, Menschen in Not helfen zu müssen. Wer hat Recht? Beide. Und das ist das Problem. Aber auch die Lösung, denn in dem Spannungsfeld zwischen diesen beiden Prinzipien bewegt sich jede demokratische Migrationspolitik, die ihrem Namen gerecht wird.

Okay, das war jetzt arg knapp. Jetzt noch mal genauer und der Reihe nach. Zum ersten Prinzip: Demokratie geht mit Offenheit einher. Eine gesunde demokratische Gesellschaft ist offen für Vielfalt, für Lernen, für Selbstkorrektur, für Entwicklung, für Neues, für die Zukunft. Völlig offene Grenzen gehören jedoch nicht dazu. Im Gegenteil, eine Demokratie kommt wie jeder Staat nicht ohne Grenzen aus. Grenzen sind nicht das Gegenteil von Offenheit, sondern die Voraussetzung dafür. Denn ohne Grenze lässt sich überhaupt nicht sinnvoll sagen, dass *etwas* offen für *anderes* ist. Ein Nebelfeld ist ja auch nicht »offen« für ein anderes, sondern es sind lediglich formlose Massen, die verschmelzen, sich teilen oder sich auflösen. Ohne Grenze gibt es keine Struktur, keine Ordnung, keine Verantwortung.

Die Grenze eines demokratischen Staates ist nicht einfach eine Linie auf der Landkarte, sondern sie umgrenzt den Raum, in dem die Selbstbestimmung eines Volkes wirksam ist. Sie markiert den Unterschied zwischen Innen und Außen, zwischen Wir und Nicht-Wir. Wenn dieses Wir für die Demokratie so zentral ist, dann ist es auch die Entscheidung darüber, wer ins Land hereinkommt und wer nicht, wer sich im Land niederlassen darf und wer nicht. Heißt das, wir brauchen pingelige Passkontrollen bei jedem, grimmige Blicke und lange Wartezeiten an jeder Grenze, so wie früher? Nein, *wie* die Hoheit über Grenze wahrgenommen wird, ist Sache des jeweiligen Landes. Entscheidend ist, *dass* sie wahrgenommen wird. Und auch eine gemeinsame Kontrolle der Außengrenze wie im Schengenraum ist möglich. Aber als demokratische Gemeinschaft eine Grenze zu haben, heißt, Migration begrenzen zu dürfen. Und es heißt auch, Menschen, die ohne Erlaubnis ins Land gekommen sind, unter Umständen abschieben zu dürfen. Ohne dieses Recht wäre die demokratische Gemeinschaft wie eine Wohnungsbesitzerin, die zwar entscheiden darf, was auf den Frühstückstisch kommt und welche Bilder an der Wand hängen, aber nicht darüber, wer ihre Wohnung betritt.

Damit kein Missverständnis aufkommt: Demokratie heißt nicht Beschränken oder gar Verhindern von Einwanderung, aber es heißt, das *Recht* dazu zu haben. Auch die Wohnungsbesitzerin kann sich ja für ein offenes Haus entscheiden, in dem viele Gäste ein- und ausgehen und manche für länger bleiben. Doch wenn sie nicht das letzte Wort dazu hat, lebt sie nicht selbstbestimmt in ihrer Wohnung.

Dieses Recht ist umso wichtiger, wenn es sich um Migration in großem Maßstab handelt. Denn kommen sehr viele Menschen in ein Land, verändert das die Gesellschaft. Genau das aber ist ja das Recht einer jeden demokratischen Gemeinschaft: darüber zu entscheiden, was für eine Gesellschaft sie sein will. Es wäre absurd, wenn dieses demokratische Recht an entscheidender Stelle ausgehebelt wäre. Deshalb ist es so wichtig, dass migrationspolitische Entscheidungen nicht einsame Regierungsentscheidungen sind, sondern auf eine breite Zustimmung der Bürgerschaft bauen. Ist diese breite Zustimmung nicht gegeben und sehen viele Bürger den sozialen Zusammenhalt durch die Einwanderung schwinden, wird aus dem Einwanderung-Begrenzen-Dürfen ein Müssen.

Wie bitte? Heißt das, Ausländerfeinde sollen an den Hebeln unserer Einwanderungspolitik sitzen? Grenzen dicht, aber freie Bahn für das Ressentiment? Nein, das heißt es nicht. Die Ablehnung von Einwanderung ist ja nicht unhinterfragbar. Auch über sie kann und muss gestritten werden, die Kontrahenten dürfen sich zu überzeugen versuchen. Das ist Demokratie. Aber Demokratie heißt eben auch, dass die Bürger sich mit ihrem Gemeinwesen identifizieren können sollten. Und wenn diese Identifikation durch starke Migration Schaden nimmt, nimmt die Demokratie Schaden.

Aber ist diese Sorge vor dem schwindenden gesellschaftlichen Zusammenhalt durch Zuwanderung nicht ein großer Schmarrn? Eine irrationale Angst? Vielleicht ist sie irrational, ja, aber der gesellschaftliche Zusammenhalt ist nicht erst dann bedroht, wenn wir kurz vor einem Bürgerkrieg stehen, sondern bereits dann, wenn eine bedeutsame Anzahl von Bürgern glaubt, dass der Zusammenhalt bedroht ist. Der soziale Zusammenhalt besteht weniger in Statistiken als vielmehr in Gefühlen und Wahrnehmungen. Die sind nicht unantastbar, sie lassen sich kritisieren und korrigieren, aber sie sind auch nicht irrelevant. Es ist wie bei der gefühlten Temperatur: Wenn es sich eisig kalt anfühlt, hilft es nichts, darauf hinzuweisen, dass das Thermometer etwas anderes sagt. Es bleibt eisig.

Doch lauert hinter dieser Haltung nicht unvermeidlich das alte Gespenst der kulturell einheitlichen Nation? Die gruselige Idee eines geschlossenen, verplompten Wir, das keinen Platz lässt für Austausch, Anderssein und Abweichung? Und damit eine antipluralistische, antidemokratische Ideologie? Nein, nicht unbedingt. Man muss nicht von kulturell homogenen Nationalstaaten ausgehen, um Einwanderung abzulehnen. Auch eine pluralistische Gesellschaft ist ein gewachsenes kulturelles und soziales Gefüge, dessen gravierende Verschiebung durch eine hohe Zahl von Immigranten von dieser Gesellschaft gewollt sein muss, um legitim zu sein.

Das ist das eine Prinzip eines demokratischen Umgangs mit Migration: die demokratische Selbstbestimmung. Politische Freiheit bedeutet, über Einwanderung entscheiden zu dürfen. Und das muss nicht, aber *kann* heißen, Einwanderung zu beschränken oder zu unterbinden. Doch dieses Prinzip, dieses Recht ist nicht die ganze Geschichte. Hinzu kommen die Rechte der anderen, derjenigen also, die Einlass begehren.

Rechte der anderen? Wieso das? Das Recht der Freiheit und Gleichheit gilt doch für die Bürger einer Demokratie hier auf diesem begrenzten Stück Erde und nicht für Leute anderer Weltgegenden? Ja, ja, sicher, doch der letzte Fluchtpunkt der demokratischen Freiheit und Gleichheit ist die Menschenwürde. Und die kommt allen Menschen zu. Wäre die gemeinsame Entscheidung unter Freien und Gleichen schon die ganze Demokratie, könnte auch eine Terror-gruppe demokratisch sein. Würden ihre Mitglieder die Anschlagsziele und -strategien demokratisch diskutieren und entscheiden, wären sie eine Demokratie. Aber das ist absurd, weil verkürzt. Um von Demo-kratie sprechen zu können, muss noch etwas anderes hinzukommen, nämlich die Anerkennung universaler Menschenrechte, die der Men-schenwürde entspringen.

Und was sind das für Rechte? Die, die woanders verletzt werden. Zum Beispiel das Recht auf einen Lebensstandard, der Gesundheit und Wohl gewährleistet, wozu auch Nahrung und Kleidung gehören, ebenso wie eine Wohnung und ärztliche Versorgung. Doch an wen richten sich diese Rechte? In erster Linie an den Staat, in dem die be-treffenden Menschen leben. Der jeweilige Staat hat die Aufgabe, diese Rechte zu verwirklichen. Oh schön, damit sind wir aus dem Schnei-der, oder? Die anderen sind zuständig, wir brauchen also keinen Fin-ger zu rühren? Keineswegs. Denn wenn die Staaten ihrer Verantwor-tung nicht gerecht werden, ob aus Unwillen oder Unvermögen, wenn also Menschen in großer Not sind, haben wir die Pflicht zu helfen. Ansonsten wären wir wie ein Naturschützer, der glaubt, mit seinem Meisenknödel im heimischen Garten sei alles Nötige für die Rettung der Vögel getan.

Was also müssen wir tun? Alle notleidenden Menschen aus der ganzen Welt aufnehmen? Nein, das müssen wir nicht. So wenig, wie der Naturschützer sämtliche Vögel in den eigenen Garten locken muss. Schon deshalb nicht, weil Hilfspflichten unbestimmt sind. Sie sagen nicht: Du sollst genau dieses tun, nichts anderes! Sondern sie sind vage, sie geben nur eine grobe Richtung an. Es steht ja auch nicht fest, wie wir unserer einsamen, alten Nachbarin helfen sollen: zum Kaffee einladen? Einmal, zweimal, regelmäßig? Hilfe in der Wohnung anbieten? Die anderen Nachbarn auf das Problem ansprechen? Das steht nicht fest. Hilfspflichten schreiben uns nicht exakt vor, was zu tun ist. Und so steht auch nicht fest, wie wir den unzähligen Men-schen zu helfen haben, die Armut und Misswirtschaft entkommen wollen. Ihre Aufnahme in das eigene Land ist nur ein möglicher Weg. Und ob es ein guter Weg ist, hängt von vielen Fragen ab. Davon, wie viele Menschen es sind. Wie es um die eigenen wirtschaftlichen und sozialen Aufnahmefähigkeiten bestellt ist. Ob hierzulande der Bedarf an den Qualifikationen besteht, die die Immigranten mitbringen. Ob die Auswanderung weitere Auswanderung nach sich zieht. Ob sie den Ursprungsländern hilft oder ob andere, direkte Maßnahmen wirksamer wären, zum Beispiel Investitionen vor Ort und vor allem eine fairere internationale Wirtschaftsordnung. Und davon, ob es gerecht ist, vorrangig denen zu helfen, die es bis zu uns schaffen, und nicht vielmehr jenen Ärmsten der Armen, die für die kostspielige Reise gar nicht das Geld haben. Je nach den Antworten auf diese Fragen müssen wir über die Aufnahme von Armutsmigranten entscheiden. In jedem Fall gilt jedoch: Wir haben eine Pflicht zur Hilfe, aber nicht von vornherein eine Pflicht zur Aufnahme.

Was aber, wenn die Menschen nicht Armut und Elend entkommen wollen, sondern Bomben und Granaten? Wenn es sich um Kriegs- und Bürgerkriegsflüchtlinge handelt? Dann ist die demokratische Hilfspflicht noch drängender. Denn es geht nicht mehr »nur« um eine bessere Lebensqualität, sondern um Leben und Tod. Hier kann die Aufnahme der Flüchtlinge schlimmste Not lindern. Und sie ist sicherlich besonders naheliegend, wenn die Flüchtlinge aus dem Nachbarland stammen oder bereits an der Grenze stehen. Doch die einzige Möglichkeit, ihnen zu helfen, ist die Aufnahme auch hier nicht. Ebenso eine Option ist ihre Unterbringung in Flüchtlingslagern nahe am Herkunftsland und deren großzügige Unterhaltung. Damit ist nicht nur den Stärksten geholfen, die sich bis zu uns durchschlagen können, sondern allen Schutzsuchenden gleichermaßen, auch den Schwächsten. Doch auch wenn Flüchtlinge im eigenen Land aufgenommen werden, ist ihre Zahl nicht vorgegeben. Eine Aufnahme aller Schutzsuchenden dürfte ohnehin unmöglich sein. Es gilt also erneut: Die demokratische Gemeinschaft ist zur Hilfe verpflichtet, aber auf welche Weise sie das tut und in welchem Umfang, ist offen. Es muss demokratisch entschieden werden.

Das also sind die zwei entscheidenden Pflöcke der demokratischen Migrationspolitik: das Recht zur demokratischen Selbstbestimmung und die Pflicht zur Hilfe für notleidende Menschen. Volkssouveränität und universelle Menschenrechte. Diese Pflöcke legen den Weg nicht eindeutig fest, aber sie markieren einen Korridor, innerhalb dessen sich jede demokratische Migrationspolitik bewegen muss. Wenn eine demokratische Gemeinschaft einen der beiden Pflöcke umrennt, stolpert sie. Wenn sie ihr demokratisches Recht auf Selbstbestimmung in extremer Weise ausübt und die Grenzen komplett schließt, untergräbt sie ihre eigenen moralischen Voraussetzungen. Wenn eine demokratische Gemeinschaft ihre Pflicht zur Hilfe in extremer Weise in Form von massenhafter Einwanderung ausübt, die von einem großen Teil der Bevölkerung nicht mitgetragen wird, untergräbt sie ihre eigenen sozialen Voraussetzungen. Keines der beiden Prinzipien dürfen wir mit einem bloßen Schulterzucken bedenken. Jede simple Auflösung des Konflikts zwischen ihnen wird der Demokratie nicht gerecht. Einfach geht anders, aber Einfachheit gehörte nie zu den Versprechen der Demokratie.

Und wie bringen wir die beiden Prinzipien miteinander in Einklang? Gar nicht. Eine Harmonie wäre zwar theoretisch möglich, nämlich dann, wenn die demokratische Gemeinschaft sich nahezu einhellig für die unbeschränkte Aufnahme von Flüchtlingen und Armutsmigranten entscheidet. Doch das ist mehr als unwahrscheinlich. So bleibt uns nur, die Spannung zwischen den zwei Prinzipien auszuhalten und ihnen beiden teilweise gerecht zu werden. Demokratische Migrationspolitik kann nichts anderes sein als ein einziger großer Kompromiss. Aber das ist der Demokratie ja nicht fremd, es ist ihr alltägliches Geschäft: einen Ausgleich zwischen widerstreitenden Belangen zu schaffen.

Übrigens bedeutet das nicht, dass jede demokratische Migrationspolitik gleichermaßen gut ist. Es bedeutet lediglich, dass sie demokratisch ist, solange sie sich innerhalb des Korridors bewegt.

Jenseits der Einwanderung drängt sich eine andere Frage auf: Was ist mit den Eingewanderten, die dauerhaft bei uns bleiben? Mit jenen also, die zur Bevölkerung, zur Gesellschaft gehören, aber nicht zum Volk? Denn auch wenn sie unter uns leben, sind sie ja noch keine Staatsbürger, keine vollen Mitglieder der demokratischen Gemeinschaft. Sollen sie welche werden? Die Frage ist jetzt also nicht mehr, wer soll ins Land kommen, sondern wer soll zu uns gehören?

Warum sind die Nicht-Bürger überhaupt ein Problem? Können wir nicht einfach sagen: Ihr gehört nicht dazu, und damit hat sich's? Die demokratische Gemeinschaft ist, wie sie ist, Quereinsteiger gibt es nicht? Nein, das können wir nicht. Denn dass mündige Menschen in einem Land zwar gleichermaßen betroffen sind, aber keine Mitspracherechte haben, widerspricht dem Geist der Demokratie als einer Gemeinschaft der Freien und Gleichen, die über ihre gemeinsamen Angelegenheiten gemeinsam entscheiden. Wer Steuern zahlen muss, sich dem Recht unterwirft, Teil der Gesellschaft ist, muss auch Mitglied der demokratischen Ordnung werden können. Und damit ist ein Teil der Antwort schon gegeben: Wir dürfen Menschen, die sich um Mitgliedschaft bewerben, nicht dauerhaft ausschließen. Die Staatsbürgerschaft muss zugänglich sein. Mit einer Klasse ewiger Außenseiter kann sich keine Demokratie dauerhaft arrangieren, ohne sich selbst auszuhöhlen.

Andererseits ist die demokratische Gemeinschaft nicht verpflichtet, jeden aufzunehmen, der mal vorbeischneit und Hallo sagt. Wir dürfen also durchaus Ansprüche an die Menschen stellen, die die vollen Bürgerrechte erwerben wollen. Eine gewisse Dauer des Aufenthaltes gehört fraglos dazu, ebenso eine Vertrautheit mit der Rechtsordnung, die Beherrschung der Sprache und manches andere. Diese Kriterien können und müssen demokratisch entschieden werden. Aber die demokratische Gemeinschaft ist gut beraten, dabei nicht zu knauserig zu sein.

Wenn die demokratische Gemeinschaft über die Aufnahme entscheiden darf, darf sie das dann ebenso über den Ausschluss? Nein, der Entzug der Staatsbürgerschaft gegen den Willen der Betroffenen ist seit jeher ein Markenzeichen undemokratischer Staaten. Kein Zufall, denn die demokratische Gemeinschaft lebt von diesem Versprechen: Du gehörst dazu, egal was passiert. Wenn du gehen willst, kannst du das tun, aber wir schließen dich nicht aus. Welche Gründe auch immer für solch einen Ausschluss genannt werden, wie plausibel sie erscheinen mögen – wenn nur ein Bürger von Ausschluss bedroht

6   ÜBER DIE DEMOKRATIE IN DER WELT

ist, sind im Prinzip alle bedroht. Nur wenn jeder Einzelne die Gewissheit hat, ein Freier unter Gleichen zu sein und zu bleiben, kann es eine stabile Gemeinschaft der Freien und Gleichen geben.

## Wie soll das gehen?
### Demokratie in der Europäischen Union

Gefahren für die Demokratie lauern an vielen Ecken. Die Zerstörung der demokratischen Diskussionskultur etwa. Die Zerrüttung des Wahrheitsbegriffs. Intolerante Gesinnungen, die sich breitmachen. Demokratische Ermüdung und Führersehnsucht. Die rücksichtslose Durchsetzung einer Mehrheit gegenüber einer Minderheit. Der Unwille zu Kompromissen und die Herabwürdigung des politischen Gegners. Die Beschneidung von Freiheitrechten, etwa durch zunehmende Überwachung und Kontrolle der Bürger. Die Aushöhlung der Gewaltenteilung. Die Auflösung des sozialen Zusammenhalts. Die Zerstörung der politischen Gleichheit durch extreme Ungerechtigkeit. Und so weiter und so fort. Was jedoch, wenn die größte Bedrohung gar nicht im Inneren sitzt, sondern von außen kommt? Nicht mit Artillerie und Marschflugkörpern, sondern durch die schleichende Ersetzung der nationalen Demokratie durch eine überstaatliche Organisation? Ganz friedlich, scheinbar ganz harmlos und ... ganz undemokratisch.

Gemeint ist, na klar, die Europäische Union. Sie steht unter dringendem Tatverdacht. Vorwurf: eklatanter Demokratiemangel und die Unterwanderung nationaler Demokratien, auch der deutschen. Und ist es nicht wahr? Schließlich ist die EU kein lockeres Staatenbündnis, sondern ein enger Staatenverbund, in dem Unmengen verbindlicher Entscheidungen für die Mitgliedstaaten getroffen werden. Bedeutet das nicht eine schleichende Schwächung der nationalen Selbstbestimmung? Sind die EU-Institutionen nicht unglaublich weit von den Bürgern entfernt? Ist die EU nicht ein abgehobenes Elitenprojekt? Ein bürokratisches, regulierungswütiges Monstrum? Ein zentralistischer Moloch, der mit seinem gewaltigen (B)Rüssel unsere Demokratie aussaugt?

Und wenn das so ist, sollten wir dann nicht schleunigst zu souveränen Nationalstaaten zurückkehren, weil nur sie echte Demokratie ermöglichen? Sollten wir also die europäische Integration kräftig zurückschrauben, ja die EU auflösen? Nicht aus einem rückständigen, verstaubten Nationalismus heraus, sondern um der Demokratie willen?

Gemach, gemach, so undemokratisch ist die EU nun auch wieder nicht. Mit dem Europäischen Parlament haben wir eine demokratisch gewählte Repräsentation der europäischen Bürger, ähnlich wie in den Nationalstaaten. Und dieses EU-Parlament ist in den letzten Jahrzehnten immer mächtiger geworden, es hat Gesetzgebungs- und Kontrollbefugnisse von Gewicht. So müssen sich die Kandidaten für die Europäische Kommission erst einer Anhörung im Europäischen Parlament stellen und von ihm eine positive Stellungnahme erhalten, bevor sie ernannt werden können. Und auch der EU-Ministerrat, in dem die jeweiligen Fachminister aus den Mitgliedstaaten sitzen und mit über Gesetzesvorschläge entscheiden, ist kein Gremium von Aliens, sondern wird aus den demokratisch legitimierten Regierungsvertretern gebildet. So erblickt kein EU-Gesetz das Tageslicht ohne die Beteiligung gewählter Politiker aus jedem Mitgliedsland.

Noch etwas: Der Ausbau der EU ist ja nicht vom Himmel gefallen, sondern wurde über Jahrzehnte allmählich vorangebracht. Und zwar von Politikern der Mitgliedsländer, die von ihren Bürgern gewählt wurden. Dass diese Politiker und ihre Parteien für mehr europäische Integration eintraten, war kein Geheimnis. Indem die Bürger sie gewählt haben, immer und immer wieder, haben sie sich für die EU entschieden. Auch von daher fließt der Saft demokratischer Legitimation durch die Europäische Union. Erst Proeuropäer wählen, und dann sich über zu viel Europa beschweren, das ist merkwürdig. Wer Handwerker bestellt, um eine Wand herauszureißen, kann sich hinterher nicht beschweren, wenn da keine Wand mehr steht.

Andererseits ist die Kritik am Demokratiemangel vielleicht kein unausgegorenes Gemaule, sondern Ausdruck einer demokratischen Reifung, eines gewachsenen Bewusstseins für die Bedeutung demokratischer Strukturen. Was früher nur manchen auffiel, stößt jetzt vielen übel auf. Insofern ist die Ablehnung des aktuellen europäischen Demokratiegrads eher eine Chance für eine demokratischere EU. Denn wer zu wenig Demokratie beklagt, will mehr Demokratie.

In jedem Fall dürfen wir den Zweifel an der EU und ihrem Demokratielevel nicht leichtfertig beiseiteschnipsen wie eine lästige Schmeißfliege. Und schon gar nicht mit der pathosgeschwängerten Beschwörung einer historischen Unausweichlichkeit abblocken. Warum nicht? Weil in der Demokratie auch das bislang Unhinterfragte hinterfragt werden darf. Weil wir auch einmal getroffene Weichenstellungen selbstverständlich diskutieren dürfen. Weil der Glaube an Alternativlosigkeit undemokratisch ist, auch und gerade dann, wenn es um die großen Fragen geht. Demokratische Entscheidungen sind nicht vom Schicksal oder von der Geschichte vorgezeichnet, sondern vom Willen der Bürger. Nur ergebnisoffene Debatten sind demokratische Debatten.

Und es ist ja wahr, mit der europäischen Demokratie stimmt etwas nicht. Das Gerede von einer EU-Diktatur ist zwar Quark, aber dennoch: Eine mustergültige Demokratie sieht anders aus. Die Legitimitätsfäden, die die europäischen Bürger mit den EU-Institutionen verbinden, sind dünn. So hat das EU-Parlament nicht die Rechte eines richtigen Parlaments. Vor allem kein Initiativrecht, also das Recht, von selbst Gesetzesentwürfe vorzulegen. Das hat nur die mächtige EU-Kommission, die aber nicht gewählt wird, weder vom Parlament noch direkt von den europäischen Bürgern. Die europäischen Abgeordneten hingegen sind gewählt, aber müssen brav darauf warten, dass ihnen etwas vorgelegt wird. Bei manchen Fragen dürfen sie gar nicht mitentscheiden.

Schon die Wahl zum Europaparlament ist eine fragwürdige Sache. Da treten ausschließlich nationale Parteien mit nationalen Themen an, obwohl es doch um gesamteuropäische Fragen geht. Das ist so, als wenn bei der Bundestagswahl die Bremer Müllabfuhr oder die Schulpolitik in Sachsen-Anhalt ausschlaggebend wären. Und die Wählerstimmen zählen bei der Europawahl nicht gleich viel. Kleine Länder sind stärker vertreten, als es ihre Bevölkerungszahl eigentlich erlaubt. Wer in Deutschland ein Mandat erringen will, benötigt zwölfmal so viele Stimmen wie in Malta. Das verletzt das demokratische Gleichheitsprinzip.

In der EU gibt es keinen Wettstreit zwischen Regierung und Opposition, wie wir es aus den nationalen Demokratien kennen. Wer ist überhaupt Regierung in der EU? Die Kommission? Der Ministerrat? Unklar. Klar ist nur, dass die nationalen Regierungen über den Ministerrat an der Gesetzgebung mitwirken. Damit wird die Gewaltenteilung ausgehebelt.

Und noch etwas fehlt: die Verantwortlichkeit der Regierenden gegenüber den Bürgern und ihren Vertretern. Denn wer verantwortlich ist, muss rechenschaftspflichtig sein und abgesetzt werden können. Dieses »Wir sind unzufrieden mit eurer Arbeit und wählen euch deshalb ab«, das fehlt. Gegen den Ministerrat jedenfalls gibt es eine solche Sanktionsmöglichkeit nicht. Dieses Ungleichgewicht zugunsten der Regierungen hat sich in den letzten Jahren noch verstärkt, nämlich durch die vielen Entscheidungen, die im Zuge der Eurokrise zwischen Regierungen und Kommission getroffen wurden, ohne Beteiligung des EU-Parlaments.

An der europäischen Demokratie hapert es also an vielen Ecken. Wäre sie eine Maschine, würde es überall ächzen, rattern und quietschen. Eine Maschine, die falsch zusammengebaut wurde und an der gewaltige Unwuchten reißen. Und vor allem eine Maschine, die zu wenig von dem entscheidenden Stoff produziert: demokratische Legitimität.

Doch was nicht ist, kann noch werden. So wie schon mehrere Schritte zur Demokratisierung gemacht wurden, können – und müssen – weitere folgen. Viele Vorschläge liegen auf dem Tisch. Etwa der Vorschlag, manche Kompetenzen auf die nationale Ebene zurückzuholen. Probleme, die genauso gut in den einzelnen Staaten gelöst werden können, sollten auch dort behandelt werden. Denn das ist bürgernäher. Die EU sollte kein Themenstaubsauger sein, der alles an sich reißt. Zweifelsohne muss das Europäische Parlament zu einem vollwertigen Parlament ausgebaut werden. Vor allem muss es endlich von selbst gesetzgeberisch tätig werden können. Der Kommissionspräsident, den europäischen Bürgern bisher so nah wie Jupiter der

Erde, sollte direkt von ihnen gewählt werden. Und zwar mit Stimmengleichheit, so dass die wenigstens hier gegeben ist. Ein von den europäischen Bürgern gewählter Kommissionspräsident dürfte ihre Identifikation mit dieser europäischen »Regierung« stärken. Auch wären die Parteien gezwungen, sich länderübergreifend auf gemeinsame Kandidaten zu einigen.

Sollte bei der Wahl zum Europäischen Parlament die Stimmengewichtung geändert werden, so dass jede Stimme gleich viel gilt? Vielleicht. Allerdings hätten die kleinen Länder damit keine echte Chance auf Vertretung im Parlament, und diese Vertretung ist wichtig. Immerhin wird die unterschiedliche Bevölkerungsgröße ja auch in den Abstimmungsregeln des Ministerrates berücksichtigt. Da zählt nämlich jedes Land ungefähr nach seiner Bevölkerungsgröße. Besser als eine Stimmengleichheit bei der Wahl zum EU-Parlament wäre es womöglich, die starke Verzerrung durch die unterschiedlich starke Wahlbeteiligung auszugleichen: dadurch, dass die Sitzkontingente der Länder nach deren Wahlbeteiligung angepasst werden. Welches Land mehr wählt, wäre deutlicher vertreten. Das würde nicht nur der politischen Gleichheit stärker gerecht, sondern es wäre zugleich ein kräftiger Anreiz für eine möglichst hohe Beteiligung bei den europäischen Wahlen.

Ein anderer Vorschlag: Statt dass die nationalen Regierungen im Ministerrat Gesetzgeber spielen, sollte es eine Art Senat als echte Länderkammer geben. Das würde die Übermacht der Regierungen enorm verringern, und gleichzeitig hätten die Staaten ihre Vertretung, neben der Vertretung der Bürger im Europäischen Parlament.

Und zur Demokratie gehören gleiche politische Einflusschancen. Davon sind wir in der EU weit entfernt. Während sich der Einfluss normaler Bürger auf die Wahl des Europäischen Parlaments beschränkt, werben manche Anwaltskanzleien ganz ungeniert damit, dass sie EU-Gesetzgebung für ihre Kunden »gestalten«. Die EU ist ein schwer durchdringlicher Lobby-Dschungel, in dem vor allem finanzstarke Raubtiere geschickt im Halbdunkel umherschleichen und sich die Leckerbissen schnappen. Auch das erzeugt bei vielen Bürgern ein Gefühl der politischen Ohnmacht.

Aber kann nicht heute schon jeder Hansel mit EU-Beamten, Kommissaren und europäischen Abgeordneten in Kontakt treten und Vorschläge unterbreiten? Nein, gerade nicht jeder Hansel. Sondern wer seit langem einen Gesprächskanal hat. Wer jemanden kennt, der jemanden kennt. Wer einflussreich ist. Wer gut mit XY steht. Wer Druck ausübt mit wer weiß was ... Zu Unrecht verdächtigt? Spekulation? Möglich, und genau das ist das Problem: Wir wissen es nicht. Damit wir es wissen, brauchen wir ein verpflichtendes Lobbyregister, in dem sich die ca. 25 000 Lobbyisten eintragen müssen, die durch Brüssel laufen. Es gibt schon ein Register, aber das ist freiwillig und deswegen ein Witz. Genauso könnte man ein freiwilliges Verzeichnis aller Mafiamitarbeiter einrichten. Lobbyisten sind natürlich keine Mafiosos, nein, nein, aber das Licht der Öffentlichkeit scheuen sie allesamt. Zur Demokratisierung Europas gehört deshalb, diesen Dschungel zu lichten, Transparenz herzustellen – Wer ist da aktiv? Wer will worauf Einfluss nehmen? – und die Lobbytätigkeit strengen Regeln zu unterwerfen.

Vor allem aber müssen wir als europäische Bürger direkt Einfluss auf die gemeinsamen Regeln nehmen können. Wir brauchen also Elemente einer direkten Demokratie: eine europäische Bürgergesetzgebung, mit der wir über einzelne Verordnungen und Richtlinien abstimmen. Ebenso Bürgerreferenden, bei denen wir über Recht abstimmen können, das bereits von den EU-Institutionen beschlossen wurde. Erst direkte Demokratie schafft eine direkte Verbindung zwischen den Europäern und der Europäischen Union. Nur so wird das Europa der Eliten zu einem Europa der Bürger.

Doch das Brexit-Referendum, zeigt es nicht, dass direkte Demokratie in europäischen Fragen nicht klappt? Ach so, dann sind also nur Entscheidungen pro EU klug und selbstbestimmt? Nein, sorry, der Brexit-Beschluss des britischen Volkes spricht nicht gegen die Eignung direkter Demokratie in Europa-Angelegenheiten. Man mag ihn kritisieren und für dumm halten. Man kann auch das Abstimmungsverfahren kritisieren, weil eine so fundamentale Entscheidung mehr als eine 50%-Mehrheit bedurft hätte. Aber grundsätzlich kann auch ein Beschluss, aus der EU auszutreten, selbstverständlich demokratisch sein. Die demokratische Rosinenpickerei nach dem Motto: Pro-Beschlüsse sind okay, contra aber nicht – die geht nicht. Demokratie heißt, die Entscheidungen sind offen. Wer dem Volk misstraut, weil es der EU misstraut, wird noch mehr Misstrauen ernten. Was für die Demokratie im Nationalstaat gilt, gilt auch für die EU: Das System muss von der Bevölkerung bejaht werden, sonst hat es auf Dauer keine Chance.

Außerdem kann und soll es ja bei solchen europäischen Volksinitiativen zum Gespräch zwischen der Initiative und den EU-Institutionen kommen. Hierbei sind auch Kompromisse möglich und wünschenswert. Denn direkte Demokratie soll konstruktiv sein und nicht ein Notventil für Frust und Protest.

Aber ist Europa nicht zu groß für solche Abstimmungen? Werden sich hier nicht nur Lobbys mit dickem Geldbeutel durchsetzen und kleine Initiativen spätestens an den Sprachgrenzen scheitern? Das ist tatsächlich ein Problem. Deshalb müssen die Initiativen von der EU unterstützt werden. Etwa durch eine Erstattung der Kosten, zum Beispiel für die aufwendigen Übersetzungen in die verschiedenen Sprachen. Durch die Bereitstellung der Infrastruktur für die elektronische Unterschriftensammlung. Und durch die Versorgung mit ausgeglichenen Informationen für die Bevölkerung in allen Ländern.

Auch bei europäischen Volksabstimmungen sollte eine doppelte Mehrheit erforderlich sein, also sowohl die Mehrheit der Bürger als auch der Staaten. So wie es heute schon im Ministerrat gemacht wird.

In jedem Fall können wir keine bestehende Verfassung eins zu eins als Vorbild nehmen. Denn so etwas gab es bisher nicht: die Demokratie eines Staatenbundes. Die gemeinsame Demokratie einer Vielzahl demokratischer Staaten kann nicht das Abbild bestehender Demokratien sein, sie kann nur etwas ganz Eigenes und Neues sein. Wir brauchen demokratische Phantasie.

Doch stößt diese Phantasie nicht an eine harte, unüberwindliche Grenze? Geht nicht alle Diskussion für und wider irgendwelche EU-Institutionen am eigentlichen Problem vorbei? Dem Problem nämlich, dass sich eine Demokratie nur mit einem Volk errichten lässt, es aber kein europäisches Volk gibt? Dass Demokratie die Selbstbestimmung

**219**

einer Gemeinschaft mit einem gewissen Zusammengehörigkeitsgefühl ist, ein solches europäisches Zusammengehörigkeitsgefühl jedoch fehlt? Dass Demokratie den speziellen Kitt braucht, den nur Völker, Nationen, Kulturen bieten, aber nicht ein Staatenbund mit 24 Amtssprachen? Wenn das so ist, sieht es für die Zukunft einer demokratischen Europäischen Union düster aus. Da würde auch keine Direktwahl mehr helfen, keine Abstimmung, kein gestärktes EU-Parlament, nichts. Das Bemühen um eine europäische Demokratie wäre wie der Versuch einer Quadratur des Kreises: aussichtslos.

Ist das so? Manches sieht danach aus. Tatsächlich gibt es keine europäische Öffentlichkeit, keine europaweiten Medien, keinen Debattenraum, der alle Länder umspannt. Die politischen Diskussionen bewegen sich in den Grenzen der Nationalstaaten. Die Grenzen sind durchlässig für Touristen, Geld und Waren, aber nicht für Sprachen, nicht für Debatten, nicht für ein gemeinsames Selbstverständnis. Die meisten Spanier, Franzosen, Italiener und Deutschen verstehen sich in erster Linie als Spanier, Franzosen, Italiener und Deutsche – und nur in zweiter Linie als Europäer, wenn überhaupt. Wer vom demokratischen Wir spricht, meint seine Nation. Wer an Geschichte denkt, hat die Geschichte seines Landes im Sinn. Wer demokratische Selbstbestimmung will, will sie für sein Volk. Ein europäisches Volk lebt höchstens in den luftigen Manifesten idealistischer Intellektueller, aber nicht im echten Raum zwischen Lissabon und Helsinki.

So ist das. Und doch ist es eine arg geglättete Sicht der Dinge, so heftig zurechtgehobelt, dass sie schon wieder schief und verunstaltet ist. Denn die europäischen Nationen sind keine blockartigen Einheiten, quadratisch, praktisch, gut. Das Wir ist vielerorts brüchig und zerklüftet. Viele Katalanen streben aus dem spanischen Staat, fast die Hälfte der Schotten will dem Vereinigten Königreich good bye sagen, und eine Menge Norditaliener haben von den Süditalienern seit langem die Schnauze voll. Die Geschichte, die sich die Menschen erzählen, ist keineswegs ein so durchgehendes, einheitliches, nationales Glasfaserkabel, das sich durch die Jahrhunderte zieht. In Baden-Baden klingen die Erinnerungen anders als in Berlin, ja schon am Ku'damm anders als an der Karl-Marx-Allee.

So wie die nationale Identität nicht einförmig ist, sondern nach innen vielfach zergliedert, unterschieden nach Region und Herkunft, nach Bildung und Überzeugung, so können sich Identitätsfasern nach außen fortpflanzen, über die Ländergrenzen hinweg. Das können sie nicht nur, das tun sie auch, wenigstens ansatzweise. Was sollte auch dagegen sprechen, sich als Bürger eines Nationalstaates zu verstehen *und* als Bürger der Europäischen Union? Nichts. Es spricht ja auch nichts dagegen, sich als Sachse und als Deutscher zu verstehen. Und so ist Europa für nicht wenige Menschen eine wichtige Schicht ihrer Identität. Ein Teil von dem, was sie sind und sein wollen. Für sie ist das europäische Wir kein leeres Gerede, sondern Ausdruck echter Verbundenheit. Das europäische Wir ersetzt nicht das nationale Wir, sondern ergänzt es.

Die Gegenüberstellung ist also plump und falsch: einerseits das Volk mit Zusammengehörigkeitsgefühl und andererseits der Staatenbund ohne. Besonders falsch ist es, solche Zugehörigkeiten für starr zu halten. Das entwickelt sich. Was heute noch zart keimt, kann morgen schon kräftig aufblühen. Auch die heutigen Nationen existieren nicht seit Adam und Eva. Im Gegenteil, sie sind ziemlich junge Gewächse.

Und was heißt das nun für die europäische Demokratie? Dies: Weil die Identitäten nicht einfach gestrickt sind, kann die europäische Demokratie nicht einfach sein. Die EU kann nicht lediglich eine Union der europäischen Bürger sein, eine simple europäische Republik, denn dafür ist die Identifikation mit den Nationalstaaten zu stark. Deshalb muss die EU auch eine Union der Völker sein. Und das ist sie ja auch. Sie muss die Gleichheit der Bürger ebenso berücksichtigen wie die Gleichheit der Völker, die Selbstbestimmung der europäischen Bürger ebenso ermöglichen wie die Selbstbestimmung der Nationen. Demokratisierung der EU kann nicht heißen, im Handumdrehen aus ihr einen europäischen Bundesstaat zu machen. Wir können das Modell der nationalstaatlichen Demokratie nicht geradewegs auf die europäische Ebene übertragen. Klingt seltsam, aber so ist es: Eine solche Demokratisierung wäre eine Entdemokratisierung. Eben weil dabei der Einfluss der Nationalstaaten verloren ginge, mit denen sich die meisten europäischen Bürger stärker identifizieren und die deswegen noch die wichtigere Quelle demokratischer Legitimität sind.

Puh, ist das kompliziert. Warum tun wir uns das eigentlich an? Warum muss die europäische Einigung überhaupt sein? Muss sie es denn? Die Frage drängt sich jetzt noch ungemütlicher auf. Sollten wir uns nicht lieber auf unsere Nationalstaaten zurückziehen und hier die Demokratie ausbauen? Ist ja schon kompliziert genug. Anders gefragt: Wenn eine europäische Demokratie so ungeheuer schwierig ist, uns aber an Demokratie liegt, gibt es überhaupt gute Argumente für die EU? Argumente nicht *trotz* ihres Demokratieproblems, sondern gerade *um der Demokratie willen?* Ja, die gibt es. Unbekannt sind sie nicht, doch tauchen sie meist nicht unter der Überschrift »Demokratie« auf.

Erstens: Unbestritten sichert die EU den Frieden unter ihren Mitgliedern. Nie zuvor hatten wir eine so lange Friedenszeit. Das wurde schon oft festgestellt und erntet meist nur noch ein müdes Nicken. Weil wir uns nicht mehr vorstellen können, was Krieg bedeutet, wie er Menschen verschlingt, Seelen zerrüttet, Kulturen zerstört und Länder verwüstet. Weil er uns fern vorkommt wie nächtliches Flakgewitter aus der NS-Wochenschau. Weil es uns unvorstellbar erscheint, dass wir nochmals die Waffen aufeinander richten. Doch dürfte das eher ein Mangel an Vorstellungskraft sein als eine echte Unmöglichkeit. Auch ohne EU könnten wir Frieden wahren? Warum sollten wir das können, wenn wir es viele Jahrhunderte lang nicht geschafft haben? Dass das Zeitalter der gegenseitigen Zerfleischung in Europa beendet ist, ist kein Naturgesetz, sondern das Ergebnis mühevoller Zusammenarbeit.

Gut, Frieden ist ein dickes Plus, kein Zweifel, aber was hat das mit der Demokratie zu tun? Eine ganze Menge. Krieg ist grundsätzlich nicht im Interesse der Bevölkerung. Denn in jedem Fall schafft er unsägliches Leid, er tötet die eigenen Bürger, zerstört ihr Glück, reißt Familien auseinander und spuckt überlebende Soldaten als menschliche Wracks aus. Im Falle einer Niederlage kommen Zerstörungen und wirtschaftlicher Niedergang hinzu. Und Krieg verdirbt die Demokratie. Denn er bedeutet Hierarchie statt Gleichheit, Kommando statt Debatte, Geheimhaltung statt Öffentlichkeit. Krieg bringt das Rohe im Menschen zum Vorschein statt ihn zu zivilisieren. Aus welchen Gründen ein Krieg auch geführt wird, er steht mit der Demokratie auf Kriegsfuß. Wer Demokratie will, muss Frieden wollen.

Zweitens: Demokratie ist die gemeinsame Regelung der gemeinsamen Angelegenheiten, doch die gemeinsamen Angelegenheiten enden nicht an der Grenze. Vieles, was uns angeht, betrifft auch andere Länder. Internet, Energie, Klima, Migration, Finanzmarkt, internationale Kriminalität – viele Probleme können wir nicht allein lösen oder zumindest nicht so gut. So wie die Stralsunder oder die Wuppertaler nicht allein über einen Autobahnbau oder die Polizeiausbildung entscheiden können. Wenn also Demokratie fähig sein soll, Probleme zu lösen, wäre es geradezu undemokratisch, sich auf die nationalstaatliche Demokratie zu beschränken.

Und Europa ist nicht allein in der Welt. Die ganze Welt ist miteinander vernetzt. Darunter Großmächte, Supermächte, arrogante Rüpelmächte, die bei der Durchsetzung ihrer Interessen wenig zimperlich sind. Russland etwa, das die liberale Demokratie nicht bloß verachtet, sondern aktiv daran arbeitet, sie zu unterminieren, wo sie nur kann. Oder die USA, die zumindest unter der Präsidentschaft von Donald Trump sogar ihren Partnern gegenüber rücksichtslos auftreten und ihre wirtschaftliche Macht gegen uns einsetzen. Und China, das patentierte Ideen klaut, reihenweise Unternehmen aufkauft, seine Regeln durchsetzt und auf eine weltweite Dominanz zusteuert. Dazu kommen monströs große Unternehmen, denen demokratische Prinzipien ebenfalls herzlich egal sind. In einer derart globalisierten Welt ist Kleinheit Schwäche. Die Hoffnung, sich als kleine nationale Demokratie besser behaupten zu können, dürfte sich daher als Milchmädchenrechnung entpuppen. Der Demokratie ist wenig gedient, wenn wir zwar formal selbständig sind, tatsächlich aber unter der Knute von Großmächten oder internationalen Konzernen stehen. Dann lieber sich mit Partnern eng zusammenschließen und dabei einige Kompromisse eingehen. Denn gemeinsam sind wir stärker. Nicht um über andere zu bestimmen, sondern um über uns selbst zu bestimmen.

Wie soll das gehen? – Demokratie in der Europäischen Union

Auch insofern gilt: Die EU gefährdet die Demokratie nicht nur, sie sichert sie andererseits auch.

Der dritte demokratische Grund für die EU ist schlichtweg der Wille der demokratischen Mehrheit. Die EU ist zwar umstritten, aber die Mehrheit der Bürger will sie. In fast jedem Mitgliedsland liegt die Zustimmung über 50 %. In Deutschland liegt sie je nach Umfrage zwischen 60 und 70 %. Das ist eine satte Mehrheit, von der jede Partei nur träumen kann.

Wir sehen also: Man *muss* als Demokrat kein EU-Fan sein, aber es gibt gute Gründe dafür, es gerade als Demokrat zu sein.

Doch eine europäische Demokratie braucht Zeit. Denn eine gemeinsame Öffentlichkeit kann nur langsam wachsen, eine tragfähige europäische Identifikation muss allmählich reifen wie ein Laib Parmigiano Reggiano. Die europäische Demokratie wird nicht im Hauruck-Verfahren entstehen, das »Vorerst« wird auf lange Sicht ihre Devise sein. Alle Jetzt-bringen-wir-das-zu-Ende-Rhetorik ist fehl am Platze, die Frage nach der endgültigen Gestalt Europas brauchen wir noch nicht zu beantworten – und wir sollten es auch nicht. Gefragt ist vielmehr ein langer Atem. Die Tugend der Geduld brauchen wir nicht nur im demokratischen Ringen, sondern auch beim Wachsen einer Demokratie.

Geduld jedoch heißt nicht Däumchendrehen. Wenn wir lediglich auf den Tag warten, an dem das europäische Bewusstsein stark genug ist, wird es vielleicht der Sankt-Nimmerleinstag sein. Wir können, wir müssen etwas tun. Aber was? Nun, wir identifizieren uns dann mit einer Sache, wenn wir beteiligt sind. Das Bewusstsein einer Zusammengehörigkeit wächst dann, wenn wir etwas gemeinsam tun. Zwei Kolleginnen warten ja auch nicht, bis sie miteinander vertraut sind, um dann die gemeinsame Arbeit zu beginnen, sondern das Vertrautsein entsteht mit der gemeinsamen Arbeit. Für die EU heißt das: Wir müssen die Dinge selbst gemeinsam regeln. Wir brauchen also die Einführung europaweiter Volksentscheide und die Stärkung des europäischen Parlaments. Ebenso dürfte ein von allen europäischen Bürgern ins Amt getragener Kommissionspräsident die Identifikation mit dieser europäischen Quasi-Regierung stärken. Nicht nur braucht die europäische Demokratisierung ein europäisches Bewusstsein, sondern das europäische Bewusstsein braucht auch eine Demokratisierung.

Dazu muss die aktive Entwicklung einer europäischen Öffentlichkeit kommen. Doch zerschellt dieser Plan nicht an der Sprachenvielfalt? Denn Öffentlichkeit heißt ja vor allem öffentlich diskutieren, aber wie sollen wir das ohne gemeinsame Sprache tun? Wohl wahr, das macht die Sache nicht einfacher. Aber auch in einem einsprachigen Nationalstaat diskutiert ja nicht jeder mit jedem, von Angesicht zu Angesicht. Die gesellschaftlichen Debatten sind vielmehr durch Medien vermittelt. Eine gemeinsame Sprache ist für die Demokratie hilfreich, aber nicht notwendig. Das Beispiel der Schweiz zeigt, dass eine funktionierende Demokratie auch mit mehreren Sprachen gut leben kann. Wir sollten also aktiv europaweite Medien aufbauen.

Es gibt weit mehr, was wir tun können. Etwa ein intensivierter Austausch von Studierenden und Auszubildenden. Auch die Einführung eines freiwilligen Europäischen Jahrs könnte das grenzüberschreitende Zusammengehörigkeitsgefühl stärken. Wenn die junge Französin im polnischen Altersheim mithilft und der junge Österreicher spanische Naturschützer unterstützt, schafft das die Verbundenheit im Kleinen, ohne die die Verbundenheit im Großen nicht auskommt.

Eine demokratische EU ist jedoch nicht nur auf europäischen Zusammenhalt angewiesen, nicht nur auf demokratische Institutionen auf europäischer Ebene, sondern immer auch auf demokratische Mitgliedstaaten. Mit amputierten Demokratien werden wir keinen demokratischen Gesellschaftstanz auf die Bühne bringen. Deshalb ist die Einschränkung von Demokratie und Rechtsstaatlichkeit, wie in Ungarn und Polen, ein Desaster für die EU. Um ihres Überlebens willen kann sie das niemals akzeptieren. Demokratie und Rechtsstaatlichkeit sind nicht nur die Bedingungen für die Aufnahme in die EU, sie müssen es auch für die weitere Mitgliedschaft sein. Wenn einzelne Länder sich von den gemeinsamen demokratischen Prinzipien verabschieden, müssen wir uns von diesen Ländern verabschieden. Das heißt, sie müssen notfalls in letzter Konsequenz zum Ausschluss gezwungen werden können.

Last but not least: Wenn die Identifikation mit Europa bislang einen so schwachen Puls hat, sollten wir sie nicht mit weiteren Erweiterungen der EU belasten. Denn je größer die EU, desto mehr Puste brauchen wir. Je ferner die Mitgliedsländer, desto schwieriger der Zusammenhalt. Das gleiche gilt für die Einwanderung: Eine schwache Identifikation wird durch unerwünschte Einwanderung im großen Stil noch schwächer. Wir sollten das dünne gemeinsame Band nicht überstrapazieren. Es klingt nur scheinbar paradox: Wenn sich jeder in Europa zu Hause fühlen können soll, kann nicht jeder aufgenommen werden.

## Wo soll das enden?
### *Die Demokratisierung der Nicht-Demokratien*

Wir haben also viel zu tun. Mit unserer nationalen Demokratie und mit der europäischen. Reicht das nicht allemal? Oder müssen wir uns zusätzlich darum kümmern, ob und wie die demokratische Idee im Rest der Welt verwirklicht ist? Sollten wir eventuell sogar etwas dafür tun, dass das Licht der Demokratie in anderen Ländern leuchtet? Oder ist das eine ungeheuerliche Anmaßung? Eine unerlaubte Einmischung?

Nein, es ist keine Anmaßung. Ja, wir sollten auf die Demokratisierung der Welt hinwirken. Das ist kein Kann, sondern ein Muss. Dieses Muss wurzelt nicht in irgendeiner politischen Überzeugung, die auch anders aussehen könnte, sondern in der Idee der Demokratie selbst. Das Interesse an der Demokratisierung wohnt der Demokratie inne, es ist Teil ihrer geistigen DNA. Denn die Demokratie beruht auf universalen Werten, auf den Werten der Freiheit, Gleichheit und der Menschenwürde. Da es Werte sind, die auf der ganzen Welt Gültigkeit haben, kann uns der Zustand der Welt nicht egal sein. Eine Demokratie ist nicht selbstgenügsam – wenn sie sich recht versteht.

Doch steht das nicht im Widerspruch dazu, dass Demokratie stets eine beschränkte Gemeinschaft ist? Dass sie zwischen Innen und Außen unterscheidet? Dass es um ein konkretes Wir geht, das gerade nicht das Wir der ganzen Menschheit ist? Nein, kein Widerspruch.

226

Die Unterscheidung zwischen Wir und Nicht-Wir rechtfertigt keine Gleichgültigkeit gegenüber denen, die nicht wir sind. Jede Demokratie ist eine begrenzte Gemeinschaft, aber die *Idee* der Demokratie hat unbegrenzte Gültigkeit. Eine Demokratie ist die räumlich begrenzte Verwirklichung unbegrenzt gültiger Prinzipien. Der Satz des Pythagoras gilt ja auch überall und allezeit, obwohl jedes rechtwinklige Dreieck eine begrenzte Figur im Hier und Jetzt ist. Ein Widerspruch wäre es dagegen, auf universalen Prinzipien zu beruhen, aber sich auf den Lorbeeren ihrer begrenzten Verwirklichung auszuruhen. Sich mit der Achtung der Menschenwürde im eigenen Land zufriedengeben, während sie andernorts mit Füßen getreten wird. Das wäre nicht nur ein Widerspruch, sondern ein Verrat an der eigenen Idee.

Es gibt noch einen zweiten Grund, warum uns an der Demokratisierung anderer Länder gelegen sein muss. Demokratien führen keine Kriege gegeneinander. Warum das so ist, darüber kann man streiten. Aber dass es nahezu immer so ist, ist eine unbestrittene Tatsache, fast so etwas wie ein Naturgesetz der internationalen Politik. Da wir als Demokraten Krieg nicht wollen können, müssen wir wollen, dass möglichst die ganze Welt demokratisch verfasst ist. Denn eine demokratische Welt ist eine friedlichere Welt. Eine Demokratie muss eine demokratische Welt also nicht nur aus dem für sie typischen Fremdinteresse wollen, sondern auch aus Eigeninteresse.

Dennoch zeichnet sich bei manchem ein Stirnrunzeln ab. Es ist eine Skepsis, die unter dem Mantel universeller Menschenfreundlichkeit das alte, böse Gespenst des Kolonialismus wittert. Und ist das hehre Demokratisierungsstreben nicht tatsächlich eine ebenso unverschämte Geste? Tätscheln wir damit den anderen nicht altväterlich auf die Schultern und sagen ihnen: Wir wissen besser, was für euch gut ist? Ist das nicht letztlich nur eine besonders raffinierte Art der Überheblichkeit?

Keine Frage, das Demokratisierungsstreben *kann* so auftreten. Es kann stolz, dünkelhaft und herablassend sein. Aber die aufgeblasenen Backen müssen nicht sein. Ja, sie sind sogar völlig deplatziert. Denn nicht um Überhebung über die anderen geht es, sondern um ihre Selbsterhebung. Nicht darum, über sie zu bestimmen, sondern um ihre Selbstbestimmung. Nicht um unseren Triumph, sondern um den Triumph derjenigen, die sich eine Ordnung schaffen, in der sie ihr Leben selbst in die Hand nehmen können. Nein, mit dem Willen zur Demokratisierung stellen wir uns nicht *über* die Menschen, die in Unfreiheit leben, sondern *neben* sie.

Die Erinnerung hilft, vom hohen Ross abzusteigen. Die Erinnerung daran, dass auch unsere Demokratie erst spät entstanden ist, nach langen Kämpfen, gegen viele Widerstände, nach furchtbarster Terrorherrschaft, durch Hilfe von außen. Dass auch nach Schaffung unserer demokratischen Institutionen der alte Obrigkeitsgeist noch lange in zahllosen Ritzen und Nischen hauste. Und nicht nur die Erinnerung hilft Überheblichkeit zu vermeiden, sondern auch der nüchterne Blick in unsere Gegenwart. Denn auch unsere Demokratie ist gewiss nicht die Krone der politischen Schöpfung.

Die Frage ist nicht, *ob* wir die Demokratisierung der Welt befördern sollen, sondern *wie*. Hier liegen die eigentlichen Probleme. Denn Demokratie lässt sich nicht aus dem Boden stampfen. Sie ist keine Software, die man eben mal aufspielt, sondern ein komplexes Geflecht aus Institutionen und ihrem Zusammenwirken, aus einer starken Zivilgesellschaft, freien Presse und rechtsstaatlichen Strukturen, aus bestimmten Einstellungen und Überzeugungen, getragen von der Bereitschaft, Abweichungen zu tolerieren, und von der Fähigkeit, Freiheit nicht nur für sich selbst zu fordern, sondern sie auch für alle anderen zu akzeptieren. Dieses Geflecht ist voraussetzungsvoll, sensibel und braucht Zeit zum Wachsen. Dagegen ist selbst die empfindlichste Orchidee ein primitives Gewächs.

Solch ein kompliziertes Geflecht lässt sich nicht über Nacht entwickeln. Schon gar nicht auf Dauer und erst recht nicht von außen. Vor allem nicht, wenn die Demokratisierung nicht von einer Mehrheit der Bevölkerung unterstützt wird. Das zeigen die vielen höchst wackeligen und gescheiterten Demokratisierungsversuche von Afghanistan über den Irak bis zu Bosnien-Herzegowina.

Und was ist mit Druck, mit Zwang, mit Gewalt? Funktioniert erst recht nicht, denn die Unterstützung der demokratischen Ordnung lässt sich nicht herbeibomben. Diktatoren kann man stürzen, Parlamentsgebäude bewachen, Wahlen unter Polizeischutz durchführen, aber Überzeugungen lassen sich nicht erzwingen. Auch der Aufbau der bundesrepublikanischen Demokratie nach 1945 gelang nicht durch vorgehaltene Maschinengewehre, sondern weil an das eigene freiheitliche Erbe angeknüpft werden konnte und es genügend Menschen gab, die zu einem demokratischen Neuanfang bereit waren. Und selbst wenn eine Demokratisierung durch Zwang möglich wäre, widerspräche dies der demokratischen Idee. Eine Demokratie gegen den Willen der Bevölkerung, Volksherrschaft gegen das Volk, Freiheit durch Zwang – das geht nicht nur in die Hose, es ist so widersinnig wie Kinder mit Schlägen zur Gewaltlosigkeit zu erziehen.

Ein Dilemma: Demokratien müssen die Demokratisierung anderer Länder wollen, sind aber genau dazu kaum in der Lage. Was tun?

Ganz so übel sieht die Lage freilich nicht aus. Zwar können wir keine Demokratie als ganze installieren, die Wertschätzung einer freiheitlichen Ordnung nicht von heute auf morgen in die Herzen pflanzen, die Anerkennung jedes Einzelnen als eines gleichberechtigten Bürgers nicht wie einen Container verschiffen, aber zur Untätigkeit sind wir nicht verdammt. Denn dort, wo sich zarte Pflänzchen der Demokratisierung bemerkbar machen, können wir sie gießen und düngen. Wo der Staat sich eine freiheitlichere Ordnung geben will, können wir mit Beratung zur Seite stehen, etwa mit der Ausbildung unabhängiger Richter, mit der Unterstützung pro-demokratischer Kräfte in Parteien, Gewerkschaften oder Medien. Aber auch dort, wo der Wille zur Demokratisierung noch nicht die Oberfläche der Staatsmacht durchbrochen hat und im engen Keller der Gesellschaft wohnt, lässt sich etwas tun. Durch Information und Bildung zum Beispiel, durch die Förderung zivilgesellschaftlicher Akteure, durch Beratung und technische Unterstützung – sofern die Führung des jeweiligen Landes das zulässt und die jeweilige Gesellschaft es nicht als übergriffig versteht. Diese Demokratisierungshilfen wirken mitunter krümelklein und wie hilfloses Gewedel. Und doch kommt es auf jeden Krümel an, der aus dem Beton der Unterdrückung gebrochen wird, und das vermeintliche Gewedel fächert vielleicht der Glut der Freiheitsliebe die Luft zu, die sie am Leben hält.

All dies wird seit Jahrzehnten gemacht, durch die parteinahen Stiftungen etwa oder durch die staatliche Entwicklungszusammenarbeit. Ob hier jede Maßnahme sinnvoll ist, lässt sich diskutieren. In jedem Fall aber ist die Demokratisierungshilfe ein mühsamer Weg, mit Rückschlägen gepflastert und mit einer Erfolgsgarantie wie bei der Landung einer Sonde auf einem taumelnden Kometen. Nötig sind Ausdauer und Sensibilität für die Traditionen eines Landes. Mit elefantösem Stampfen kommt man hier nicht weit, mit einem Generalrezept für alle Länder auch nicht. Denn nicht nur gleicht keine Demokratie der anderen, sondern auch keine Demokratiewerdung der anderen.

Ist das alles? Nein, etwas anderes ist vielleicht sogar noch aussichtsreicher: nicht der Transport demokratischen Gedankenguts, sondern die Schaffung günstiger Bedingungen. Nicht die Züchtung demokratischer Pflänzchen, sondern die Pflege des Bodens, auf dem sie gedeihen können. Und dieser Boden heißt Frieden. Denn nichts steht der Demokratisierung eines Landes mehr entgegen als Krieg und Kriegsgefahr. Ein Land wie der Iran etwa, das sich von äußeren Feinden bedrängt fühlt, wird sich nicht innerlich befreien. Wer bedroht wird, setzt im Zweifelsfall auf Sicherheit statt Freiheit. Eine Regierung, die von außen unter Druck steht, gibt den Druck nach innen weiter. Jede Unterdrückung kann sie mühelos mit dem Schutz vor den Feinden rechtfertigen, jeden Regierungskritiker als ihren Handlanger verleumden. Und eine Bevölkerung, die sich von außen bedroht sieht, schart sich um ihre Staatsführung, sei sie auch noch so brutal.

Nur wenn die Panzermotoren nicht mehr rasseln, haben Worte eine Chance. Nur wenn das Denken nicht mehr um den Feind kreist, kann es sich öffnen und neue Wege einschlagen. Nur wer in einer einigermaßen entspannten Nachbarschaft lebt, wird innere Spannungen zulassen. So waren auch die demokratischen Durchbrüche in Osteuropa 1989 erst möglich, nachdem sich der Ost-West-Konflikt entspannt hatte. Wer also äußere Spannungen abbaut, räumt einer Demokratisierung dicke Brocken aus dem Weg. Eine behutsame, vermittelnde, streitschlichtende Außenpolitik ist eines der wichtigsten Instrumente der Demokratieförderung. Sie fördert die demokratischen Kräfte, indem sie den staatlichen Zuchtmeistern ihren wichtigsten Vorwand nimmt, zur Peitsche zu greifen: den Verweis auf die äußere Bedrohung.

Umgekehrt heißt das: Wer die Spannungen in einer spannungsgeladenen Region aufheizt, verhindert die Entstehung einer gesellschaftlichen Temperatur, die der demokratische Geist zum Keimen braucht. Wer verfeindete Autokraten aufrüstet und die einen gegen die anderen aufhetzt, betreibt das Geschäft der Antidemokraten. Da kann das Wort Demokratie noch so fett auf den rhetorischen Fahnen stehen.

Handel mit autokratisch regierten Ländern indessen steht einer Demokratisierung nicht grundsätzlich entgegen. Im Gegenteil, Handel schafft Wohlstand und der gehört zu den günstigen Bedingungen für die Entwicklung einer Demokratie. Erst wer sich nicht täglich wegen seines wirtschaftlichen Wohls die Haare raufen muss, hat den Kopf frei für ein politisches Engagement, das über den Tag hinaus anhält.

Aus diesem Grund begünstigt übrigens auch eine vernünftige globale Umweltpolitik die Demokratisierung. Huch, was ist denn das jetzt für eine grüne Grätsche, Umwelt hat doch nichts Demokratie zu tun? Oh doch, sogar sehr viel. Denn wem die Wüste den Sand auf den dürren Acker weht, sieht in Wahlen eher wenig Sinn. Wer bei einer Überschwemmung radikal alles verliert, wird leicht radikal. Wer sich um sein Überleben sorgt, sorgt sich nicht um die Freiheit aller. Deshalb: Ein stabiles Weltklima ist auch ein Klima, in dem die Demokratie besser wächst.

Ach ja, seufzt vielleicht mancher, Demokratisierung mag megawichtig sein, aber sie ist weit, weit weg. Ist sie nicht der Job weniger wackerer Marathon-Idealisten, die die Fackel der Freiheit in ferne, dunkle Diktaturen tragen? Oder vielleicht von Experten, die in Weltklimakonferenzen über 2 oder 2,5 Grad globalen Temperaturanstieg beraten? Aber doch nicht die Aufgabe von Hinz und Kunz hier und nebenan? Doch, denn das vielleicht wichtigste für die Demokratie in der Welt ist dasjenige, was wir vor der eigenen Haustür tun. Es geht nicht allein darum, die demokratischen Pflänzchen andernorts zu päppeln, nicht nur für ihren fruchtbaren Boden zu sorgen, sondern vor allem auch selbst einen vorbildlichen Garten zu haben. Denn nichts macht Demokratie so attraktiv wie lebendige Demokratien. Nichts macht die Anerkennung von Freiheit und Gleichheit so sympathisch wie das Vorbild einer gelingenden Ordnung der Freien und Gleichen.

Sollten wir also wie auf dem Hamburger Fischmarkt unsere Demokratie als leckersten Aal lautstark anpreisen? Sollten wir im Weltkonzert besonders laut tröten, um allen zu zeigen, wie man's macht? Nein, wie gesagt, ein demokratischer Triumphalismus ist fehl am Platze. Nicht nur mag niemand bedrängt und belehrt werden, sondern für Hochmut besteht auch kein Anlass. Denn unsere Demokratie ist selbst entwicklungsbedürftig. Freiheit und Gleichheit sind das Leitbild, doch nicht die volle Wirklichkeit. Im Großen und Ganzen gedeiht unser demokratischer Garten, aber er hat hässliche Lücken und das Unkraut wuchert an vielen Stellen. Die extreme soziale Ungleichheit verzerrt die politische Gleichheit, ein intransparenter Lobbyismus trägt das Seinige dazu bei. Die direkte Mitbestimmung des Volkes ist auf Bundesebene gleich Null und der Wahlverzicht schwächt die Legitimität politischer Entscheidungen. Diskursverweigerung, Intoleranz, Politik-, Parteien- und Demokratiemüdigkeit sind gefährliche Viruserkrankungen, die unser demokratisches Biotop befallen.

Demokratische Selbstgerechtigkeit ist also nicht angesagt. Aber demokratische Verschämtheit ebenso wenig. Wir dürfen in bescheidenem Stolz auf das Erreichte verweisen und müssen zugleich an unserer Demokratie weiter bauen. Wie wir mit ihr umgehen, wirkt sich langfristig auf die globale Lage der Demokratie aus. Die Demokratisierung unserer Demokratie ist ein Beitrag zur Demokratisierung der Welt.

Auf der anderen Seite bedeutet das: Kaum etwas bringt die demokratische Idee so sehr in Verruf wie demokratische Staaten, die die demokratische Idee verhöhnen. Wer die Demokratie feiert, sich aber nicht daran stört, dass politischer Einfluss an Reichtum hängt, fördert die Meinung, dass Demokratie nur die uralte Ungerechtigkeit in hübscherer Verpackung ist. Wer von Menschenwürde redet, aber bestimmte Gruppen von Menschen pauschal verdammt, erweist der Demokratie einen schlechten Dienst. Wem der Einzelne nichts gilt, liefert aller Welt einen bequemen Vorwand, es ebenso zu halten.

Aber nicht nur der Ignoranz von innen müssen wir entschieden entgegentreten, sondern ebenso der Aggression von außen. Denn unsere freiheitliche Ordnung ist den Feinden der Freiheit ein Dorn im Auge. Schlägertrupps an Erdoğans Leine bedrohen deutsche Politiker türkischer Herkunft und andere Menschen, die gegen das türkische Regime Position beziehen. Russische Trollfabriken setzen üble Gerüchte in die Welt, kapern Diskussionsforen und versuchen so, Unfrieden bei uns zu säen. Solche Machenschaften müssen wir stoppen oder zumindest erschweren. Wer Schwäche zeigt, gilt den Feinden der Demokratie als Schwächling. Nur eine wehrhafte Demokratie ist eine starke und vorbildliche Demokratie.

# SCHLUSS:
# ÜBER SINN UND ZUKUNFT
# DER DEMOKRATIE

Demokratie als größte Erfindung der Menschheit. Die einzige politische Ordnung, die dem Menschen gerecht wird. So lautete das monumentale Versprechen. Das klang nach einer runden Sache. Doch als was hat sich die Demokratie nun entpuppt? Als ein hochkompliziertes Gemenge mit vielen verschiedenen Schichten, als Mosaik aus zig Einzelteilen, als Wimmelbild und als ein Netz von Spannungen.

Was für Spannungen? Hier eine Auswahl: die Spannung zwischen Freiheit und staatlichem Zwang, zwischen Volksherrschaft und Freiheitsrechten, zwischen Streit und Kompromissbereitschaft, zwischen Mehrheitsentscheidungen und Minderheitenschutz, zwischen Teilhabe und Führung, zwischen Beteiligung und Vermittlung, zwischen Herrschaft und Herrschaftsbegrenzung, zwischen Vertrauen und Misstrauen, zwischen Gemeinschaft und Fremdheit, zwischen Miteinander und Gegeneinander. Einerseits ist die Demokratie eine Ordnung festgefügter politischer Institutionen, andererseits eine Zivilgesellschaft, die beweglich und offen ist. Einerseits geht es um die Selbstherrschaft einer bestimmten Gemeinschaft, andererseits um universale moralische Werte. Einerseits soll jeder denken können, was ihm gefällt, andererseits ist die Demokratie auf bestimmte Überzeugungen angewiesen.

Herrje, Spannungen sind ja ganz schön, jeder gute Roman lebt davon, aber ist das nicht ein bisschen viel, was hier von allen Seiten an der Demokratie zieht und zerrt wie ein Orkan an einer Zeltplane? Mehr noch, ist die Demokratie überhaupt *eines?* Oder handelt es sich stattdessen um ein Puzzle unvereinbarer Teile, die von dem Wort Demokratie als rhetorischem Tesafilm nur notdürftig zusammengeklebt werden?

Nein, die Demokratie bildet sehr wohl eine Einheit. Ihre Spannungen reißen nicht von außen an ihr, sie sind keine Fehlfunktion, keine bedauerlichen Begleiterscheinungen, sondern die Demokratie besteht gerade in diesen Spannungen – und in ihrem fortwährenden Ausgleich. Jeder Versuch, die Demokratie auf einen Pol zu reduzieren, droht daher, sie zu ruinieren. Denn erst in diesem vibrierenden Spannungsfeld öffnet sich der Raum, in dem der Einzelne sich entfalten kann. Nur hier kann er als Freier unter Freien und als Gleicher unter Gleichen leben.

Beispiel Streit und Kompromissbereitschaft: Ohne Streit haben die gegensätzlichen Sichtweisen der Bürger nicht die gleiche Chance, sich durchzusetzen. Doch ohne Kompromissbereitschaft drohen Entscheidungsstillstand und übermäßige Polarisierung, was den Interessen der Einzelnen ebenso wenig dient.

Beispiel Gemeinschaft und Fremdheit: Ohne ein Minimum an Gemeinschaftlichkeit ist keine gemeinsame Selbstbestimmung möglich. Doch zu viel Gemeinschaft droht den Einzelnen zu erdrücken. Ein gewisses Maß an Fremdheit zwischen den Bürgern ist nicht nur unvermeidlich, sondern verschafft auch der individuellen Selbstbestimmung erst ihren Platz.

Beispiel Meinungsfreiheit und Bedarf an gewissen Einstellungen: Der demokratische Rechtsstaat verlangt keine bestimmten Überzeugungen, er lässt die Einzelnen frei. Doch ohne dass wenigstens eine Mehrheit der Bevölkerung von der Demokratie überzeugt ist, droht genaue diese freie Ordnung kaputtzugehen.

Wir sehen: Die Spannungsgeladenheit der Demokratie ist kein Missgeschick, sondern goldrichtig. Ihre verschiedenen Elemente sind kein wildes Sammelsurium aus dem politischen Krämerladen, sondern im Wesen der Demokratie angelegt. Und spätestens jetzt wird offenkundig, inwiefern die Demokratie ihr großes Versprechen halten kann. Warum sie also die einzige Art des politischen Zusammenlebens ist, die dem Menschen gerecht wird. Sie wird ihm gerecht, weil sie dem Einzelnen gerecht wird. Denn den Menschen gibt es nur als Einzelnen. Ihm Geltung zu verschaffen, ist der Sinn der Demokratie.

Noch einmal für die Vergesslichen unter uns: Einzeln heißt nicht vereinzelt, sondern Individualität. Und ein Individuum zu sein, muss keineswegs bedeuten, kreischend originell zu sein, aus dem Rahmen zu fallen, alles anders zu machen. Es heißt schlichtweg, ein Mensch zu sein, den es kein zweites Mal gibt. Und das gilt für jedes menschliche Individuum. Das Individuum ist die Grundlage jeder Gemeinschaft. Es gibt keine Gemeinschaft ohne Einzelne, und keinen Einzelnen ohne Bezug zu Gemeinschaft. Einen grundsätzlichen Gegensatz zwischen Gemeinschaft und Individualität zu behaupten, ist daher töricht. Der große Graben, der sich durch die Welt zieht, verläuft nicht zwischen dem Einzelnen und der Gemeinschaft, sondern zwischen Gemeinschaften, in denen jeder Einzelne zählt, und Gemeinschaften, in denen er nichts zählt. Und was *staatliche* Gemeinschaften angeht, gibt es nur eine Art, die auf der hellen Seite des Grabens steht: die Demokratie. Sie ist die einzige Staatsform, die dem Einzelnen als einem Gemeinschaftswesen gerecht wird.

Wow. Ist das nicht ein arg holzschnittartiges Bild? Auf gröbste Weise behauen mit dem idealistischen Vorschlaghammer statt mit einem feinen empirischen Konturenmesser? Ungerecht bis weit über die Schmerzgrenze? Keineswegs. Denn natürlich gibt es viele unterschiedliche staatliche Gemeinschaften, weit mehr als der Regenbogen Farben hat. Und die Demokratie selbst tritt in zahlreichen Spielarten auf. Grauzonen und Übergänge gibt es noch und nöcher, zweifellos. Und ja, selbstverständlich ist keine Gemeinschaft ohne Makel, erst recht keine staatliche Gemeinschaft. Aber wenn es zum Schwur kommt, ist das die Gretchenfrage, vor der jede staatliche Gemeinschaft steht: Wie hältst du es mit dem einzelnen Menschen? Nur die Demokratie kann darauf eine positive Antwort geben.

Es gibt keine undemokratischen Regime, für die der Einzelne zählt. Es gibt nur viele Menschen in solchen Ländern, die nicht bemerken, dass sie nichts zählen. So lange, bis ihre Kinder beim Brand eines Einkaufszentrums umkommen, bei dessen Bau die Brandschutzbestimmungen im Morast der Korruption untergegangen sind, die das ganze Land verklebt. So lange, wie sie nicht einer kulturellen Minderheit angehören, für die im herrschenden Konzept einer nationalen Identität kein Platz ist. So lange, bis eine Freundin unter seltsamen Umständen stirbt und die Polizei an Aufklärung nicht interessiert ist, weil die Freundin einem Mächtigen in die Quere gekommen war. So lange, bis sie versuchen, etwas zu verändern, und sehen müssen, dass dies nicht vorgesehen ist. So lange, bis sie doch ein Protestchen wagen, worauf ihre Firma sie in der nächsten Woche leider, leider entlassen muss. So lange, wie sie nicht aus der Reihe tanzen, auffallen und anecken. So lange, wie sie nicht zu spüren bekommen, dass sie keine echte Bedeutung für den Staat haben, dass sie allenfalls Stimmvieh sind, nützliche Idioten, lebendige Playmobilmännchen und -weibchen in der Hand der Herrschenden.

Auch in Demokratien kommt der Einzelne zuweilen unter die Räder? Menschen leiden unter polizeilichen Übergriffen, sitzen unschuldig im Gefängnis, werden in diskriminierende Schubladen gesteckt, werden mit ihren fundamentalen Interessen nicht berücksichtigt? Ja, das passiert, und jeder einzelne Fall ist einer zu viel. Aber das ist nicht der Demokratie anzulasten, sondern ihrer mangelhaften Verwirklichung. Davon abzuleiten, dass die Demokratie dem Einzelnen nicht gerecht wird, ist so logisch wie zu sagen: Manche Suppe ist versalzen, deshalb sind Suppen grundsätzlich zu salzig. Oder, passender: Die Menschenwürde wird immer wieder verletzt, folglich gibt es keine Menschenwürde. Wir müssen unterscheiden zwischen dem Sein und dem Sollen, zwischen den Fragen: Wie *ist* es? Und wie *soll* es sein? Und die starke Stellung des Einzelnen ist das Sollen der Demokratie. Nicht ein unverbindliches Sollen wie die neueste Diätempfehlung aus der *Brigitte*, sondern ein kategorisches Sollen, das der Demokratie eingeschrieben ist wie ein genetischer Code.

Die realen Demokratien werden diesem Sollen oft nicht gerecht. Auch unsere Demokratie. Wir müssen das demokratische Sein immer wieder am demokratischen Sollen messen, nüchtern und un-

238

nachgiebig. Doch genauso müssen wir uns fragen, welches Sein, also welche Staatsform diesem Sollen am nächsten kommt. Und welche überhaupt dem Einzelnen gerecht werden kann. Mit anderen Worten: Wir sollten nicht nur auf die blasse Realität starren, sondern ebenso das Potenzial begreifen. Und so wie wir einen halbgeschliffenen Diamanten nicht wegwerfen, weil er nur halbgeschliffen ist, sondern ihn weiterschleifen, so sollten wir unsere Demokratie nicht verwerfen, weil sie Mängel aufweist. Die Chance auf Freiheit und Gleichheit liegt nicht jenseits der Demokratie, sondern nur in ihr. Die Menschenwürde ist nicht woanders besser aufgehoben, sondern allein in der Demokratie. Deshalb sollten wir weiterschleifen.

Manche Zeitgenossen scheinen jedoch wertlose Kieselsteine halbgeschliffenen Diamanten vorzuziehen. Die meisten Menschen in Deutschland befürworten zwar immer noch die Demokratie, aber fast jeder zweite kann sich auch gut etwas anderes vorstellen. 6 % wünschen sich einen »starken Mann«, der ungehindert von Parlamenten und Gerichten das Land regiert. Das klingt nach einer kleinen Minderheit. Doch 44 % können sich eine Expertenregierung vorstellen, die nicht demokratisch legitimiert ist. Das heißt, fast die Hälfte der Bevölkerung fremdelt mit der Demokratie.

Im Vergleich mit anderen Ländern sind das noch großartige Zahlen. In Frankreich bevorzugen nur 35 % eindeutig ein demokratisches System. 12 % können sich auch einen autoritären Führer vorstellen, 17 % sogar eine Militärherrschaft. In Ungarn sieht es noch düsterer aus. Hier stehen gerade mal 18 % hinter der Demokratie, und drei Viertel der Bevölkerung liebäugeln mit nicht-demokratischen Herrschaftsformen.

Die Zukunft der Demokratie hängt vor allem von denen ab, die in Zukunft leben und entscheiden werden: von den jungen Menschen also. Und sind sie nicht die besseren, überzeugteren Demokraten? Leider sieht es nicht danach aus. In vielen Ländern halten die Unter-Dreißigjährigen Demokratie für weniger wichtig als Angehörige älterer Generationen. Auch in Deutschland.

Wo liegt die Gefahr? Wird bald eine antidemokratische Regierung die Macht übernehmen? Wird jemand das Kanzleramt stürmen und

sich zum Diktator aufschwingen? Wird gar Barbarossa aus dem Kyff-
häuser steigen und das Zepter schwingen? Oh nein, der Putsch, die
plötzliche Machtübernahme eines offenkundig undemokratischen
Herrschers ist nur eine Variante, die Demokratie zu zerstören. Und
bei uns die unwahrscheinlichste.

Viel wahrscheinlicher ist der schrittweise Abbau demokratischer
Errungenschaften, die allmähliche Erosion des demokratischen Bodens. Und das nicht etwa unter dem Banner der Diktatur, sondern
unter Wahrung der demokratischen Fassade. Demokratien macht
man heutzutage im Namen der Demokratie kaputt. Im Namen des
Volkes, womit nur bestimmte Teile des Volkes gemeint sind, so dass
die anderen herausfallen. Im Namen der nationalen Kultur, die eng
und monolithisch verstanden wird, so dass die demokratische Gemeinschaft gespalten wird. Im Namen der Mehrheit, die sich rücksichtslos durchsetzt, so dass die Minderheit an den Rand gedrängt
wird. Im Namen der Freiheit, die verkürzt wird auf die Freiheit des
Geldverdienens und -vererbens, so dass sich die demokratische
Gleichheit immer weiter auflöst. Im Namen der freien Meinungsäußerung, die mit Feindseligkeit und Beleidigung verwechselt wird, so
dass kein demokratisches Miteinander mehr möglich ist. Im Namen
des effizienten Regierens, dem Parlamente und lange öffentliche Diskussionen nur im Wege stehen, so dass die Beteiligung der Bürger auf
der Strecke bleibt. Im Namen der Sicherheit, so dass jeder Gegner mit
dem Fluch des Terrorismusverdachts belegt werden kann.

Gefährlich sind aber nicht nur die Übelwollenden, nicht nur die
undemokratischen Wölfe im demokratischen Schafspelz, sondern
auch die vielen demokratischen Schäfchen, die sich damit zufriedengeben, genüsslich ihr Gras zu mümmeln. Ebenso die naiven Schafe,
die »weiter so« blöken, es wird schon alles gut gehen, bisher ging
ja auch alles gut. Die kurzsichtigen Schafe, die meinen, so lange sie
nicht gefressen werden, müssen sie sich nicht um die Herde scheren.
Die eingeschnappten Schafe, die sich von der Herde abwenden und
glauben, es gebe gar keine Demokratie, und die demokratischen Errungenschaften geringschätzen. Ja, es müssen überhaupt nicht viele
Wölfe umherschleichen, um die Demokratie zu zerstören. Das wich-

240

tigste ist eine Herde von Gleichgültigen und Desinteressierten, von Naivlingen, Egoisten, Beleidigten und Verächtern.

Nun mal halb lang, wird mancher abwinken. In unserer Demokratie liegt zwar manches im Argen, aber man muss ja den Teufel nicht an die Wand malen. Nein, das müssen wir nicht, aber ebenso wenig sollten wir die Bedrohungen der Demokratie kleinreden, weder hierzulande noch anderswo. Dazu gehören die wachsende Entfremdung von der Demokratie und ihre Geringschätzung. Die zunehmenden Angriffe auf Politiker und der Hass auf Medien. Die zerstörerische soziale Ungleichheit und die dreiste einseitige Durchsetzung mächtiger Interessengruppen. Das Übergehen der Parlamente bei wichtigen Beschlüssen und die Verweigerung der politischen Debatte seitens politischer Entscheidungsträger. Die unzureichenden politischen Beteiligungsmöglichkeiten und die immer weiter verschärfte Überwachung der Bürger. Die Intoleranz und Verachtung zwischen verschiedenen Zweigen der Gesellschaft.

Starker pessimistischer Tobak? Kann sein. Es kann aber auch sein, dass es uns an Vorstellungskraft mangelt. Dass wir zu sehr auf die Stabilität der demokratischen Institutionen vertrauen. Dass wir zu sehr die Gegenwart einfach in die Zukunft verlängern. Hätte man den spätantiken Römern den Untergang ihres scheinbar ewigen Reiches vorhergesagt, wäre ihnen das auch lachhaft vorgekommen. Als dann im Jahre 410 die Westgoten unter Alarich Rom plünderten, war der Schrecken gewaltig.

Einen blinden Glauben an die Zukunft können wir uns also nicht erlauben. Einfach so weiterzuwursteln wie bisher, kann nicht die Lösung sein. Vor allem diejenigen, die von der Demokratie nicht (mehr) überzeugt sind, werden wir nicht überzeugen, indem wir sagen: Ist alles in Ordnung so, wie es ist. Die Unüberzeugten sind nicht überzeugt, weil einiges an unserer Demokratie, wie sie heute ist, nicht überzeugt. Weil sie hässliche Mängel aufweist. Weil das Versprechen, den Einzelnen zur Geltung kommen zu lassen, für viele Einzelne unzureichend eingelöst wird. Deshalb: Wir können die Demokratie nur retten, wenn wir sie weiterentwickeln. Es wird mit ihr nur dann nicht abwärts gehen, wenn es mit ihr aufwärts geht. Wenn wir das Verspre-

241

chen auf politische Mitsprache ernsthafter verwirklichen, wenn wir den intransparenten Lobbyismus in den Griff kriegen, wenn wir die beschämende Ungerechtigkeit reduzieren, wenn wir die ausufernde Bürgerüberwachung begrenzen und manches mehr. Wenn wir also all das bekämpfen, was das Ideal von Freiheit und Gleichheit so schmerzlich verletzt.

Letztlich weiß keiner, wie es mit der Demokratie weitergehen wird – weder im Allgemeinen mit der Demokratie in der Welt noch mit unserer Demokratie in Deutschland. Eines aber wissen wir ganz genau: wie es mit unserer Demokratie weitergeht, hängt von uns ab. Erstens weil institutionelle, politische Veränderungen nur durch unseren beharrlichen Druck zustanden kommen. Zweitens weil die Demokratie von unseren Einstellungen lebt, von unserem Umgang miteinander, von unserem Denken, Reden und Handeln. Und von unseren Erwartungen: davon, ob wir verstehen, wofür die Demokratie da ist, was sie ist und was sie kann und was sie soll – und was nicht.

Ob die demokratische Krise nur eine Midlife-Crisis ist oder eine Altersdepression, ist also kein Schicksal, sondern das haben wir in der Hand. Es ist derselbe Grund, warum die Demokratie einzigartig ist, warum sie grundsätzlich absturzgefährdet ist und warum sie eine blühende Zukunft haben kann: weil sie auf den Einzelnen baut, weil sie von den vielen Einzelnen abhängig ist. Davon, was jeder von uns tut.

# Danksagung

Für die Lektüre verschiedener Teile und Fassungen des Manuskripts, für die kritische Diskussion und wertvolle Hinweise danke ich sehr herzlich Jochen von Bernstorff, Anke Klatt, Robert Ranisch, Johannes Roth, Markus Rothhaar, Susanne Schulenburg, Manfred Brocker und den Teilnehmerinnen seines Oberseminars zur Demokratietheorie. Ein großer Dank gilt außerdem Frank Schindler, der das Buchprojekt im Verlag von Anfang an engagiert unterstützt hat.

# Anmerkungen

Um den Lesefluss nicht zu stören, wurde im Text auf Fußnoten und Literaturverweise verzichtet. Um interessierten Lesern dennoch eine vertiefte Auseinandersetzung zu ermöglichen, werden im Folgenden einige Schnittstellen mit der demokratietheoretischen Diskussion transparent gemacht sowie einige Nachweise geliefert.

## 1 ÜBER FREIHEIT, GLEICHHEIT UND MENSCHENWÜRDE

S. 6 ff.: Eine Zusammenstellung einflussreicher Texte in der Debatte um Freiheit bietet der Sammelband von *Philipp Schink: Freiheit. Zeitgenössische Texte zu einer philosophischen Kontroverse*, Berlin: Suhrkamp 2017.

S. 8: Die Gedanken, dass Freiheit in verschiedenen Freiheiten besteht, die auch im Widerstreit miteinander liegen können, sowie dass es nicht allein auf das Maß der Freiheiten ankommt, sondern v. a. auch auf das Was und Wie der Freiheit, vertritt in letzter Zeit im deutschsprachigen Bereich u. a. *Claus Dierksmeier: Qualitative Freiheit. Selbstbestimmung in weltbürgerlicher Verantwortung*, Bielefeld: transcript 2016.

S. 8: Die zentrale Rolle der Grundfreiheiten wird z. B. von *John Rawls* in seinem bahnbrechenden Werk *Eine Theorie der Gerechtigkeit* begründet: *Frankfurt a. M.: Suhrkamp 1979 (Original 1971), S. 81, 223 ff.*

S. 9: Zum Begriff der liberalen Demokratie: Die Begriffe »liberal« und »Liberalismus« werden auf unterschiedliche Weise verwendet. Zum einen im Sinn einer parteipolitischen Richtung und zum anderen im Sinne einer Strömung der politischen Philosophie. Der erste, parteipolitische Sinn spielt hier keine Rolle. Doch auch der zweite, theoretische Begriff hat unterschiedliche Bedeutungen. Einmal wird er in einem engeren Sinne gebraucht, dem nur einige Vertreter der modernen politischen Theorie zugeordnet werden, wie beispielsweise *John Rawls: Politischer Liberalismus*, Frankfurt a. M.: Suhrkamp 2003 (Original 1993) oder *Isaiah Berlin: Zwei Freiheitsbegriffe, in: ders.: Freiheit. Vier Versuche*, Frankfurt a. M.: S. Fischer 1995, S. 197–256 (Original 1969). Von diesem engeren Verständnis des Liberalismus grenzen sich viele demokratietheoretische Strömungen ausdrücklich ab, wie die deliberative, die partizipatorische, die agonale, die kommunitaristische und republikanische Demokratietheorie, die dennoch allesamt in einem weiteren Sinne Grundüberzeugungen des Liberalismus teilen, nämlich die Wertschätzung des Individuums und die zentrale Bedeutung individueller Freiheitsrechte. In diesem grundlegenden und weiten Sinne ist hier von liberaler Demokratie die Rede.

S. 9: Illiberale Demokratie: Der ungarische Ministerpräsident *Viktor Orbán* strebt nach eigenen Worten einen illiberalen Staat an: *https://budapestbeacon.com/full-text-of-viktor-orbans-speech-at-baile-tusnad-tusnadfurdo-of-26-july-2014* (28. 5. 2018).

S. 10 f.: Den engen Zusammenhang von

Freiheit und freiheitsermöglichenden ökonomischen Bedingungen betont u. a. der indische Ökonom und Philosoph *Amartya Sen: Ökonomie für den Menschen. Wege zu Gerechtigkeit und Solidarität in der Marktwirtschaft, 4. Aufl., München: Deutscher Taschenbuch Verlag 2007 (Original 1999).*

S. 11 f.: Eine klassische Begründung für den Wert individueller Freiheit und zugleich ein leidenschaftliches Plädoyer dafür findet sich bei *John Stuart Mill: On Liberty / Über die Freiheit, Stuttgart: Reclam 2009 (Original 1859).*

S. 14 f.: Zum universellen Wert der Freiheit und damit der Demokratie vgl. *Amartya Sen: Democracy as a Universal Value, in: Journal of Democracy 10, Heft 3 (1999), S. 3 – 17.* Sen nennt neben dem intrinsischen Wert der Freiheit noch zwei weitere universelle Werte der Demokratie, nämlich den instrumentellen Wert, dass sie die Interessen der Menschen besser zur Geltung bringt, sowie den konstruktiven Wert der Fähigkeit, die Werte und Bedürfnisse der Menschen überhaupt erst zu klären. Vgl. auch *Amartya Sen: Ökonomie für den Menschen. Wege zu Gerechtigkeit und Solidarität in der Marktwirtschaft, 4. Aufl., München: Deutscher Taschenbuch Verlag 2007 (Original 1999, S. 277 – 287.*

S. 14: *Raif Badawi: 1000 Peitschenhiebe. Weil ich sage, was ich denke, hg., eingeleitet und kommentiert v. Constantin Schreiber, Bundeszentrale für politische Bildung, Bonn 2015.*

S. 14: *Malala Yousafzai: Ich bin Malala. Das Mädchen, das die Taliban erschießen wollten, weil es für das Recht auf Bildung kämpft, München: Knaur 2014 (Original 2013).*

S. 14: *Kasha Jacqueline Nabagesera: www.rightlivelihoodaward.org/laureates/ kasha-jacqueline-nabagesera-sw* (28. 5. 2018) und *www.amnesty.de/journal/2015/dezember/ die-bewegung-braucht-ein-gesicht* (28. 5. 2018).

S. 15: *Liao Yiwu: Für ein Lied und hundert Lieder. Ein Zeugenbericht aus chinesischen Gefängnissen, Frankfurt a. M.: S. Fischer 2011.*

S. 15: Selbstwidersprüche: vgl. grundsätzlicher zum Problem des ethischen Relativismus die prägnante Kritik von *Peter Schaber: Ethischer Relativismus: eine kohärente Doktrin?, in: Nikola Biller-Andorno, Annette Schulz-Baldes, ders. (Hg.): Gibt es eine universale Bioethik? Paderborn: mentis 2008, S. 159 – 168.*

S. 16 f.: Die Begründung der politischen Freiheit als Form und Gewährleistung bürgerlicher Freiheit geht maßgeblich auf den französischen Philosophen *Jean-Jacques Rousseau* zurück: *Vom Gesellschaftsvertrag oder Grundsätze des Staatsrechts, Stuttgart: Philipp Reclam Jun. 2008 (Original 1762).* Das Werk ist daher demokratietheoretisch bahnbrechend, auch wenn Rousseau der Demokratie dem Begriff nach kritisch gegenübersteht und mit der fiktiven Idee eines einheitlichen Gemeinwillens im Widerspruch zum Pluralismus steht und damit zu einem der Kernelemente moderner Demokratie. Das Verständnis von demokratischer Selbstbestimmung als Verwirklichung von Freiheit wird heute u. a. in der republikanischen Demokratietheorie stark gemacht, vgl. z. B. *Philip Pettit: Gerechte Freiheit. Ein moralischer Kompass für eine komplexe Welt, Berlin: Suhrkamp 2015 (Original 2014); Michael J. Sandel: Liberalismus oder Republikanismus. Von der Notwendigkeit der Bürgertugend, Wien: Passagen Verlag 1995.* Aber auch in der deliberativen Demokratietheorie des Philosophen und Sozialwissenschaftlers *Jürgen Habermas* taucht der Gedanke als These von der Gleichursprünglichkeit von privater und politischer Autonomie auf: *Faktizität und Geltung. Beiträge zur Diskurstheorie des Rechts und des*

demokratischen Rechtsstaats, Frankfurt a. M.:
Suhrkamp 1992, S. 155 ff.

S. 21 f.: Den engen Zusammenhang zwischen Freiheit und Gleichheit betont und untersucht u. a. *Julian Nida-Rümelin: Eine Verteidigung von Freiheit und Gleichheit*, in: ders.: *Demokratie und Wahrheit*, München: Beck 2006, S. 114–153. Andere betonen den Gegensatz zwischen Freiheit und Gleichheit. Klassisch ist hier *Alexis de Tocqueville: Über die Demokratie in Amerika*, Stuttgart 1985 (Original 1835), in jüngerer Zeit u. a.: *Chantal Mouffe: Für ein agonistisches Demokratiemodell*, in: dies.: *Das demokratische Paradox*, Wien 2008, S. 85–106 (Original 2000).

S. 21: Verschiedene Studien zeigen, dass die Lebenserwartung maßgeblich von der sozioökonomischen Lage abhängt. In Deutschland sterben Menschen an oder unter der Armutsgrenze durchschnittlich 8 bis 10 Jahre früher als Wohlhabende. Vgl. *Robert-Koch-Institut (Hg.): Gesundheitliche Ungleichheit in verschiedenen Lebensphasen. Gesundheitsberichterstattung des Bundes. Gemeinsam getragen von RKI und Destatis*, Berlin: RKI 2017.

S. 23: Die Idee einer Beschränkung der politischen Mitspracherechte auf die Klugen ist so alt wie das Nachdenken über Demokratie selbst. In jüngster Zeit hat *Jason Brennan* sie pointiert neu formuliert: *Gegen Demokratie. Warum wir die Politik nicht den Unvernünftigen überlassen dürfen*, Berlin: Ullstein 2017 (Original 2016).

S. 24: Zur »traditionellen Antwort«: Diese Begründung für eine repräsentative Demokratie bzw. für die Republik als Filter für die Dummheit des Volkes findet sich in klassischen demokratietheoretischen Texten wie z. B. von *James Madison* in Nr. 10 der *Federalist Papers: Alexander Hamilton, James Madison, John Jay: Die Federalist Papers*, hg. v. Barbara Zehnpfennig, Darm-

stadt: Wiss. Buchgesellschaft 1993, S. 93–100 (Original 1787).

S. 26 f.: Den engen Zusammenhang zwischen sozialer und politischer Ungleichheit haben viele Studien nachgewiesen, vgl. z. B. die Arbeit des Politikwissenschaftlers *Armin Schäfer: Der Verlust politischer Gleichheit: Warum die sinkende Wahlbeteiligung der Demokratie schadet*, Frankfurt a. M.: Campus 2015. Vgl. auch *Wolfgang Merkel: Ungleichheit als Krankheit der Demokratie*, in: *Steffen Mau, Nadine M. Schöneck (Hg.): (Un-)Gerechte (Un-)Gleichheiten*, Berlin: Suhrkamp 2015, S. 185–194. Für die internationale Diskussion vgl. *Francis Fukuyama, Larry Diamond, Marc Plattner: Poverty, Inequality, and Democracy*, Baltimore: John Hopkins University Press 2012.

S. 28: »Herstellung gleichwertiger Lebensverhältnisse im Bundesgebiet« – Art. 72, Abs. 2 Grundgesetz. *Karl Marx, Friedrich Engels: Manifest der Kommunistischen Partei*, in: *Karl Marx: Die Frühschriften. Von 1837 bis zum Manifest der kommunistischen Partei 1848*, hg. v. Siegfried Landshut, Stuttgart: Kröner 1971, 525–560 (Original 1848).

S. 28: Einführend zum Thema Menschenwürde aus philosophischer Perspektive: *Peter Schaber: Menschenwürde*, Stuttgart: Reclam 2012.

S. 29 f.: »Die Würde des Menschen ist unantastbar. Sie zu achten und zu schützen ist Verpflichtung aller staatlichen Gewalt.« – Art. 1, Abs. 1 Grundgesetz.

S. 30: »In der freiheitlichen Demokratie ist die Würde des Menschen der oberste Wert.« – BVerfG 5,85, S. 204. In seiner Entscheidung zum Vertrag von Lissabon führt das Bundesverfassungsgericht das Demokratieprinzip noch ausdrücklicher auf die Menschenwürde zurück: »Das Recht der Bürger, in Freiheit und Gleichheit durch Wahlen und Abstimmungen die öffentli-

che Gewalt personell und sachlich zu bestimmen, ist der elementare Bestandteil
des Demokratieprinzips. Der Anspruch
auf freie und gleiche Teilhabe an der öffentlichen Gewalt ist in der Würde des
Menschen (Art.1 Abs.1 GG) verankert.«
*(BVerfG 123, 267 – Urteil des Zweiten Senats*
*vom 30. Juni 2009).* Vgl. auch der Jurist
*Peter Häberle:* »In der Menschenwürde hat
Volkssouveränität ihren ›letzten‹ und ersten (!) Grund.« Aus: *Die Menschenwürde als*
*Grundlage der staatlichen Gemeinschaft, in:*
*Josef Isensee, Paul Kirchhof (Hg.): Handbuch*
*des Staatsrechts der Bundesrepublik Deutsch-*
*land, 3. Auflage, Bd. II: Verfassungsstaat, Hei-*
*delberg: C. F. Müller Verlag 2004, S. 317–367,*
hier: *Rdnr. 65.* Skeptisch dazu *Martin*
*Nettesheim: Über den Zusammenhang von*
*Menschenwürde und Demokratie, in: Regina*
*Ammicht Quinn, Thomas Potthast (Hg.): Ethik*
*in den Wissenschaften – 1 Konzept, 25 Jahre,*
*50 Perspektiven, Tübingen: IZEW 2015,*
*S.109–112.*
S. 30: »Das Deutsche Volk bekennt sich da-
*rum* zu unverletzlichen und unveräußerlichen Menschenrechten als Grundlage
jeder menschlichen Gemeinschaft, des
Friedens und der Gerechtigkeit in der
Welt.« – *Art.1, Abs.2 Grundgesetz* (Hervor-
hebung R. K.).
S. 30: Dass die Menschenwürde nicht
etwa ein Recht unter anderen Rechten ist,
sondern als das zugrundeliegende Prinzip
des Rechts, insbesondere der Grundrechte,
verstanden werden muss, zeigt

der Philosoph *Markus Rothhaar: Die Men-*
*schenwürde als Prinzip des Rechts. Eine rechts-*
*philosophische Rekonstruktion, Tübingen: Mohr*
*Siebeck 2015.*
S. 30: Die Ideen von Menschenrechte und
Menschenwürde haben unterschiedliche Entstehungsgeschichten. Dass dennoch von Anfang an zwischen beiden ein
Zusammenhang bestand, wenn auch nur
implizit, nimmt u. a. auch *Jürgen Haber-*
*mas* an: *Das Konzept der Menschenwürde*
*und die realistische Utopie der Menschenrechte,*
*in: ders.: Zur Verfassung Europas. Ein Essay,*
*Berlin: Suhrkamp 2011, S.13–38.*
S. 32: Vgl. zur Demokratie im antiken
Athen *Angela Pabst: Die athenische Demo-*
*kratie, 2. Aufl., München: Beck 2010.*
S. 32: Zur Frage, wie neu die heutige Idee
der Menschenwürde ist: Der moderne,
moralische Sinn von Menschenwürde
wurde maßgeblich durch den Philosophen
*Immanuel Kant* geprägt: *Grundlegung zur*
*Metaphysik der Sitten, Hamburg: Meiner 1994,*
insb. *S. 428–436 (Original 1785).*
S. 33 f.: Die Überlegungen zu den Auswirkungen einer ausdrücklichen verfassungs-
rechtlichen Anerkennung der Menschenwürde im Vergleich zwischen Deutschland und den USA sind entnommen aus:
*Jan C. Joerden: Menschenwürdeschutz als*
*prägendes Element einer Rechtskultur, in:*
*Frank Saliger u. a. (Hg.): Rechtsstaatliches*
*Strafrecht. Festschrift für Ulfrid Neumann*
*zum 70. Geburtstag, Heidelberg: C. F. Müller*
*2017, S.159–170.*

## 2   ÜBER VIELFALT UND DAS DEMOKRATISCHE ENTSCHEIDEN

S. 35: Pluralität ist nach Ansicht der Philo-
sophin *Hannah Arendt* ein unhintergeh-
bares Faktum menschlicher Existenz:
*Vita Activa oder Vom tätigen Leben, 9. Aufl.*

*München: Piper 1997, S. 213 ff. (Original 1958).*
S. 35 f.: Den engen Zusammenhang von Demokratie und Pluralismus hat im deutschsprachigen Bereich als einer der ersten der

Politikwissenschaftler *Ernst Fraenkel* betont, wobei allerdings weniger die Pluralität der einzelnen Bürger als vielmehr der Interessengruppen im Fokus stand, vgl. u. a.: *Der Pluralismus als Strukturelement der freiheitlich-rechtsstaatlichen Demokratie, in: ders.: Deutschland und die westlichen Demokratien, Frankfurt a. M. 1991, S. 297–315 (Original 1964).* Heute ist die pluralistische Natur der Demokratie innerhalb der politischen Philosophie und der Politikwissenschaft weitestgehend unumstritten.

S. 36: Dass die antipluralistische Berufung auf einen fiktiven »wahren Volkswillen« Kern des politischen Populismus ist, ist die These des Politikwissenschaftlers *Jan-Werner Müller: Was ist Populismus? Ein Essay, Berlin: Suhrkamp 2016.*

S. 37: Die Wertschätzung des gesellschaftlichen Pluralismus als Quelle und Mittel der Wahrheitssuche findet sich u. a. schon beim britischen Philosophen *John Stuart Mill: On Liberty / Über die Freiheit, Stuttgart: Reclam 2009 (Original 1859).*

S. 37: »Prüfet alles und das Gute behaltet.« – *1. Thessalonicher 5,21.*

S. 38: Zum Vertrauen in der chinesischen Gesellschaft: *Jan-Philipp Sendker: Bloß weg hier, in: Die Zeit, Nr. 48/2016* und *Interview mit Ai Weiwei: China ist eine Gesellschaft ohne Vertrauen, in: Frankfurter Neue Presse, 3. 4. 2014, www.fnp.de/nachrichten/kultur/ Interview-China-ist-eine-Gesellschaft-ohne-Vertrauen;art679,799234 (28. 5. 2018),* vgl. auch *Dominik Linggi: Vertrauen in China. Ein kritischer Beitrag zur kulturvergleichenden Sozialforschung, Wiesbaden: VS Verlag 2011.*

S. 39 ff.: Der gesellschaftlich-politische Diskurs als wesentliches Element der Willensbildung und Entscheidungsfindung wird in vielen Demokratietheorien betont, besonders jedoch in der deliberativen Demokratietheorie, als deren wichtigster Vertre-

ter *Jürgen Habermas* gilt: *Faktizität und Geltung. Beiträge zur Diskurstheorie des Rechts und des demokratischen Rechtsstaats, Frankfurt a. M.: Suhrkamp 1992,* hier v. a. das Kapitel *Deliberative Politik – ein Verfahrensbegriff der Demokratie, S. 359–382.*

S. 40 f.: Zur Bedeutung der Öffentlichkeit vgl. auch *Hannah Arendt: Vita Activa oder Vom tätigen Leben, 9. Aufl. München: Piper 1997, Kap. 2.*

S. 41 f.: Die Idee des demokratischen Wählers als eines eigennützigen Nutzenmaximierers ist Kernelement der ökonomischen Demokratietheorie, als deren Hauptvertreter u. a. der US-amerikanische Politikwissenschaftler *Anthony Downs* gilt: *Ökonomische Theorie der Demokratie, Tübingen: Mohr 1968 (Original 1957).*

S. 45 f.: Zur Rechtfertigung der Mehrheitsregel aus den demokratischen Prinzipien von Freiheit und Gleichheit: *Ernst-Wolfgang Böckenförde: Demokratie als Verfassungsprinzip, in: Josef Isensee, Paul Kirchhof (Hg.): Handbuch des Staatsrechts der Bundesrepublik Deutschland, 3. Auflage, Bd. II: Verfassungsstaat, Heidelberg: C. F. Müller Verlag 2004, S. 429–496, hier: Rdnr. 52.*

S. 51 ff.: Der politikwissenschaftliche Klassiker, der für direkte Demokratie plädiert, ist: *Benjamin Barber: Starke Demokratie. Über die Teilhabe am Politischen, Hamburg 1994 (Original 1984).* Ein aktuelles und entschiedenes Plädoyer mit vielen Praxisbeispielen bietet *Ute Scheub: Demokratie. Die Unvollendete, München: oekom-Verlag 2017, www.oekom.de/fileadmin/buecher/ buecher_info_PDFs/Ute_Scheub_Demokratie. pdf (28. 5. 2018).* Eine kompakte Darstellung von Argumenten für bundesweite Volksentscheide sowie weitere Vorschläge zur Weiterentwicklung unserer Demokratie finden sich in dem Buch von *Gregor Hackmack: Demokratie einfach machen. Ein*

**249**

Update für unsere Politik, Hamburg: edition Körber-Stiftung 2014.

S. 54: Zur Einstellung der Bürger zu den repräsentativen Institutionen: Eine hohe und zunehmende Unzufriedenheit stellen etwa (in europäischer Perspektive) *Wolfgang Merkel* und *Werner Krause* fest: *Krise der Demokratie? Ansichten von Experten und Bürgern*, in: *Wolfgang Merkel (Hg.): Demokratie und Krise. Zum schwierigen Verhältnis zwischen Theorie und Empirie*, Wiesbaden: Springer VS 2015, S. 45–65, hier: S. 58 f.

S. 54 f.: Zur Einstellung der Deutschen zur direkten Demokratie: Bei einer Umfrage des Meinungsforschungsinstituts *YouGov* im Auftrag des *RedaktionsNetzwerks Deutschland (RND)* im September 2017 bejahten 72 % der befragten Bürger die Frage: »Sollten mehr Elemente direkter Demokratie wie Plebiszite oder Volksabstimmungen eingeführt werden?«, *www.rnd-news.de/Exklusive-News/Meldungen/Aeltere-News/Mehrheit-der-Deutschen-will-mehr-direkte-Demokratie* (28. 5. 2018). Dieselbe Zahl ergab sich bei einer Umfrage im April 2017 von *infratest dimap*, die von dem Verein *Mehr Demokratie* und dem *Omnibus für direkte Demokratie* in Auftrag gegeben wurde: *www.mehr-demokratie.de/fileadmin/pdf/2017-05-23_Umfrage-Volksabstimmung.pdf* (28. 5. 2018).

S. 55 f.: Dass sich nicht immer dieselben Personen an Volksentscheiden in der Schweiz beteiligen, geht aus den Forschungsergebnissen von *Uwe Serdült* hervor: *Partizipation als Norm und Artefakt in der schweizerischen Abstimmungsdemokratie: Entmystifizierung der durchschnittlichen Stimmbeteiligung anhand von Stimmregisterdaten aus der Stadt St. Gallen*, in: *Andrea Good, Bettina Platipodis (Hg.): Direkte Demokratie: Herausforderungen zwischen Politik und Recht:*

*Festschrift für Andreas Auer zum 65. Geburtstag*, Bern: Stämpfli 2013, S. 41–50.

S. 56: Auch der Staatsrechtler *Ernst-Wolfgang Böckenförde*, der die repräsentative Demokratie als wesentlich für die Demokratie versteht, sieht in der direkten Demokratie ein korrigierendes und ausgleichendes Element der repräsentativen Demokratie: *Demokratische Willensbildung und Repräsentation*, in: *Josef Isensee, Paul Kirchhof (Hg.): Handbuch des Staatsrechts der Bundesrepublik Deutschland, 3. Auflage, Bd. III: Demokratie – Bundesorgane*, Heidelberg: C. F. Müller Verlag 2005, S. 31–53.

S. 56 ff.: Eine abwägende und insgesamt eher kritische Bewertung direkter Demokratie auf empirischer Grundlage bietet der Politikwissenschaftler *Wolfgang Merkel: Volksabstimmungen: Illusion und Realität*, in: *Aus Politik und Zeitgeschichte 61, 31. Okt. 2011*, S. 47–55.

S. 57 f.: Zum Zusammenhang zwischen Verschuldung Schweizer Kommunen und dem Grad der Mitsprache vgl. *Lars P. Feld, Gebhard Kirchgässner: Does Direct Democracy Reduce Public Debt? Evidence from Swiss Municipalities*, in: *Public Choice, Volume 109, Heft 3–4 (Dezember 2001)*, S. 347–370.

S. 58: Zum Zusammenhang zwischen direkter Demokratie und Steuermoral: *Lars P. Feld: Weniger Steuerhinterzieher. Die direkte Demokratie fördert die Identifikation der Bürger mit dem Staat*, in: *Zeitzeichen. Evangelische Kommentare zu Religion und Gesellschaft (2002), Heft 9*, S. 33–36.

S. 58 f.: Die Skizze möglicher Verfahrensregeln für bundesweite Volksentscheide entspricht weitgehend dem detaillierten Vorschlag von *Mehr Demokratie: www.mehr-demokratie.de/themen/volksabstimmungen/bundesweite-volksabstimmung* (28. 5. 2018).

S. 59 f.: Für die Einführung des Losverfahrens plädierte in letzter Zeit u. a. der belgische Publizist *David Van Reybrouck: Gegen Wahlen. Warum Abstimmen nicht demokratisch ist*, Göttingen: Wallstein 2016.

S. 62: Die Tatsache, dass die politischen Entscheidungen mehrheitlich zu Lasten der Armen gehen, wurde für Deutschland u. a. in dem Armutsbericht der Bundesregierung aufgearbeitet, dessen Aussagen dazu vor Erscheinen von der Regierung deutlich abgeschwächt wurden: *www.armuts-und-reichtumsbericht.de/DE/ Bericht/Der-fuenfte-Bericht/Der-Bericht/ der-bericht (28. 5. 2018)*. Einige gestrichene Passagen aus der Ursprungsversion sind hier zu lesen: *www.deutschlandfunkkultur.de/ auszug-aus-der-originalversion-des-armuts-und. media.da7eb1d6fc7a29014c7682a09f782ce3.pdf (28. 5. 2018)*.

S. 65: Genaue Vorschläge für die gesetzgeberische Nachvollziehbarkeit, für eine »legislative Fußspur« macht der Verein *LobbyControl: www.lobbycontrol.de/ wp-content/uploads/lobbyreport-lc-2017-web-1.pdf (28. 5. 2018)*.

S. 66: Dass Menschen, die Geschenke empfangen, sich den Schenkenden gegenüber moralisch verpflichtet fühlen, zeigen die Studien von *Ulrike Malmendier* und *Klaus M. Schmidt: You Owe Me*, in: *American Economic Review, February 2017, Nr. 107 (2), S. 493–526 https://eml.berkeley.edu/~ulrike/ Papers/You%20Owe%20Me_Manuscript%20 with%20Tables.pdf (28. 5. 2018)*.

S. 66: Zur Deckelung der Höhe von Parteispenden: In Frankreich beispielsweise dürfen Privatpersonen höchstens 7500 Euro pro Jahr an Parteien spenden, Spenden von Unternehmen und Verbänden sind ganz verboten.

S. 66 ff.: Eine umfassende Kritik an Macht und Rolle der Parteien in der deutschen Demokratie findet sich bei dem Staatsrechtler und Publizisten *Herbert von Ar-*

nim: *Die Hebel der Macht und wer sie bedient. Parteienherrschaft statt Volkssouveränität*, München: Wilhelm Heyne 2017.

S. 71 f.: Zum Verhältnis von direkter Demokratie und Parteien in den deutschen Bundesländern vgl. *Eike-Christian Hornig: Intention und Effekt direkter Demokratie im deutschen Parteienstaat*, in: Oskar Niedermayer, Benjamin Höhne, Uwe Jun (Hg.): *Abkehr von den Parteien? Parteiendemokratie und Bürgerprotest*, Wiesbaden: Springer VS 2013, S. 125–142.

S. 72: Informationen zum Panaschieren und Kumulieren bietet u. a. der Verein *Mehr Demokratie: www.mehr-demokratie.de/ fileadmin/pdf/Themen20_Wahlrecht_ Kumulieren_Panaschieren.pdf (28. 5. 2018)*.

S. 73: Die Prognose einer Abstimmungslotterie bei völliger Aufhebung des Fraktionszwangs findet sich so auch bei *Klaus von Beyme: Demokratiereform als Reform der parlamentarischen Parteiendemokratie*, in: Claus Offe (Hg.): *Demokratisierung der Demokratie. Diagnosen und Reformvorschläge*, Frankfurt a. M.: Campus 2003, S. 27–42, hier: 34.

S. 75: Zahlreiche Beispiele für die Ämterpatronage der Parteien beschreibt *Herbert von Arnim: Die Hebel der Macht und wer sie bedient. Parteienherrschaft statt Volkssouveränität*, München: Wilhelm Heyne 2017.

S. 78: Zur Verbreitung von Korruption in der deutschen Politik: Nach einer internationalen Umfrage von *Transparency International* aus dem Jahr 2016 gehört Deutschland zu den Ländern, deren Bürger das größte Vertrauen haben, dass ihre Politiker nicht korrupt sind: *www.transparency.org/whatwedo/publication/ 7493 (28. 5. 2018)*.

S. 83 f.: Zu den verfehlten Erwartungen an das politische Personal und zum Verständnis politischer Kompetenz vgl. die Studie von *Emanuel Richter: Was ist politische Kompetenz? Politiker und engagierte Bürger in der Demokratie, Frankfurt a. M./New York: Campus 2011*.

**S. 86 ff.:** Die zentrale Rolle der Zivilgesellschaft für die demokratische Willensbildung arbeitet u. a. *Jürgen Habermas* heraus: *Faktizität und Geltung. Beiträge zur Diskurstheorie des Rechts und des demokratischen Rechtsstaats, Frankfurt a. M.: Suhrkamp 1992*, v. a. im Kapitel *Deliberative Politik – ein Verfahrensbegriff der Demokratie, S. 359–382*.

**S. 88:** Zahlen zu Vereinen und Stiftungen: *www.bdvv.de/statistik-erstmals-ueber-600000-vereine* (29. 5. 2018) und *www.stiftungen.org/stiftungen/zahlen-und-daten/statistiken* (29. 5. 2018). Zahlen zum ehrenamtlichen Engagement: *Julia Simonson, Claudia Vogel, Clemens Tesch-Römer (Hg.): Freiwilliges Engagement in Deutschland. Der Deutsche Freiwilligensurvey 2014, https://link.springer.com/content/pdf/10.1007%2F978-3-658-12644-5.pdf* (29. 5. 2018).

**S. 90:** Zur Freiheit des Anfangens in der Zivilgesellschaft: Nach *Hannah Arendt* ist es ein wesentliches Merkmal freien Handelns, neu anzufangen zu können: *Vita Activa oder Vom tätigen Leben, 9. Aufl. München: Piper 1997, S. 215–217*.

**S. 94:** Vgl. zur sich verkürzenden Dauer der Gesetzgebungsverfahren im Bundestag *Sophie Karow, Sebastian Bukow: Demokratie unter Zeitdruck? Befunde zur Beschleunigung der deutschen Gesetzgebung, in: Zeitschrift für Parlamentsfragen, Heft 1/2016, S. 69–84*.

**S. 97:** Zu den Vorteilen der Demokratie gegenüber autokratischen Systemen: Die Verwirklichung von Freiheit, Teilhabe und Mitsprache ist definierendes Merkmal der Demokratie. Dass Demokratien auch hinsichtlich ihrer Effekte auf wirtschaftlichen Wohlstand nicht-demokratischen Staaten überlegen sind, zeigt sich in mehreren empirischen Studien, vgl. *John Gerring, Strom C. Thacker, Rodrigo Alfaro: Democracy and Human Development, in: The Journal of Politics 74, Nr. 1 (2012), S. 1–17. Carl Henrik Knutsen: Democracy and Economic Growth: A Survey of Arguments and Results, in: International Area Studies Review 15, Nr. 4 (2012), S. 393–415*.

## 3 ÜBER DEMOKRATISCHE HERRSCHAFT UND IHRE GRENZEN

**S. 105:** »Demokratie ist Herrschaft des Volkes durch das Volk für das Volk.« – Der US-amerikanische Präsident *Abraham Lincoln* nannte die Demokratie in seiner berühmten *Gettysburg Rede* »government of the people, by the people, for the people.«

**S. 105:** Vgl. zur Ausnahmestellung demokratischer Legitimation z. B. den Politikwissenschaftler *Claus Offe*: Es gibt »keine theoretisch respektwürdigere Alternative zur Begründung und Rechtfertigung des kollektivbindenden Entscheidens durch den empirischen Willen der Bürger.« Aus: *Wider scheinradikale Gesten – Die Verfassungs-*politik auf der Suche nach dem »Volkswillen«, in: *Gunter Hofmann, Werner Perger (Hg.): Die Kontroverse. Weizsäckers Parteienkritik in der Diskussion, Frankfurt a. M.: Eichborn, 1992, S. 126–142, hier: S. 126*.

**S. 108:** Als klassischer Vordenker einer nicht-liberalen »Demokratie« ohne Parlament, Opposition, Machtkontrolle, individuelle Freiheitsrechte und mit einem politischen Führer, in dem sich der angebliche Volkswille verkörpert, gilt der Staatsrechtler *Carl Schmitt*, vgl. z. B. seine Schrift *Die geistesgeschichtliche Lage des heutigen Parlamentarismus, 2. Aufl., München/Leipzig:*

Duncker & Humblot 1923. Für Pluralismus und damit für Freiheit ist in einem solchen System kein Platz: »Zur Demokratie gehört als notwendig erstens Homogenität und zweitens – nötigenfalls – die Ausscheidung und Vernichtung des Heterogenen.« (ebd., S. 14). Damit gilt Schmitt auch als geistiger Wegbereiter des Nationalsozialismus.

S. 111: Die Idee der dreifachen (horizontalen) Gewaltenteilung geht maßgeblich auf den französischen Denker *Charles de Montesquieu* zurück: *Vom Geist der Gesetze I, übersetzt und hg. v. Ernst Forsthoff, Tübingen: J. C. B. Mohr 1992, Buch XI, Kap. 6 (Original 1748).*

S. 113: Das System der Kontrollen und Gegengewichte (Checks and Balances) der US-amerikanischen Verfassung von 1787 wurde in den zeitgleich erschienenen Zeitungsartikeln von *Alexander Hamilton, James Madison und John Jay* begründet und verteidigt, die unter dem Namen *Federalist Papers* als ein demokratietheoretischer Meilenstein berühmt geworden sind: *Die Federalist Papers, hg. v. Barbara Zehnpfennig, Darmstadt: Wiss. Buchgesellschaft 1993.*

S. 115: Dass an der Spitze des Staates Philosoph stehen müssten, war die Überzeugung des griechischen Philosophen *Platon: Politeia, in: Sämtliche Werke, Bd. 2, übersetzt von Friedrich Schleiermacher, hg. v. Ursula Wolf, Reinbek b. Hamburg: Rowohlt, 473 b – e.*

S. 115: Der Philosoph *Karl Popper* hat sich entschieden dagegen gewandt, die Frage nach dem guten Herrscher wie überhaupt die Frage danach, wer herrschen soll, als ausschlaggebend anzusehen. Wichtig ist ihm zufolge stattdessen die Bändigung und Auswechselbarkeit der Herrschenden, vgl. *Karl R. Popper: Die offene Gesellschaft und ihre Feinde, Band 1: Der Zauber Platons, 8. Auflage, Tübingen: J. C. B. Mohr 1992, S. 144 – 153.*

S. 116: Als Element von Rechtsstaatlichkeit wird im Allgemeinen bereits die Gewaltenteilung angesehen. Hier jedoch geht es um die Betonung *inhaltlicher* Fesseln für die politische Herrschaft.

S. 119: Zur Forderung nach einer Aberkennung der Grundrechte für diejenigen, die sie nicht anerkennen: Der AfD-Bundestagsabgeordnete Albrecht Glaser wurde mit seiner Forderung bekannt, Muslimen die Religionsfreiheit vorzuenthalten, weshalb er von allen anderen Fraktionen als Kandidat für das Amt des Bundestagsvizepräsidenten abgelehnt wurde. Nach Aussage von Alice Weidel, Ko-Fraktionsvorsitzende der AfD, entspricht Glasers Meinung der Parteiposition: *www.zeit.de/politik/deutschland/ 2017-10/bundestagsvizepraesident-afd-albrecht-glaser-bundestag (29. 5. 2018).*

S. 120: Zum Rückgang der Kriminalität in Deutschland vgl. die polizeiliche Kriminalitätsstatistik 2017, *www.bka.de/DE/ AktuelleInformationen/StatistikenLagebilder/ PolizeilicheKriminalstatistik/PKS2017/pks2017_ node (29. 5. 2018).*

S. 125: Zum chinesischen Sozialkreditsystem: *www.zeit.de/2017/49/china-datenspeicherung-gesichtserkennung-big-data-ueberwachung (29. 5. 2018), www.tagesschau.de/ausland/ueberwachung-china-101.html (29. 5. 2018).*

**S.127 ff.**: Der demokratische Streit nimmt in verschiedenen Demokratietheorien eine zentrale Rolle ein, etwa in der deliberativen Demokratietheorie als Weg zur Einigung auf gemeinsame Normen, vgl. *Jürgen Habermas: Faktizität und Geltung. Beiträge zur Diskurstheorie des Rechts und des demokratischen Rechtsstaats, Frankfurt a. M.: Suhrkamp 1992*. Weniger auf Einigung und stärker auf Konfrontation setzt *Chantal Mouffe: Für ein agonistisches Demokratiemodell, in: dies.: Das demokratische Paradox, Wien: Turia & Kant 2008, S. 85–106*.

**S.131 f.**: Das Verständnis der Toleranz als Konsequenz aus dem gleichen Recht auf Freiheit entspricht weitgehend dem, was der Philosoph *Rainer Forst* in seinem Standardwerk zum Thema als »Respekt-Konzeption« der Toleranz entwickelt: *Toleranz im Konflikt. Geschichte, Gehalt und Gegenwart eines umstrittenen Begriffs, Frankfurt a. M.: Suhrkamp 2003*.

**S.137 f.**: Eine umfassende Darstellung, Verteidigung und auch Begründung der Meinungsfreiheit insbesondere für das digitale Zeitalter nimmt der britische Historiker *Timothy Garton Ash* vor: *Redefreiheit. Prinzipien für eine vernetzte Welt. München: Carl Hanser Verlag 2016 (Original 2016)*.

**S.139**: Zu Entscheidungen des Bundesverfassungsgerichtes zur Meinungsfreiheit vgl. z. B. *BVerfG 7, 198; BverfG 124,300*: »Geschützt sind damit von Art. 5 Abs.1 GG auch Meinungen, die auf eine grundlegende Änderung der politischen Ordnung zielen, unabhängig davon, ob und wie weit sie im Rahmen der grundgesetzlichen Ordnung durchsetzbar sind. Das Grundgesetz vertraut auf die Kraft der freien Auseinandersetzung als wirksamste Waffe auch gegen die Verbreitung totalitärer und menschenverachtender Ideologien. Dementsprechend fällt selbst die Verbreitung nationalsozialistischen Gedankenguts als radikale Infragestellung der geltenden Ordnung nicht von vornherein aus dem Schutzbereich des Art. 5 Abs.1 GG heraus.« (S.320 f.) Vgl. auch *Johannes Masing: Meinungsfreiheit und politischer Radikalismus, in: ders./Olivier Jouanjan (Hg.): Weltanschauliche Neutralität, Meinungsfreiheit, Sicherungsverwahrung, Mohr Siebeck 2013, S. 41–59*.

**S.140**: Beispiele für öffentliche Personen, die für unerwünschte Ansichten oder Forschungsansätze massiv angefeindet und unter Druck gesetzt werden, sind der Historiker Jörg Baberowski und der Politikwissenschaftler Herfried Münkler, s. *www.taz.de/Studierende-gegen-Berliner-Uni-Professor/!5485962 (28.5.2018)* und *www.zeit.de/kultur/2015-05/herfried-muenkler-rassismus-debatte (28.5.2018)*.

**S.140**: Das Zitat wird dem französischen Philosophen Voltaire (1694–1778) zugeschrieben, stammt aber tatsächlich aus dem Buch *The Friends of Voltaire* von Evelyn Beatrice Hall, Cornell University Library 2009 (Original 1906 unter dem Pseudonym S. G. Tallentyre).

**S.142**: Ein »Meinungsdiktat in allen öffentlichen Diskursen« stellt das Grundsatzprogramm der AfD *Programm für Deutschland* fest: *www.afd.de/grundsatzprogramm (28.5.2018)*.

**S.142**: Vgl. zur Rede von Meinungsdiktatur, Tugendterror usw.: *Thilo Sarrazin: Der neue Tugendterror. Über die Grenzen der Meinungsfreiheit in Deutschland, 2.Aufl., München: Deutsche Verlagsanstalt 2014*. Die genannten Behauptungen, dass der Islam ein massives Gewaltproblem hat, dass Islam und Islamismus zusammenhängen usw., gehören nach Sarrazin zu den »vierzehn Axiomen des Tugendwahns in Deutschland«.

S. 148: Die Bedeutung des Einanderverstehens für die Demokratie, bei dem man sich immer auch selbst als eine Möglichkeit unter anderen versteht – dieser Gedanke findet sich u. a. bei *Charles Taylor: Wieviel Gemeinschaft braucht die Demokratie? Frankfurt a. M.: Suhrkamp 2002.*

S. 150 ff.: Die Überzeugung, dass der Wahrheitsanspruch für die Demokratie notwendig ist, formuliert u. a. *Julian Nida-Rümelin: Demokratie und Wahrheit,* in: *ders.: Demokratie und Wahrheit, München: Beck 2006, S. 37–47.* Eine Übersicht über verschiedene Positionen zu diesem Verhältnis bietet *Lazaros Miliopoulos: Wahrheit,* in: *Gereon Flümann (Hg.): Umkämpfte Begriffe. Deutungen zwischen Demokratie und Extremismus, Bonn: Bundeszentrale für politische Bildung 2017, S. 233–255.*

S. 152: »ich kenne die Welt bis auf den Grundgehalt«: aus dem Gedicht *Ich habe den Menschen gesehn ...* von *Christian Morgenstern.*

S. 154: Das akademische Nachdenken über »Bullshit« wurde maßgeblich vom amerikanischen Philosophen *Harry G. Frankfurt* geprägt: *Bullshit, Berlin: Suhrkamp 2014 (Original 2005).*

S. 154 ff.: Vgl. zum Verhältnis von demokratischer Politik, Lüge und Vertrauen z. B. *Claus Offe: Die Ehrlichkeit politischer Kommunikation. Kognitive Hygiene und strategischer Umgang mit der Wahrheit,* in: *Vorgänge 167 (Heft 3/2004), S. 28–38.*

S. 156: In einer Umfrage der Bertelsmann-Stiftung aus dem Jahre 2009 nennen 71 % der Befragten Glaubwürdigkeit als wichtigste Eigenschaft von Politikern. Es folgen Sachverstand mit 53 % und Bürgernähe mit 36 %, *www.bertelsmann-stiftung.de/fileadmin/files/BSt/Presse/imported/downloads/*

*xcms_bst_dms_27521_27522_2.pdf* (28. 5. 2018).

S. 158: Zum Zusammenhang zwischen Postfaktizität und Demokratie vgl. *Vincent F. Hendricks, Mads Vestergaard: Verlorene Wirklichkeit? An der Schwelle zur postfaktischen Demokratie,* in: *Aus Politik und Zeitgeschichte 67, Heft 13 (2017): Wahrheit, S. 4–10.*

S. 162: Zur sozialen und politischen Homogenität von Journalisten in Deutschland vgl. *Uwe Krüger: Medien im Mainstream. Problem oder Notwendigkeit?, www.bpb.de/ apuz/231307/medien-im-mainstream* (28. 5. 2018).

S. 162 f.: Zur Nähe zwischen Journalisten und Entscheidungsträgern vgl. *Uwe Krüger: Meinungsmacht. Der Einfluss von Eliten auf Leitmedien und AlphaJournalisten – eine kritische Netzwerkanalyse, Köln: Halem 2013.* Eine Kurzfassung der Arbeit findet sich unter dem Titel *Die Nähe zur Macht: www.message-online.com/wp-content/uploads/ Artikel_Krueger_Die_Naehe_zur_Macht_ Message_1_2013.pdf (28. 5. 2018).*

S. 164 f.: Zur kritischen Selbstreflexion von Medienvertretern vgl. z. B. die Beiträge in *Volker Lilienthal, Irene Neverla (Hg.): Lügenpresse. Anatomie eines politischen Kampfbegriffs, Köln: Kiepenheuer & Witsch 2017; Michael Steinbrecher, Günther Rager (Hg.): Meinung Macht Manipulation. Journalismus auf dem Prüfstand, Lizenzausgabe für die Bundeszentrale für politische Bildung, Bonn: Westendverlag 2017.*

S. 166 ff.: Die kritische Einschätzung der Rolle von Facebook für die Demokratie ist mittlerweile auch in der Führung von Facebook angekommen, s. dazu etwa die selbstkritischen Überlegungen von *Samidh Chakrabarti,* Projektmanager für ziviles Engagement bei Facebook: *https://newsroom.fb.com/news/2018/01/ effect-social-media-democracy* (28. 5. 2018).

255

S.167: »Ich bin dafür, dass wir die Gaskammern wieder öffnen und die ganze Brut da reinstecken.« – Der Autor dieser Volksverhetzung auf Facebook wurde strafrechtlich verurteilt. *www.tagesspiegel.de/medien/hetze-im-internet-34-jaehriger-berliner-zu-4800-euro-strafe-verurteilt/12219076.html* (28.5.2018). »Du gehörst vergast [...].« »[...] Ich würde dich vergewaltigen, aber du bist zu alt dafür.« – Nachrichten an die Politikerin Claudia Roth, *Die Zeit* v. 24.5.2018, Nr.22, S.8. »Ich wünsche Ihnen eine Vergewaltigung an den Hals, und das täglich.« *www.taz.de/*

*Hetze-gegen-linke-Politikerinnen/!5488371* (28.5.2018).

S.167: Der Nettogewinn von Facebook betrug im Jahr 2018 fast 16 Milliarden US-Dollar: *www.zeit.de/wirtschaft/unternehmen/2018-02/umsatz-facebook-anstieg-nettogewinn-viertes-quartal* (30.5.2018).

S.169: Vgl. zu den Regeln im Umgang mit sozialen Medien auch das Konzept der »redaktionellen Gesellschaft«, wie es u. a. *Bernhard Pörksen* gebraucht: *Die große Gereiztheit. Wege aus der kollektiven Erregung,* München: Hanser 2018.


## 5   ÜBER DAS, WAS DIE DEMOKRATIE ZUSAMMENHÄLT

S.176: Die Rede von Gemeinschaft steht im Deutschen zuweilen unter dem Verdacht undemokratischer Gesinnung. Das ist kein Wunder, bezogen sich antidemokratische Bewegungen doch oft auf eine imaginierte Gemeinschaft, so wie die Nationalsozialisten auf die »Volksgemeinschaft«. Daraus abzuleiten, dass Gemeinschaft an sich ein Gegensatz zu Demokratie sei, wäre jedoch ein Missverständnis. Das Gegenteil ist der Fall. Der amerikanische Philosoph *John Dewey* schrieb: »Regarded as an idea, democracy is not an alternative to other principles of associated life. It is the idea of community life itself.« (»Als Idee betrachtet, ist die Demokratie nicht eine Alternative zu anderen Prinzipien gemeinsamen Lebens. Sie ist vielmehr die Idee der Gemeinschaft selbst.«) *John Dewey: The Public and its Problems,* Denver: Alan Swallow 1927, S.148.

S.177: »Alle Staatsgewalt geht vom Volke aus.« – *Art. 20, Abs. 2 Grundgesetz.*

S.177 f.: Zur Unterscheidung der Begriffe Volk, Nation und Gesellschaft s. z. B. *Barbara Zehnpfennig: Volk – Nation – Gemeinschaft – Gesellschaft,* in: *Gereon Flümann (Hg.): Umkämpfte Begriffe. Deutungen zwischen Demokratie und Extremismus,* Bonn: *Bundeszentrale für politische Bildung 2017,* S.213–232.

S.178 ff.: Die Ansicht, dass Demokratie auf ein Gemeinschaftselement angewiesen ist, findet sich an zahlreichen Stellen in der politischen Philosophie und der Politikwissenschaft, u. a. bei dem kanadischen Philosophen *Charles Taylor: Wieviel Gemeinschaft braucht die Demokratie?* Frankfurt a. M.: Suhrkamp 2002.

S.181: In einer Studie aus dem Jahre 2014 erklärten 37 % der deutschen Bevölkerung, dass deutsche Vorfahren eine Bedingung dafür seien, um als deutsch gelten zu können: *Deutschland postmigrantisch I. Gesellschaft, Religion, Identität. Erste Ergebnisse des Berliner Institutes für empirische Integrations- und Migrationsforschung an der Humboldt Universität: www.projekte.hu-berlin.de/de/*

256

junited/deutschland-postmigrantisch-1
(29.5.2018).

S.182: Die Einsicht, dass ethnische Zugehörigkeit als konstituierendes Element
der Gemeinschaft demokratiefeindlich
ist, wird zumeist stillschweigend voraus-
gesetzt. Eine Erörterung findet sich z.B.
bei *Samuel Salzborn: Voraussetzung oder Ver-
hinderung von Demokratie? Ambivalenzen des
Kulturbegriffs und des ethnisch-kulturellen
Kontextes von Demokratie, in: Hubertus Buch-
stein (Hg.): Die Versprechen der Demokratie.
25. Wissenschaftlicher Kongress der Deutschen
Vereinigung für Politische Wissenschaft,
Baden-Baden: Nomos 2013, S.355–366.*

S.184: Die Idee, dass die Integration einer
demokratischen Gesellschaft durch die
Konfliktbearbeitung, durch den demokratischen Streit selbst entsteht, findet sich
an verschiedenen Orten. Im deutschspra-
chigen Bereich wurde sie in den letzten
Jahrzehnten u.a. durch *Helmut Dubiel* ver-
treten: *Metamorphosen der Zivilgesellschaft
II: Das ethische Minimum der Demokratie, in:
ders: Ungewißheit und Politik, Frankfurt a.M.:
Suhrkamp 1994, S.106–118.* Eine teilweise
Kritik daran mit Verweis auf kaum lösbare
Konflikte findet sich bei *Albert O. Hirsch-
man: Wieviel Gemeinsinn braucht die liberale
Gesellschaft?, in: Leviathan 22, Heft 2, 1994,
S.293–304.*

S.187: Der Begriff des Verfassungspatriotismus geht auf *Dolf Sternberger* zurück und
wurde u.a. durch *Jürgen Habermas* popula-
risiert: *Eine Art Schadensabwicklung. Die
apologetischen Tendenzen in der deutschen
Zeitgeschichtsschreibung, in: Rudolf Augstein
(Hg.): Historikerstreit. Die Dokumentation der
Kontroverse um die Einzigartigkeit der nationalsozialistischen Judenvernichtung, 8.Aufl.,
München: Piper 1987, S.62–76.* Später hat
Habermas betont, dass auch ein Verfassungspatriotismus einer Verankerung in

Geschichte und Kultur bedarf: *Vorpolitische
Grundlagen des demokratischen Verfassungs-
staates?, in: ders., Zwischen Naturalismus und
Religion. Philosophische Aufsätze, Frankfurt
a.M.: Suhrkamp 2009, S.106–118.*

S.188 ff.: Die Auffassung, dass Demokratie
die Selbstbestimmung einer kulturell defi-
nierten Nation ist, findet sich prominent
bei dem britischen Philosophen *David Miller: On Nationality, Kap.4: National Self-De-
termination, Oxford: Oxford Univ. Press 1995,
S.81–118.* Eine Kritik an dieser Position
formuliert u.a. *Arash Abizadeh: Does Liberal
Democracy Presuppose a Cultural Nation?
Four Arguments, in: American Political Science
Review 96, Heft 3 (2002), S.495–509.*

S.195: Der Europäische Gerichtshof für
Menschenrechte entschied im Juli 2017
zum wiederholten Mal, dass ein Verbot der
Vollverschleierung in der Öffentlichkeit
rechtens ist. Damit stützte es ein entspre-
chendes belgisches Gesetz, gegen das zwei
muslimische Frauen geklagt hatten. Ähnliche Gesetze existieren u.a. in Frankreich,
Österreich und den Niederlanden. Das
Gericht urteilte, dass ein solches Verbot
als für eine demokratische Gesellschaft
notwendig betrachtet werden könne:
http://hudoc.echr.coe.int/eng-press?=
003-5788319-7361101 (29.5.2018).

S.197: Ausgangspunkt der modernen philosophischen Debatte über den Zusammenhang von Demokratie und Gerechtigkeit
und zugleich maßgeblicher Vertreter eines
egalitären Liberalismus, der die Erfül-
lung bestimmter sozialer und wirtschaftlicher Bedürfnisse auch als Bedingung einer
funktionierenden Demokratie ansieht, ist
*John Rawls: Eine Theorie der Gerechtigkeit,
Frankfurt a.M.: Suhrkamp 1979 (Original 1971).*

S.199: Dass Gesellschaften sich in ihren
Vorstellungen davon unterscheiden, was
gerecht und was ungerecht ist, ist eine der

zentralen Ideen von *Michael Walzers* Gerechtigkeitstheorie: *Die Sphären der Gerechtigkeit. Ein Plädoyer für Pluralität und Gleichheit, Frankfurt a. M./New York: Campus 1992* (Original 1983).

S. 199: Vgl. zum Zusammenhang zwischen Gerechtigkeit und sozialem Zusammenhalt die Studie der Bertelsmann-Stiftung *Radar gesellschaftlicher Zusammenhalt. Messen was verbindet. Gesellschaftlicher Zusammenhalt im internationalen Vergleich (2013):* www.bertelsmann-stiftung.de/fileadmin/files/BSt/Presse/imported/downloads/xcms_bst_dms_38332_38333_2.pdf (29. 5. 2018).

S. 199: 2016 stimmten bei einer Umfrage 82 % der Befragten der Aussage zu: »Die soziale Ungleichheit in Deutschland ist mittlerweile zu groß.« Vgl. die Studie *Wachsende Ungleichheit als Gefahr für nachhaltiges Wachstum. Wie die Bevölkerung über soziale Unterschiede denkt* der Friedrich-Ebert-Stiftung, http://library.fes.de/pdf-files/wiso/12516.pdf (29. 5. 2018).

S. 199: Zur ungleichen Verteilung von Reichtum vgl. *Stefan Bach, Andreas Thiemann, Aline Zucco: Looking for the Missing Rich. Tracing the Top Tail of the Wealth Distribution, Discussion Paper 1717 des Deutschen Instituts für Wirtschaftsforschung),* www.diw.de/documents/publikationen/73/diw_01.c.575768.de/dp1717.pdf (29. 5. 2018).

S. 199: Zur Angewiesenheit von Rentnern auf Tafeln für kostenlose Lebensmittel vgl. die Einschätzung von *Jochen Brühl,* Vorsitzender des Bundesverbandes der Tafeln in Deutschland im Interview mit der *Neuen Osnabrücker Zeitung am 21. 12. 2017,* www.noz.de/deutschland-welt/politik/artikel/995959/fast-jeder-vierte-tafelkunde-ist-mittlerweile-rentner (29. 5. 2018).

S. 199: Die Unterschiede zwischen den Gehältern von Männern und Frauen mit gleichem Alter, ähnlicher Erfahrung und Ausbildung, gleicher Tätigkeit beim gleichem Arbeitgeber beträgt der Studie *Demystifying the Gender Pay Gap. Evidence From Glassdoor Salary Data* aus dem Jahr 2016 5,5 %: www.glassdoor.com/research/app/uploads/sites/2/2016/03/Glassdoor-Gender-Pay-Gap-Study.pdf (29. 5. 2018)

S. 199 f.: Zur sozialen Ausgrenzung durch soziale Ungleichheit vgl. *Petra Böhnke: Wahrnehmung sozialer Ausgrenzung,* in: *Oben – Mitte – Unten. Zur Vermessung der Gesellschaft,* hg. von der Bundeszentrale für politische Bildung, Bonn 2015, S. 244 – 255.

S. 200 f.: Zum Zusammenhang zwischen sozialer und politischer Ungleichheit: *Wolfgang Merkel: Ungleichheit als Krankheit der Demokratie,* in: *Steffen Mau, Nadine M. Schöneck (Hg.): (Un-)Gerechte (Un-)Gleichheiten, Berlin: Suhrkamp 2015, S. 185 – 194. Armin Schäfer: Der Verlust politischer Gleichheit: Warum die sinkende Wahlbeteiligung der Demokratie schadet, Frankfurt a. M.: Campus 2015.*

S. 201: Zum Zusammenhang zwischen sozialer Ungleichheit und geringer politischer Partizipation in den USA: *Adam Bonica, Nolan McCarty, Keith T. Poole and Howard Rosenthal: Why Hasn't Democracy Slowed Rising Inequality?,* in: *The Journal of Economic Perspectives 27, Nr. 3 (2013), S. 103 – 123,* hier: S. 111. *Paul Hufe, Andreas Peichl: Discussion Paper No. 16-068. Beyond Equal Rights: Equality of Opportunity in Political Participation,* http://ftp.zew.de/pub/zew-docs/dp/dp16068.pdf (21. 5. 2018). *Christian Lammert: Einkommens- und Wohlstandsungleichheit und der Zustand der Demokratie in den USA,* in: *Winand Gellner, Michael Oswald (Hg.): Die gespaltenen Staaten von Amerika. Die Wahl Donald Trumps und die Folgen für Politik und Gesellschaft, Wiesbaden: Springer 2018, 209 – 222,* hier: 219 f.

S. 206 f.: Vgl. zur Bedeutung von Grenzen für eine politische Gemeinschaft im Allgemeinen und eine Demokratie im Besonderen sowie den sich daraus ergebenden migrationsethischen Folgerungen *Michael Walzer: Sphären der Gerechtigkeit. Ein Plädoyer für Pluralität und Gleichheit, Frankfurt a. M./New York: Campus 1992, S. 65–92* (Original 1983); *David Miller: Immigration und territoriale Rechte, in: Frank Dietrich (Hg.): Ethik der Migration. Philosophische Schlüsseltexte, Frankfurt a. M.: Suhrkamp 2017, S. 77–97.*

S. 209: Das Beispiel der »demokratischen Terrorgruppe« entstammt *Francis Cheneval: Demokratietheorien zur Einführung, Hamburg: Junius 2015, S. 14.*

S. 209: Das Recht auf einen Lebensstandard, der Gesundheit und Wohl gewährleistet, entspricht Artikel 25 der *Allgemeinen Erklärung der Menschenrechte.*

S. 210 f.: Eine Migrationsethik, die sowohl die Bedeutung der demokratischen Zustimmung zu migrationspolitischen Weichenstellungen als auch die moralischen Verpflichtungen gegenüber Migranten und Flüchtlingen berücksichtigt, findet sich u. a. bei: *Julian Nida-Rümelin: Über Grenzen denken. Eine Ethik der Migration, Hamburg: edition Körber-Stiftung 2017.*

S. 210 f.: Vgl. zur Ethik der Migration allgemein der Sammelband von *Frank Dietrich (Hg.): Ethik der Migration. Philosophische Schlüsseltexte, Berlin: Suhrkamp 2017.*

S. 211 f.: Zur Frage der Einbürgerung, insb. zur Unvereinbarkeit von Demokratie und Einwohnern, die dauerhaft und unfreiwillig von der Staatsbürgerschaft ausgeschlossen sind, vgl. *Michael Walzer: Sphären der Gerechtigkeit. Ein Plädoyer für Pluralität und Gleichheit, Frankfurt a. M./New York:*

*Campus, S. 92–105 (Original 1983).*

S. 214 f.: Der Gedanke, dass die Kritik am europäischen Demokratiedefizit (auch) Ausdruck eines gewachsenen demokratischen Bewusstseins ist, findet sich u. a. bei *Emanuel Richter: Die Suche nach einer neuen Erzählung von Europa. Politische und demokratische Potentiale, in: Jahrbuch Politisches Denken 2016, Band 26, hg. v. Volker Gerhardt u. a., S. 55–79.*

S. 216 f.: Für die Direktwahl des Kommissionspräsidenten argumentieren u. a. *Frank Decker: Weniger Konsens, mehr Wettbewerb, in: Jürgen Rüttgers, ders. (Hg.): Europas Ende, Europas Anfang. Neue Perspektiven für die Europäische Union, Bundeszentrale für politische Bildung, S. 163–179;* und *Wolfgang Schäuble: Rede zur Verleihung des Karlspreises am 17. 5. 2012, www.karlspreis.de/de/preistraeger/wolfgang-schaeuble-2012/rede-von-dr-wolfgang-schaeuble (29. 5. 2018).*

S. 217: Der Vorschlag eines Senats als Länderkammer wird etwa vom Verein *Mehr Demokratie* gemacht: *Positionspapier Nr. 11. Europa neu denken und gestalten. Vorschläge für eine Neubegründung der EU, www.mehr-demokratie.de/fileadmin/pdf/Positionen11_Europa_neu_denken_und_gestalten.pdf (29. 5. 2018).* Darin findet sich ebenso das Plädoyer für direkte Demokratie in der EU. Ein etwas vorsichtiger, aber differenzierter Vorschlag für einige direktdemokratische Elemente auf europäischer Ebene macht auch *Heidrun Abromeit: Democracy in Europe. Legitimizing Politics in a Non-State-Polity, New York/Oxford 1998, S. 95–135.*

S. 217 f.: Zum Einfluss lobbyierender Anwaltskanzleien in der EU vgl. die Studie der *Allianz für Lobbytransparenz und ethische Regeln (ALTER-EU): Anwälte als Lobbyisten – ein undurchsichtiges Geschäft,*

259

www.lobbycontrol.de/wp-content/uploads/
studie-lc-lawfirms-deutsch-160531.pdf
(29.5.2018).

S. 218 f.: Der Vorschlag für eine direkte
Demokratie innerhalb der EU stößt viel-
fach auf Kritik, z. B. bei *Herfried Münkler:
Alle Macht dem Zentrum. Warum eine Demo-
kratisierung Europa nicht retten wird*, in:
*Spiegel 4.7.2011*, S. 108–109.

S. 219 f.: Eine grundsätzlich skeptische
Sicht auf die Demokratiefähigkeit der EU
wegen eines fehlenden europäischen Volkes hat z. B. *Peter Graf Kielmannsegg: Integration und Demokratie*, in: *M. Jachtenfuchs;
B. Kohler-Koch (Hg.): Europäische Integration*, 2. Aufl. Opladen: Leske + Budrich 2003,
S. 49–76.

S. 220: Zum relativ niedrigen Entwick-
lungsstand eines gesamteuropäischen Bewusstseins und Zusammengehörigkeits-
gefühls vgl. *Stefan Immerfall: Was hält die
EU-Gesellschaften zusammen?*, in: *Stefan
Köppl (Hg.): Was hält Gesellschaften zusammen?* Wiesbaden: Springer 2013, S. 109–121.

S. 222: Den Befund, dass Krieg grundsätz-
lich nicht im Interesse der Bevölkerung ist,
formulierte bereits *Immanuel Kant* in sei-
ner einflussreichen Schrift *Zum ewigen
Frieden. Ein philosophischer Entwurf*, in: *ders.:
Kleinere Schriften zur Geschichtsphilosophie
Ethik und Politik*, hg. v. *Karl Vorländer*,
Hamburg: Felix Meiner 1973 (Original 1795).

S. 224: Vgl. zur Zustimmung zur EU die
Umfrage des *Pew Research Centers* vom
Juni 2017: *http://assets.pewresearch.org/wp-
content/uploads/sites/2/2017/06/06160636/Pew-
Research-Center-EU-Brexit-Report-UPDATED-
June-15-2017.pdf* (29.5.2018).

S. 225: Zum Demokratiedefizit einzelner
EU-Mitgliedstaaten und dem Umgang der
EU damit vgl. *Jan-Werner Müller: Europas
anderes Demokratieproblem, oder: Ist Brüssel
Hüter der Demokratie in den Mitgliedstaaten?*,

in: *Jürgen Rüttgers, Frank Decker (Hg.): Europas Ende, Europas Anfang. Neue Perspektiven
für die Europäische Union*, Bonn: Bundeszentrale für politische Bildung 2017, S. 133–147.

S. 227: Zur Forschungslage zum Frieden
zwischen demokratischen Staaten vgl.
*Anna Geis, Wolfgang Wagner: How far is it
from Königsberg to Kandahar? Democratic
Peace and Democratic Violence in International
Relations*, in: *Review of International Studies
37*, Heft 4, Oktober 2011, S. 1555–1577.

S. 228 ff.: Einen Überblick zum Forschungs-
stand zur Demokratisierung gibt *Manfred
G. Schmidt: Demokratietheorien. Eine Einführung*, 5. Aufl., Wiesbaden: VS Verlag für Sozial-
wissenschaften 2010, Kap. 25.

S. 230: Dass es keine universelle Strategie
der Demokratieförderung gibt, zeigt u. a.
*Wolfgang Merkel: Strategien in der Demokra-
tieförderung. Konzept und Kritik*, in: *Joachim
Raschke, Ralf Tils (Hg.): Strategien in der
Politikwissenschaft. Konturen eines neuen For-
schungsfelds*, Wiesbaden: VS Verlag für Sozial-
wissenschaften 2010, S. 151–178.

S. 230 f.: Den Zusammenhang zwischen Demokratisierung und Friedenssicherung
hat u. a. insbesondere *Ernst-Otto Czempiel*
betont: *Kluge Macht – Außenpolitik für das
21. Jahrhundert*, München: C. H. Beck 1999,
S. 141 ff.

S. 233: Zu türkischen Schlägertrupps
vgl. *www.stuttgarter-nachrichten.de/inhalt.
tuerkisches-netzwerk-im-suedwesten-
erdogans-vertrauter-bezahlt-waffen-fuer-
tuerken-rocker.087639d1-5eaa-4d96-8eb6-
b2d8b44d49ef.html* (29.5.2018),
*www.focus.de/politik/deutschland/verlaengerter-
arm-des-regimes-schlag-der-behoerden-gegen-
osmanen-rocker-ist-deutliches-signal-an-
erdogan_id_8606963.html* (29.5.2018)
und *www.zeit.de/politik/ausland/2018-02/
muenchner-sicherheitskonferenz-cem-oezdemir-
tuerkei-personenschutz* (29.5.2018).

ANMERKUNGEN ZU KAPITEL 6

S. 233: Zu russischen Trollfabriken:
*www.spiegel.de/netzwelt/netzpolitik/*
*russische-trollfabrik-eine-insiderin-berichtet-*
*a-1036139.html* (29.5.2018), *www.spiegel.de/*
*politik/ausland/russland-troll-unser-ziel-*

*war-unruhen-in-den-usa-zu-provozieren-*
*a-1173002.html* (29.5.2018) und
*www.tagesschau.de/ausland/twitter-trolle-*
*wahlkampf-101.html* (29.5.2018).

## SCHLUSS: ÜBER SINN UND ZUKUNFT DER DEMOKRATIE

S. 236: Der These, dass die Demokratie eine
Einheit bildet, steht die verbreitete Sichtweise in der politischen Theorie gegenüber,
dass sie eine Verbindung zweier unterschiedlicher und tendenziell zuwiderlaufender Prinzipien ist, nämlich Volksherrschaft und individuelle Freiheitsrechte, so.
z. B. jüngst bei *Yascha Mounk: Der Zerfall der
Demokratie: Wie der Populismus den Rechtsstaat bedroht, München: Droemer 2018.* Die
Unterscheidung unterschiedlicher Teile ist
selbstverständlich nicht falsch, übersieht
aber leicht, dass sich beide Teile durch den
Wert des menschlichen Individuums begründen lassen.

S. 237: Die Idee der Demokratie als der ein-

zigen dem Menschen als Gemeinschaftswesen angemessenen Organisationsform
entwickelt ausführlich *Emanuel Richter:
Die Wurzeln der Demokratie, Weilerswist:
Velbrück 2008.*

S. 239: Die Zahlen zur Unterstützung von
demokratischen und nicht-demokratischen Herrschaftsformen entstammen
der Studie des *Pew Research Centers* von
2017: *www.pewglobal.org/2017/10/16/
globally-broad-support-for-representative-and-
direct-democracy* (29.5.2018).

S. 239: Vgl. zu den Unterschieden bei der
Einstellung zur Demokratie zwischen den
Generationen: *www.worldvaluessurvey.org/
WVSOnline.jsp* (29.5.2018).

# Ihr Bonus als Käufer dieses Buches

Als Käufer dieses Buches können Sie kostenlos das eBook zum Buch nutzen.
Sie können es dauerhaft in Ihrem persönlichen, digitalen Bücherregal
auf **springer.com** speichern oder auf Ihren PC/Tablet/eReader downloaden.

Gehen Sie bitte wie folgt vor:

1. Gehen Sie zu **springer.com/shop** und suchen Sie das vorliegende Buch
   (am schnellsten über die Eingabe der eISBN).
2. Legen Sie es in den Warenkorb und klicken Sie dann auf:
   **zum Einkaufswagen/zur Kasse.**
3. Geben Sie den untenstehenden Coupon ein. In der Bestellübersicht wird
   damit das eBook mit 0 Euro ausgewiesen, ist also kostenlos für Sie.
4. Gehen Sie weiter **zur Kasse** und schließen den Vorgang ab.
5. Sie können das eBook nun downloaden und auf einem Gerät Ihrer Wahl lesen.
   Das eBook bleibt dauerhaft in Ihrem digitalen Bücherregal gespeichert.

# e**Book** inside

**eISBN**
**Ihr persönlicher Coupon**

Sollte der Coupon fehlen oder nicht funktionieren, senden Sie uns bitte
eine E-Mail mit dem Betreff: **eBook inside** an **customerservice@springer.com**.